VIE ET LIBERTÉ

PHÉNOMÉNOLOGIE, NATURE ET ÉTHIQUE
CHEZ HANS JONAS

DES MÊMES AUTEURS

Philosophie analytique et esthétique. Textes choisis, traduits, introduits et annotés par Danielle Lories, « Collection d'esthétique », Paris, Méridiens Klincksieck, 1988 ([2]1999).

Danielle Lories, *Expérience esthétique et ontologie de l'œuvre. Regard « continental » sur la philosophie analytique de l'art*, Bruxelles, Académie Royale de Belgique, 1990.

Shaftesbury, *Soliloque*. Traduction, introduction et notes par Danielle Lories, « Bibliothèque de philosophie et d'esthétique », Paris, L'Herne, 1994.

Danielle Lories, *L'art à l'épreuve du concept*, « Le point philosophique », Bruxelles, De Boeck Université, 1996.

Lire Descartes aujourd'hui. Sous la direction d'Olivier Depré et Danielle Lories, « Bibliothèque philosophique de Louvain », Louvain-Paris, Peeters, 1997.

G. W. F. Hegel, *Premiers écrits (Francfort 1797-1800)*. Textes réunis, traduits, introduits et annotés par Olivier Depré. Précédé de *Sur l'anti-judaïsme et le paganisme du jeune Hegel* par Robert Legros, « Bibliothèque des textes philosophiques », Paris, Vrin, 1997.

Danielle Lories, *Le sens commun et le jugement du phronimos. Aristote et les stoïciens*, « Aristote. Traductions et études », Louvain-Paris, Peeters, 1998.

Hans Jonas, *Le phénomène de la vie. Vers une biologie philosophique*. Traduit de l'américain par Danielle Lories, « Sciences, éthiques, sociétés », Bruxelles, De Boeck-Université, 2000.

Hegel, *L'esprit du christianisme et son destin*. Précédé de *L'esprit du judaïsme*. Traduit par O. Depré, « Bibliothèque des textes philosophiques », Paris, Vrin, 2003.

Olivier Depré, *Hans Jonas (1903-1993)*, « Philo-philosophes », Paris, Ellipses, 2003.

PROBLÈMES ET CONTROVERSES

Directeur : Jean-François COURTINE

VIE ET LIBERTÉ

PHÉNOMÉNOLOGIE, NATURE ET ÉTHIQUE CHEZ HANS JONAS

par

Danielle LORIES

et

Olivier DEPRÉ

suivi de

HANS JONAS

LES FONDEMENTS BIOLOGIQUES DE L'INDIVIDUALITÉ

PARIS
LIBRAIRIE PHILOSOPHIQUE J. VRIN
6, Place de la Sorbonne, Ve
—
2003

www.vrin.fr

Imprimé in France

ISSN 0249-7875

ISBN 2-7116-1603-7

à la mémoire de Dominique Janicaud

AVANT-PROPOS

L'œuvre de Hans Jonas est singulière. Ses fondations ne sont pas toujours assurées. Les sources qui l'alimentent sont tantôt cachées tantôt éclectiques. Elle s'étale sur plusieurs périodes dont le philosophe lui-même disait ne pas voir ce qu'elles avaient en commun… Elle a suscité une réception très critique (heuristique de la peur, néo-finalisme…) autant qu'une « application » à divers domaines (éthique de l'environnement, bioéthique…). Pour les uns elle est un anti-humanisme, pour d'autres un personnalisme… Bref, cette œuvre à entrées multiples est un défi pour le philosophe et l'historien de la philosophie tentés de la « reconstruire ».

Les pages qui suivent sont un morceau à quatre mains. Qu'on n'y cherche pas une introduction systématique ou une monographie exhaustive. Il s'agit plutôt d'un essai, constitué de textes rédigés à des occasions diverses mais traversés par une même préoccupation : décrypter l'œuvre de Jonas sur fond du courant phénoménologique à l'école duquel il fut formé.

Ainsi ce recueil s'ouvre-t-il sur une critique de la réception très négative que la philosophie de la nature et l'éthique de Jonas ont suscitée dans certains milieux de la philosophie française contemporaine. On s'y emploie surtout à souligner les spécificités conceptuelles qui permettent d'éviter l'association de la philosophie jonassienne de la vie à un écologisme étroit violemment anti-humaniste : la lecture de Jonas proposée ici est celle d'un philosophe progressiste et humaniste, mais dont la réflexion s'alimente à l'intuition originelle de la continuité et de la transcendance de la vie à la fois.

Viennent ensuite, dans la foulée, trois parcours à l'intérieur du *Phénomène de la vie*. Ils en sont autant de voies d'accès et autant de pistes de réflexion sur les questions qu'affronte ce livre élaboré dans les années soixante. Nous suivons d'abord Jonas dans sa phénoménologie de la vie, laquelle souligne l'unité du règne vivant, de l'unicellulaire élémentaire à l'homme, à l'enseigne de la liberté. Sans brisure, la vie déploie ses potentialités, progressivement, sans cesser d'être ce qu'elle est dans un métabolisme primaire, mais en esquissant dès ses manifestations les plus obscures et discrètes ce qu'elle ne devient pleinement qu'après avoir atteint ses degrés les plus hauts de développement. Cette phénoménologie de la vie met à mal les partages traditionnels entre la nature et l'homme, la matière et la forme, le corps et l'esprit...

Aussi n'est-elle pas menée purement comme une phénoménologie descriptive, elle se fait aussi critique philosophique, histoire critique de la pensée occidentale. C'est le second parcours au cœur de la « biologie philosophique » qui, à chaque étape de l'examen attentif du phénomène de la vie, voit répondre la prise de distance qu'opère Jonas par rapport à une configuration de pensée historique qui n'a pu que partiellement – et donc unilatéralement – en rendre compte. Ces pas essentiels de la critique métaphysique qu'engage la prise en vue soutenue du phénomène de la vie sous ses diverses formes, dans son genre et ses espèces, et qui vient appuyer la description phénoménologique, nous les découvrons à partir des figures du divin que Jonas cerne au fil de l'histoire de notre pensée métaphysique. Ces figures cristallisent les traits métaphysiques d'un mode de pensée chaque fois spécifique. Jusqu'à la « pause métaphysique » que l'auteur diagnostique comme aboutissement du nihilisme émergeant avec la philosophie et la science modernes et conduit à son sommet contemporain par Heidegger, avant de proposer un mythe comblant provisoirement ce manque métaphysique de notre temps.

Le dernier de ces trois parcours au cœur du *Phénomène de la vie* se cantonne dans l'examen d'un degré de vie : l'animal doué de *perception sensible*. Ici à nouveau l'esprit critique est à l'œuvre, stigmatisant les insuffisances des approches traditionnelles en termes de *sense data*, etc. Et le phénoménologue encore, chez qui résonne l'enseignement de Husserl. Nous nous sommes efforcés de faire valoir l'originalité jonassienne de la phénoménologie des sens en jouant, en particulier, du contraste avec une phénoménologie de la perception qui nous est familière, celle de Merleau-Ponty. Loin d'avoir voulu résoudre les problèmes qui se font jour à la lecture de cette œuvre de Hans Jonas, nous nous sommes proposé de faire surgir les questions qu'elle nous laisse, sa manière de donner à penser.

En un cinquième chapitre, le présent volume se prolonge avec une enquête sur le fond conceptuel de l'éthique de Jonas et revient à ce qui était déjà présent dans le premier chapitre : l'unité de l'éthique et de la philosophie de la nature. La thèse soutenue ici est que cette unité peut se défendre moyennant la recomposition de l'œuvre de Jonas autour du concept de valeur. C'est à cette fin que nous y entreprenons un parcours au cœur de l'éthique phénoménologique des valeurs pour tester, à titre d'hypothèse, la possibilité de reconstituer l'éthique jonassienne en un rameau de cette branche importante de la philosophie du XXe siècle.

Enfin, le lecteur pourra lire, à la suite de ces essais, un texte de Jonas qui aborde avec précision la vie en tant qu'apparition de l'individualité, de la « subjectivité ». « Les fondements biologiques de l'individualité » ont paru pour la première fois dans l'original américain en 1968. Le texte a donc été conçu dans la foulée immédiate des essais constituant le *Phénomène de la vie* et il condense l'essentiel des traits phénoménologiques de la vie tels que les relève cet ouvrage, tout en se centrant sur la question – moins directement présente dans celui-ci mais très étroitement imbriquée dans les thèses qu'il avance – de savoir ce qui fait l'*individu* dans sa singularité.

AVERTISSEMENT

Les références aux textes de Jonas données en notes s'appuient sur la liste des œuvres citées reproduite ci-après. Pour chaque occurrence, on mentionne d'abord, quand elle existe, la traduction française suivie du numéro de page ; suit, après un point-virgule, la mention de la page dans l'édition originale.

Lorsque nous citons des documents inédits conservés aux Archives-Jonas de Constance, la cote affectée au document en question est mentionnée entre crochets à titre de référence bibliographique.

LISTE DES ŒUVRES CITÉES *

1) En langue originale

The Phenomenon of Life. Towards a Philosophical Biology, Chicago-Londres, The University of Chicago Press (1re éd. 1966), 1982.

Organismus und Freiheit. Ansätze zu einer philosophischen Biologie, Göttingen, Vandenhoeck & Ruprecht, 1973.

Philosophical Essays. From Ancient Creed to Technological Man, Chicago-Londres, The University of Chicago Press, 1980 (Englewood Cliffs, 1974).

Das Prinzip Verantwortung. Versuch einer Ethik für eine technologische Zivilisation, Francfort s./M., Insel, 1979.

Technik, Medizin und Ethik. Praxis des Prinzips Verantwortung, Francfort s./M., 1985.

Der Gottesbegriff Gottes nach Auschwitz. Eine jüdische Stimme, Francfort, Suhrkamp, 1987.

Wissenschaft als persönliches Erlebnis, Göttingen, Vandenhoeck & Ruprecht, 1987.

Materie, Geist und Schöpfung. Kosmologischer Befund und kosmogonische Vermutung, « Suhrkamp Taschenbuch, 1580 », Francfort s./M., Suhrkamp, 1988.

* Pour les deux maîtres-ouvrages de Jonas que sont *Le phénomène de la vie* et *Le principe responsabilité*, on recourt respectivement aux abréviations *PhV* et *PR*.

Erkenntnis und Verantwortung. Gespräch mit Ingo Hermann (Zeugen des Jahrhunderts), Göttingen, Lamuv, 1991.

Philosophische Untersuchungen und metaphysische Vermutungen, Francfort s./M., Insel, 1992.

Philosophie. Rückschau und Vorschau am Ende des Jahrhunderts, Francfort s./M., Suhrkamp, 1993.

2) En traduction française

« Technologie et responsabilité. Pour une nouvelle éthique ». Traduit de l'allemand par A. Favre, in *Esprit*, 42/9 (1974), p. 163-184.

« La science comme vécu personnel ». Traduit de l'allemand par Robert Brisart, in *Études phénoménologiques*, 8 (1988), p. 9-32.

Le principe responsabilité. Une éthique pour la civilisation technologique. Traduit de l'allemand par Jean Greisch, « Passages », Paris, Le Cerf, 1990.

« De la gnose au principe responsabilité. Un entretien avec Hans Jonas. [Entretien avec Jean Greisch et Erny Gillen] », in *Esprit*, 54/5 (1991), p. 5-21.

Le concept de Dieu après Auschwitz. Une voix juive. Traduction Philippe Ivernel, Paris, Payot & Rivages, 1994.

Pour une éthique du futur. Traduit de l'allemand et présenté par Sabine Cornille et Philippe Ivernel, « Rivages poche / Petite bibliothèque », Paris, Payot & Rivages, 1998.

Évolution et liberté. Traduit de l'allemand et présenté par Sabine Cornille et Philippe Ivernel, « Petite Bibliothèque Payot », Paris, Payot & Rivages, 2000.

Le phénomène de la vie. Vers une biologie philosophique. Traduit de l'anglais par Danielle Lories, « Sciences Éthiques Sociétés », Bruxelles, De Boeck, 2001.

« Les fondements biologiques de l'individualité », *in* Danielle Lories et Olivier Depré, *Vie et liberté. Phénoménologie, nature et éthique chez Hans Jonas*, « Problèmes et controverses », Paris, Vrin, 2003, p. 179-207.

CHAPITRE PREMIER

PHILOSOPHIE DE LA NATURE OU ÉCOLOGIE ?

Paul Ricœur, qui aurait dit de Jonas qu'il était le plus grand philosophe vivant [1], écrivait, en commentant *Le principe responsabilité* :

> Le livre de Jonas est un grand livre, non seulement en raison de la nouveauté de ses idées sur la technique et la préservation, mais en raison de l'intrépidité de son entreprise fondationnelle et des énigmes que celle-ci nous donne à déchiffrer [2].

L'avouera-t-on ? Ce sont ces énigmes qui nous stimulent dans la philosophie de Jonas. Celle-ci est intuitive, inchoative, toujours à faire. Jonas lui-même précisait sur le tard que requérir une métaphysique au fondement de sa nouvelle éthique ne signifiait pas pour autant qu'il disposait de cette métaphysique. L'œuvre de Jonas nous incite donc à la fonder. Quant à l'historien de la philosophie, il prendra un plaisir redoublé à affronter ces énigmes : car elles ne sont pas seulement conceptuelles et méthodologiques mais aussi historiques. Jonas est très peu disert sur ses sources. Si

1. On doit ce témoignage à Vittorio Hösle. Dans une lettre à Jonas concernant un entretien que le philosophe avait accordé pour la série « Cosa è il progresso ? » de la télévision italienne, il écrit ceci : « Monsieur Parascandolo [le rédacteur de l'émission] m'a par ailleurs raconté que Monsieur Ricœur lui avait dit que vous étiez le *philosophe vivant le plus marquant* [...] » (lettre inédite de Vittorio Hösle à Hans Jonas du 2 avril 1989 [HJ 4-3-42], reproduite avec l'aimable autorisation de l'auteur).

2. Paul Ricœur, « La responsabilité et la fragilité de la vie. Éthique et philosophie de la biologie chez Hans Jonas », in *Le messager européen*, 5 (1991), p. 203-218 ; citation p. 218.

l'on sait qu'il se forma auprès de maîtres prestigieux comme Husserl, Heidegger et Bultmann [1], tout le travail reste à faire si l'on veut reconstruire l'itinéraire intellectuel de Jonas, depuis le contexte méthodologique et doctrinal dans lequel il fut formé jusqu'à la rampe de lancement de l'éthique appliquée que constitue sa dernière période [2].

LA REDÉCOUVERTE DE LA NATURE

Dans son cours de 1956-1957 sur le concept de nature, comme pour se dédouaner d'aborder un « thème inactuel », Maurice Merleau-Ponty observait que

> l'abandon où est tombée la philosophie de la nature enveloppe une certaine conception de l'esprit, de l'histoire et de l'homme. C'est la permission qu'on se donne de les faire paraître comme pure négativité. Inversement, en revenant à la philosophie de la nature, on ne se détourne qu'en apparence de ces problèmes prépondérants, on cherche à en préparer une solution qui ne soit pas immatérialiste. Tout naturalisme mis à part, une ontologie qui passe sous silence la nature s'enferme dans l'incorporel et donne, pour cette raison même, une image fantastique de l'homme, de l'esprit et de l'histoire. [...] La nature n'est pas seulement l'objet, le partenaire de la conscience dans le tête-à-tête de la connaissance. C'est un objet d'où nous avons surgi, où nos préliminaires ont été peu à peu posés jusqu'à l'instant de se nouer en une existence, et qui continue de la soutenir et de lui fournir ses matériaux [3].

Il semble bien que Jonas n'ait jamais rien connu de l'œuvre du philosophe français. Mais lorsque Merleau-Ponty dénonce la conception de l'homme qui accompagne nécessairement l'abandon contemporain de la

1. Cf. *Erkenntnis und Verantwortung*. Gespräch mit Ingo Hermann, « Zeugen des Jahrhunderts », Göttingen, Lamuv, 1991.

2. On remarquera à cet égard que Jonas semblait mettre quelque affectation à avouer lui-même son ignorance quant à l'itinéraire qu'il avait suivi, et ce en dépit des efforts de ses commentateurs pour reconstituer l'unité de son œuvre : cf. Nathalie Frogneux, *Hans Jonas ou la vie dans le monde*. Préface de Jean Greisch, « Le point philosophique », Bruxelles, De Boeck Université, 2001, p. 3.

3. Maurice Merleau-Ponty, *Résumés de cours. Collège de France 1952-1960*, Paris, Gallimard, 1968, p. 91-94.

philosophie de la nature, et prévient en même temps contre toute ontologie qui passerait sous silence la nature, on ne peut que songer, d'abord, à ce que Jonas annoncera, dix ans plus tard, dès l'avant-propos de son *Phénomène de la vie* : « l'existentialisme contemporain, obsédé par l'homme seulement [...] refuse au monde organique la pénétration de vue qu'est censée enseigner la prise de conscience de soi ». Le maître-ouvrage de 1966, dès lors, prendra les allures d'une enquête philosophique louvoyant entre anthropocentrisme et matérialisme, animée par le dépassement du dualisme cartésien entre matière et esprit, attendu que

> les grandes contradictions que l'homme découvre en lui-même – la liberté et la nécessité, l'autonomie et la dépendance, le soi et le monde, la relation et l'isolement, la créativité et la mortalité – ont leurs traces rudimentaires dans les formes de vie même les plus primitives [...] [1].

On songe, ensuite, à l'idée-force de la philosophie de Jonas selon laquelle l'homme surgit de la nature comme d'une longue histoire qui l'a précédé pour mieux le préparer mais avec laquelle il se tient dans une étroite relation de connivence : la thèse centrale du *Phénomène de la vie*, c'est que « l'organique, même dans ses formes les plus inférieures, préfigure l'esprit, et l'esprit, même dans ce qu'il atteint de plus haut, demeure partie intégrante de l'organique » [2].

On songe, enfin, à l'attitude faite à la fois d'adhésion et de réserve que Jonas adoptera vis-à-vis de la méthode philosophique à l'école de laquelle il fut formé : la phénoménologie. Car si l'adhésion est tempérée par une quelconque réserve, c'est précisément pour que ne soit pas « passée sous silence » la nature, pour que l'homme ne soit pas « incorporel » et pour que l'image qu'en donne la philosophie ne soit donc pas « fantastique ».

> En ce qui me concerne personnellement, j'avoue avec reconnaissance que la phénoménologie a été pour le philosophe en devenir une merveilleuse école d'apprentissage de son métier. Le respect des phénomènes, l'exercice de leur intuition, le service rigoureux

1. *Le phénomène de la vie. Vers une biologie philosophique*, traduit de l'anglais par Danielle Lories, Bruxelles, De Boeck, 2001 (désormais cité *PhV*), p. 9 ; IX.

2. *PhV*, p. 13 ; 1.

> de leur description posent des critères élevés auxquels on s'efforce de répondre[1].

S'il faut en croire Jonas lui-même toutefois, cet enthousiasme initial, doublé apparemment d'une conviction qui ne s'est jamais tarie[2], n'alla pas sans une mise en question, dès la réception de cet enseignement, des fondements mêmes de la méthode phénoménologique : à force de réduire, pourrait-on dire, le phénoménologue n'en devient-il pas réductionniste, dès lors que parmi toutes les données à décrire, il en est une qui voit disparaître son sens si elle n'est plus qu'une « donnée de la conscience », à savoir le *corps* ?

> Qu'en est-il de l'existence de notre *corps* ? Pouvons-nous la réduire elle aussi à une « donnée de la conscience » sans priver de son sens la donnée à décrire, à savoir qu'il y va là de l'être et du non-être du sujet lui-même[3] ?

Selon ce témoignage, on peut penser que c'est par l'expérience de l'irréductibilité du corps que Jonas en est venu à se pencher sur la nature, qui est à ses yeux avant tout le phénomène de l'organisme. Sur le front en tout cas, lorsqu'il se battra dans l'armée britannique en Méditerranée, c'est bien une *expérience existentielle* qui le conduira à reconnaître pour ainsi dire une priorité de la vie par rapport à la pensée. Mais tout en même temps, ajoute Jonas, c'est la *manière de philosopher de l'époque* qui le déçoit aussi, dans la mesure précisément où elle néglige la nature.

> Si, tout en étant soldat, on était encore philosophe, on en venait tout naturellement aux questions que chacun porte pour ainsi dire avec soi, la question de l'être qu'on est soi-même et auquel on n'accède pas par des livres ni par des recherches se rapportant au passé, mais par ce qu'on peut en connaître et comprendre soi-même, à la première personne. À cela s'ajoutait un sentiment d'insatisfac-

1. « Philosophie. Regard en arrière et regard en avant à la fin du siècle », in *Pour une éthique du futur*, traduit de l'allemand et présenté par Sabine Cornille et Philippe Ivernel, « Rivages Poche / Petite bibliothèque », Paris, Payot & Rivages, 1998, p. 21-67; citation p. 28; *Philosophie. Rückschau und Vorschau am Ende des Jahrhunderts*, Francfort s./M., Suhrkamp, 1993, p. 12.

2. « L'éducation de l'intuition a constitué un gain de toute la vie pour ses disciples [de la phénoménologie] » (*ibid.*).

3. « Philosophie. Regard en arrière et regard en avant à la fin du siècle », *op. cit.*, p. 29; *Philosophie. Rückschau und Vorschau am Ende des Jahrhunderts, op. cit.*, p. 13.

> tion devant la manière allemande de philosopher. Réfléchissant à ce que j'avais appris chez Husserl et chez Heidegger, je me rendis compte qu'il n'y était nullement question de ce que les sciences naturelles nous apprennent sur le monde [1].

La convergence de deux auteurs issus de la tradition phénoménologique et totalement étrangers l'un à l'autre sur le thème de l'appartenance de l'homme à la nature et de l'ancrage de la liberté dans le phénomène de la vie ne peut que retenir l'attention de l'historien de la philosophie. Au reste, cette convergence entre Merleau-Ponty et Jonas pourrait être étendue à d'autres noms prestigieux de la philosophie du vingtième siècle – au premier chef à A. N. Whitehead. Et pourtant, ce n'est pas l'enthousiasme qui a salué une œuvre qui contribuait à faire renaître la philosophie de la nature. Ce n'est pas avec satisfaction qu'on a d'abord découvert la « biologie philosophique » ni le *Principe responsabilité* de Jonas. Les pages qui suivent répondent au souci de comprendre les raisons de cette réception négative dans le milieu de la « philosophie populaire » [2], en mettant en question l'association qui a été faite entre la philosophie de la nature de Jonas et le mouvement écologiste contemporain. Plus largement, c'est toute approche réductionniste de l'œuvre de Jonas qu'on voudrait mettre en cause – outre la réduction de sa philosophie de la nature à l'écologie profonde dont il sera question dans les pages qui suivent, on pourrait évoquer par exemple la réduction de la philosophie de Jonas à une « éthique de la peur » [3]. Mais avant d'en arriver là, il convient d'examiner de près

1. « De la gnose au principe responsabilité. Un entretien avec Hans Jonas. [Entretien avec Jean Greisch et Erny Gillen] », in *Esprit*, 54 (mai 1991), p. 5-21 ; citation p. 8.

2. L'expression ne doit pas s'entendre en un sens péjoratif. Elle désigne des essais philosophiques destinés au grand public.

3. La fameuse « heuristique de la peur » (*Le principe responsabilité. Une éthique pour la civilisation technologique*, traduit de l'allemand par Jean Greisch, Paris, Le Cerf, 1990 (désormais cité *PR*), p. 49-50 ; 63-64) a fait couler beaucoup d'encre. Pour un coup d'œil sur la question, cf. Nathalie Frogneux, *Hans Jonas ou la vie dans le monde*, *op. cit.*, p. 303, n. 31. Dominique Lecourt adopte une position caricaturale qui illustre bien ce que nous entendons par « réductionnisme » quand il tente de montrer en quoi la philosophie de la nature des mouvements écologistes peut être tenue pour périlleuse : « Non parce qu'elle est "irrationnelle", mais parce qu'elle enveloppe une "éthique de la peur" [*sic*], ainsi que l'a remarquablement exprimé Hans Jonas, qui fait figure de nouveau "maître à penser" » (Dominique Lecourt, *Contre la peur. De la science à l'éthique, une aventure infinie*, « Quadrige », Paris, P.U.F., [1990], 1999, p. 168. Précisons seulement que Jonas ne parle pas d'éthique de la peur mais d'« heurisitique de la peur » et que s'il convoque celle-ci dans son

l'éthique de la nature que recèle l'œuvre du philosophe. Nous proposons dans la section qui suit un rapide coup d'œil panoramique dans lequel on peut voir aussi une introduction générale qui permettra d'entrer dans le vif des divers sujets abordés dans les chapitres suivants.

FINALITÉ ET RESPECT DE LA NATURE

La pensée de Hans Jonas se caractérise par l'appel à une nouvelle éthique et par le retour affirmé à la métaphysique censée fonder celle-là. Or cette nouvelle éthique est essentiellement appelée par une préoccupation à l'égard de la nature qui, pour la première fois dans l'histoire de l'humanité, est devenue vulnérable ; – et l'éthique du futur de s'enraciner ainsi dans une philosophie de la nature. L'interprète de cette pensée est dès lors confronté à une question dont la littérature secondaire montre assez la difficulté : comment et pourquoi faut-il respecter la nature ?

À la première question – comment ? –, on peut répondre avec Jonas : en la préservant afin qu'une humanité reste possible. À la seconde question – pourquoi ? –, on peut répondre avec Jonas : parce qu'existent en elle des fins en soi.

La première réponse suscite l'objection de l'anthropocentrisme, que Jonas s'emploie pourtant à combattre de toutes ses forces [1].

Principe responsabilité en disant bien qu'elle n'est « pas le dernier mot dans la quête du bien » (*PR*, p. 50 ; 64), c'est au nom de l'évidence suivante : « nous savons seulement *ce qui* est en jeu lorsque nous savons *que* cela est en jeu » (*PR*, p. 49 ; 63). C'est ce qu'a très bien vu Th. Lievens : « Bien des données de l'existence ne dévoilent leur valeur qu'à partir du jour où elles sont menacées » et la peur à laquelle en appelle Jonas, dès lors, « loin d'être une peur qui paralyse, [est] une peur qui provoque l'action » (Thierry Lievens, « La peur comme boussole », in *Lumen Vitae*, XLIX (mars 1994), p. 133-138 ; citations p. 135). Pour Ricœur aussi, qui articule à la suite de Jonas responsabilité, fragilité et dangerosité, « le danger appelle légitimement la peur : une peur réfléchie, dont Jonas fait l'objet d'une "heuristique de la peur", qui s'exprime en particulier par une prise en compte des nuisances, dégâts, destructions possibles, même si leur occurrence est improbable. » (Paul Ricœur, *Lectures 1. Autour du politique*, Paris, Seuil, 1991, p. 283). Précisons enfin que Gadamer donnait son aval à cette heuristique de la peur : « Je crois aussi que la *peur*, à côté de la paupérisation à venir, peut se faire entendre au premier chef » (Lettre inédite de Hans-Georg Gadamer à Hans Jonas du 21 avril 1986 [HJ 4-3-33]).

1. L'anthropocentrisme est en effet une des quatre caractéristiques de l'éthique traditionnelle désormais dépassée par notre pouvoir technologique : cf. *PR*, p. 22 ; 22.

La seconde réponse suscite une question qui a toutes les allures d'une seconde objection : ces fins en soi sont-elles supérieures à celle qu'est l'homme selon Kant, et jusqu'où le respect de la nature doit-il s'étendre : faut-il respecter le mal dans la nature – comment alors combattre les virus ?

La première objection ne nous retiendra guère ici [1]. Le souci pour les générations futures au nom de l'idée d'humanité ne peut être qualifié d'anthropocentrisme pour peu que l'on admette la différence entre les hommes que nous sommes aujourd'hui (existence) et les hommes à être au nom de l'idée d'humanité (essence). L'anthropocentrisme va de pair avec une autre caractéristique de l'éthique traditionnelle : c'est qu'elle est une éthique du présent. Car l'anthropocentrisme désigne le commerce exclusif de l'homme avec l'homme *au présent*.

Dans la mesure où nous reviendrons sur cette question dans le chapitre v, penchons-nous donc plus longuement sur la seconde objection. Cette objection – il y a du mal dans la nature – a été parfaitement formulée par Bernard Baertschi [2] et on la trouve aussi, sous une forme beaucoup plus allusive, dans *Le nouvel ordre écologique* de Luc Ferry, qui associe l'auteur du *Principe responsabilité* au courant de ce qu'on appelle « l'écologie profonde » [3].

Selon Jonas, l'être, dont le paradigme est le vivant, l'organique, poursuit des fins. L'être est à lui-même sa propre fin et cela constitue, aux yeux du philosophe, un bien en soi : « Dans la faculté comme telle d'avoir des fins, nous pouvons voir un bien en soi » [4]. Bernard Baertschi déduit de cette thèse centrale dans la pensée de Jonas que celle-ci s'articule autour d'une « position hylozoïste, impliquant la négation de toute propriété émergente » [5].

C'est dans la foulée de cette dénonciation de l'assimilation de toute matière à une forme de vie, fût-elle en puissance, requérant de ce fait de la part de l'homme un respect inconditionnel pour la nature, que Bernard Baertschi formule ce qu'on appellera ici « l'argument du virus » : « [...] Si

1. On y reviendra plus bas, à propos de l'impératif catégorique chez Jonas (cf. *infra*, chap. v, p. 147 *sq.*).

2. Cf. Bernard Baertschi, « Le pseudo-naturalisme métaéthique de Jonas », in *Nature et descendance. Hans Jonas et le principe « Responsabilité »*, éd. par Denis Müller et René Simon, « Le champ éthique, 25 », Genève, Labor et Fides, 1993, p. 17-29.

3. Cf. Luc Ferry, *Le nouvel ordre écologique. L'arbre, l'animal et l'homme*, Paris, Grasset, 1992.

4. *PR*, p. 116 ; 154.

5. Bernard Baertschi, « Le pseudo-naturalisme métaéthique de Jonas », *op. cit.*, p. 27.

tout étant a une fin, tout étant a une valeur intrinsèque qui implique pour lui l'obligation d'exister ou de persévérer dans son être, exigeant, de notre part, le respect »[1]. C'est en effet en ces termes que l'on peut résumer la manière dont Jonas justifie l'idée d'un respect dû à la nature : la finalité présente au cœur de l'être est une valeur et la nature qui l'abrite mérite donc le respect. Mais B. Baertschi de poursuivre : « Comment, alors, luttera-t-on contre les virus ? Que signifie notre responsabilité envers eux ? Et si elle entre en conflit avec notre responsabilité envers nos semblables, quel critère nous permettra de choisir entre nos deux devoirs ? »[2].

Cette objection à l'endroit de Jonas, inspirée davantage par des préoccupations d'« éthique appliquée » – d'où sa parenté avec une certaine forme de casuistique – que par des préoccupations d'ordre ontologique telles celles qui animent le philosophe, n'est pas justifiée. Il y a lieu, d'abord, de souligner que la fin en soi qu'abrite la nature n'est ni plus ni moins que la liberté. Contre Kant qui voyait dans la nature le règne du déterminisme, Jonas décèle en elle, depuis les formes les plus élémentaires de l'organicité, un mouvement de liberté. Cette liberté dans la nature est la liberté de la vie et elle est réservée à la vie : il n'y a pas de liberté à l'œuvre dans les couches inorganiques de la nature précédant l'émergence de la vie organique[3].

Le « fil d'Ariane » de la vie qu'est la liberté, Jonas en voit le paradigme dans le métabolisme (*Stoffwechsel*)[4] dont la caractéristique est l'échange nécessaire et continu d'un organisme avec son milieu. Comme Carlo Foppa l'a montré en toute clarté[5], on a ici la raison pour laquelle Jonas privilégie le modèle scientifique de l'évolution des espèces : elle lui permet de montrer que la nature évolue selon un long *continuum* au cours duquel la liberté ne fait que croître pour aboutir, en l'homme, qui est son produit ultime, à sa *forme achevée*[6].

1. *Ibid.*

2. Bernard Baertschi, « Le pseudo-naturalisme métaéthique de Jonas », *op. cit.*, p. 27.

3. Cf. *infra*, chap. II, p. 54 *sq.*

4. Cf. « Évolution et liberté », in *Évolution et liberté*, traduit de l'allemand et présenté par Sabine Cornille et Philippe Ivernel, Paris, Payot & Rivages, 2000, p. 25-57.

5. Carlo Foppa, « L'ontologie de Hans Jonas à la lumière de la théorie de l'évolution », in *Nature et descendance*, éd. par Denis Müller et René Simon, *op. cit.*, p. 51-72.

6. La lecture de Gilbert Hottois est aux antipodes de celle-ci. Selon Hottois en effet, Jonas évite de considérer que l'évolution n'est pas achevée : si l'homme est le produit le plus achevé de l'évolution, dit-il, Jonas « l'arrache au processus évolutionnaire » (Gilbert Hottois, « Une analyse critique du néo-finalisme dans la philosophie de Hans Jonas », in

On retiendra de ceci deux idées fondamentales.

La première est que *l'homme se reçoit* – à l'instar de toute autre espèce d'ailleurs – *de la nature* mais que, contrairement aux autres espèces, il dispose d'une puissance qui lui laisse toujours la possibilité de renier cette parenté. Ceci contribue à fonder l'idée de respect dû à la nature. Jonas le dit lui-même : « Pour autant que [la nature] nous a produits, nous devons à la totalité apparentée de ses productions une *fidélité*, dont celle que nous devons à notre propre être est seulement le sommet le plus élevé »[1].

La deuxième idée qui se dégage ensuite est celle de la *continuité* entre les espèces. Le concept de continuité[2] est ici le concept central permettant à Jonas de fonder son ontologie sur la liberté naturelle.

> Le lien de continuité entre notre espèce et l'amibe est un acquis du darwinisme, et Jonas l'utilise dans son ontologie pour montrer les limites de la perspective matérialiste par rapport à l'émergence de la conscience au sein du vivant. C'est par la notion de continuité que Jonas conçoit un monde vivant où une finalité sans fin joue un rôle central et où tout aussi bien la liberté que la conscience doivent être présentes sous une forme quelconque chez les êtres les moins évolués. Souvenons-nous de sa question rhétorique qu'il pose à la fin de l'essai consacré au darwinisme : « où peut donc être situé le début de l'intériorité si ce n'est au commencement de la vie ? »[3].

Ces deux concepts de *fidélité* et de *continuité* appellent dès lors une question capitale : la philosophie de la nature que Jonas nous propose ici est-elle donc anthropomorphique, puisque la fidélité à la nature est l'application à celle-ci d'une vertu anthropologique et que la continuité implique que l'homme soit présent en puissance dans la nature, qu'il en soit le sens ? On est d'autant plus enclin à le croire qu'il invoque lui-même, pour caractériser cette liberté naturelle, la catégorie chère à son amie Hannah Arendt qu'est la *natalité*, caractéristique de la *praxis* chez l'auteur de *The Human Condition*, venant compléter chez Jonas la *mortalité* intrinsèque à

Hans Jonas. Nature et responsabilité. Coordination scientifique : Gilbert Hottois et Marie-Geneviève Pinsart, Paris, Vrin, 1993, p. 17-36 ; citation p. 30).

1. *PR.*, p. 188 ; 246. Nous soulignons.

2. Sur ce concept, cf. *infra*, chap. II, p. 49-78.

3. Carlo Foppa, « L'ontologie de Hans Jonas à la lumière de la théorie de l'évolution », *op. cit.*, p. 56.

toute vie[1]. Ensuite, Jonas n'hésite pas, paradoxalement, à revendiquer lui-même une certaine forme d'anthropomorphisme : « En un sens bien compris, affirme-t-il, l'homme est quand même peut-être la mesure de toutes choses – non certes par la législation de sa raison, mais à travers le paradigme de sa totalité psychophysique [...] »[2].

Toutefois, parler d'anthropomorphisme supposerait ici que la valeur inscrite au cœur de la nature soit résolument et strictement anthropologique ou, pour le dire autrement, que l'homme perde toute transcendance par rapport à la nature. Cela ne nous semble pas être le cas, pour deux raisons.

Premièrement, et on y reviendra plus loin, ce n'est pas l'homme qui est vecteur de valeur, mais la *structure dialectique du vivant*. Dans son superbe texte sur la dialectique de la vie, Jonas soutient en effet que la caractéristique du métabolisme, c'est qu'avec lui, *le non-être fait intrusion dans l'être*. De ce fait, « être » revêt alors un « sens emphatique »[3] puisque, qualifié qu'il est désormais par la menace de sa négation, l'être doit s'affirmer lui-même. « Être » devient dès lors une tâche plutôt qu'un état.

Deuxièmement, on ne sache pas que l'homme perde toute transcendance par rapport à la nature, en dépit de la continuité qui le relie aux formes naturelles organiques les plus élémentaires. Car si la vie est bien transcendante et investie d'une liberté[4], il n'en reste pas moins que la liberté de l'homme est d'un tout autre ordre. C'est sans doute dans la théodicée de Jonas inscrite dans *Le concept de Dieu après Auschwitz*[5] que cela apparaît avec le plus de clarté[6]. On y apprend en effet que l'homme émerge de l'évolution naturelle et continue de la nature par sa liberté, qui est avant tout *responsabilité*. Aux termes du mythe de la création que

1. Cf. « Fardeau et bénédiction de la mortalité », in *Évolution et liberté*, *op. cit.*, p. 129-157.

2. « Évolution et liberté », in *Évolution et liberté*, *op. cit.*, p. 31-32 ; « Evolution und Freiheit », in *Philosophische Untersuchungen und metaphysische Vermutungen*, Francfort s./M., Insel, 1992, p. 15. Traduction légèrement modifiée.

3. « Fardeau et bénédiction de la mortalité », in *Évolution et liberté*, *op. cit.*, p. 136 ; « Last und Segen der Sterblichkeit », in *Philosophische Untersuchungen und metaphysische Vermutungen*, *op. cit.*, p. 86.

4. Cf. les analyses de Jonas sur l'altérité de l'organisme dans « Évolution et liberté », in *Évolution et liberté*, *op. cit.*

5. Cf. *Le concept de Dieu après Auschwitz. Une voix juive*, traduit par Philippe Ivernel, Paris, Payot & Rivages, 1994.

6. Le chapitre correspondant de *PhV* fait l'objet d'une analyse ci-dessous : cf. *infra*, chap. III, p. 103-108.

Jonas nous propose dans ce texte, l'*innocence* originaire de l'être cessa lorsque, après le surgissement de la vie, apparut l'homme. À l'engagement créateur divin s'imposait désormais un critère de *succès* ou d'*échec*. En effet, l'apparition de l'homme impliquait l'apparition de la connaissance et de la liberté. Dès lors, l'innocence cédait la place à la *responsabilité*.

L'homme devient ainsi le sens de Dieu et le sens de l'être tout à la fois : l'image de Dieu, poursuit Jonas, passe sous la « garde problématique » de l'homme; et par ailleurs, avec l'homme, la transcendance s'est éveillée à elle-même : d'immanente qu'elle était au niveau des organismes inférieurs, elle est devenue consciente et responsable.

Revenons-en maintenant à l'« argument du virus ».

Pour rencontrer efficacement cette objection, il faut souligner que la pensée de Jonas en la matière est résolument *dialectique*. Car il n'y a vie que parce qu'il y a mort, et il ne peut y avoir liberté que s'il y a nécessité – *mal* en termes moraux. Jonas rencontre le problème du mal par la bande dans son texte déjà cité sur *le fardeau et la bénédiction de la mortalité*. À la question de savoir si le fardeau de la mortalité vaut la peine, à l'objection selon laquelle du point de vue de Sirius la somme des souffrances l'emporte sûrement sur la somme des plaisirs – comment ne pas penser que Jonas songe ici au génocide juif –, notre philosophe répond dans un registre qui est certes résolument optimiste, mais dans le registre d'un optimisme sans fin : la théodicée de Jonas n'intègre aucune harmonie préétablie ! Premièrement, dit-il en effet, les plus malchanceux nous apprennent que la misère n'atténue presque pas le « oui » à la conscience sentante, c'est-à-dire à « la condition première pour que quelque chose puisse "valoir la peine" »[1]. En outre, ajoute-t-il, la « seule présence dans l'univers de quelque chose qui vaut la peine [...] compense immensément le tribut de souffrance qu'elle réclame en échange »[2].

Mais ici encore, c'est en recourant à la théodicée de Jonas qu'on pourra le mieux formuler les choses en termes conceptuels : la liberté appelle la nécessité comme sa condition de possibilité parce que le concept de « puissance absolue » est contradictoire.

1. « Fardeau et bénédiction de la mortalité », in *Évolution et liberté*, *op. cit.*, p. 140; « Last und Segen der Sterblichkeit », in *Philosophische Untersuchungen und metaphysische Vermutungen*, *op. cit.*, p. 88.

2. *Ibid.*, p. 146; « Last und Segen der Sterblichkeit », in *Philosophische Untersuchungen und metaphysische Vermutungen*, *op. cit.*, p. 92.

Selon le concept même de puissance, il va de soi que la *toute-puissance est logiquement et ontologiquement contradictoire* – Jonas montre qu'elle l'est aussi théologiquement et religieusement. Car il en va de la puissance comme de la liberté : elle n'est pas pensable sans son contraire, la nécessité. En effet, sans nécessité, la liberté n'aurait plus d'objet; de même, la toute-puissance serait une puissance vide. Pour que la puissance puisse agir, il faut qu'il existe autre chose. La puissance est donc un *concept relationnel.* Pas plus qu'il n'y a de puissance absolue il ne peut donc y avoir de liberté absolue. La nature n'est dès lors libre qu'en tant qu'elle est, dans un mouvement dialectique continu, lutte avec elle-même. Cette contradiction interne au système de la nature est évidemment, ultimement, la possibilité de la *mort*, ainsi que sa nécessité. On ne manquera pas de souligner que la « revalorisation » de la mort comme composante intrinsèque de la vie s'intègre chez Jonas dans une dénonciation de l'anthropocentrisme traditionnel : de même qu'il dénonce celui-ci comme un des traits fondamentaux de l'éthique traditionnelle dans le *Principe responsabilité*, de même ici il le tient responsable de l'expression « les mortels » qui, depuis les Grecs, signifiait exclusivement « les hommes ». Si les Grecs établissaient une ligne de partage entre mortels et immortels, Jonas quant à lui sépare donc ce qui est mortel de ce qui est inorganique.

C'est ici, dans cette dialectique de la vie et de la mort naturelles, que le rapport de l'homme à la nature se résout de la façon la plus harmonieuse, puisque c'est la dialectique constitutive de la nature, dont l'homme est le produit le plus évolué et le plus noble, qui offre à celui-ci la possibilité de sa « bénédiction » : la mort. Le fardeau et la bénédiction que constitue la mort sont les deux pôles de la dialectique propre à celle-ci : être mortel, c'est avoir la fragilité organique de *pouvoir mourir* (fardeau)[1] et c'est aussi *devoir mourir* (bénédiction). La mort est en effet une bénédiction parce qu'elle est, au niveau phylogénétique, le corollaire de la natalité, du rajeunissement perpétuel de l'humanité et aussi condition de progrès. Au niveau ontogénétique, « la vérité toute simple de notre finitude, c'est que la continuation indéfinie de notre existence (par quelques moyens que ce soit) ne serait possible qu'au prix, soit de perdre notre passé et par là notre

1. Jonas précise évidemment que cette vulnérabilité est plus que la destructibilité de tout étant même inorganique.

véritable identité, soit de vivre uniquement dans le passé et par là sans présent réel »[1].

La philosophie de Jonas est ainsi résolument une philosophie de la finitude : finitude de l'homme ontologiquement enracinée dans la finitude de tout l'ordre du vivant, par rapport auquel l'homme se situe dans une relation de transcendance dont la vérité est sa responsabilité. Elle est en définitive une ontologie de l'homme conçu comme le sens de l'être mais pas un sens monadique : il est le sens relationnel, dialogal, dialectique de l'être en ce qu'il se reçoit de la nature tout en étant son accomplissement, c'est-à-dire sa vérité, c'est-à-dire en tant qu'il est fini et qu'il transcende sa finitude.

LES TENTATIONS PRÉMODERNES DE L'ÉCOLOGIE

Personne ne niera l'importance, l'audace et l'originalité de cette philosophie de la nature s'il est vrai que de toutes les matières philosophiques traditionnelles, c'est cette dernière qui eut le plus à souffrir de l'autonomisation des sciences particulières et qui brille le plus par son absence dans la sphère de la philosophie contemporaine. Certes la nature n'est-elle pas pour autant abandonnée aux caprices de ceux qui voudraient s'en rendre comme maîtres et possesseurs : l'écologie constitue désormais une préoccupation intellectuelle obligée dans tout contexte démocratique ; mais en réponse à ceux qui argueraient qu'elle occupe dès lors à bon droit la place vacante de la philosophie de la nature, il ne sera pas inutile de rappeler que, en dépit de la pertinence de ses cris d'alarme, l'écologie ne saurait se substituer à une philosophie de la nature, *a fortiori* à une philosophie tout court. Parmi les réflexions et les théories que l'écologie a suscitées, on épinglera, au titre de celles qui ont la prétention philosophique la plus affichée, mais qui sont aussi les plus extrémistes, les théories d'un *droit de la nature* et même d'un *contrat naturel.* Ces extrémismes ont entraîné une réaction humaniste dont on trouve une illustration exemplaire dans *Le nouvel ordre écologique*, un ouvrage que Luc Ferry[2] consacre à l'apprécia-

1. « Fardeau et bénédiction de la mortalité », in *Évolution et liberté, op. cit.*, p. 155. « Last und Segen der Sterblichkeit », in *Philosophische Untersuchungen und metaphysische Vermutungen, op. cit.*, p. 99.

2. Luc Ferry, *Le nouvel ordre écologique, op. cit.*, 1992.

tion critique des tenants et aboutissants de ce qu'il appelle, en faisant écho à la *deep ecology* éclose aux États-Unis, l'« écologisme profond ». Textes à l'appui, il montre – sans difficulté aucune, tant certaines plates-formes écologistes sont franchement hallucinantes, surtout en ce qui concerne leurs implications politiques[1] – les risques de dérive totalitaire que peuvent contenir des programmes d'émancipation de la nature ; il rappelle même la précocité du nazisme en la matière, dont le programme de défense des droits des animaux était particulièrement élaboré. Mais la question qui doit nous retenir est celle des accointances supposées entre ces courants « brun-rouges »[2] et la philosophie. Car Luc Ferry suggère qu'une certaine tendance philosophique anti-humaniste apporte une caution intellectuelle à ces mouvements ; et d'épingler en particulier le *Principe responsabilité* de Jonas, un philosophe à ses yeux « populaire », qui représenterait, avec Michel Serres en France, l'écologie profonde[3]. C'est cette association à nos yeux insoutenable entre l'écologie profonde, non critique et volontiers totalitaire d'une part, et la philosophie de Jonas d'autre part, qu'il s'agit de discuter ici.

La cible que vise Luc Ferry et que l'on appelle commodément l'écologie profonde selon son appellation américaine, est un mouvement d'idées récent – ses racines remonteraient au début des années soixante-dix. Mais ses enjeux, fait valoir Ferry, ne seraient pas sans rappeler les procès des animaux pratiqués au moyen âge. Créatures divines, les insectes avaient alors droit à un avocat chargé de les défendre lors des procès qui pouvaient leur être intentés par des villageois victimes des fléaux qu'ils

1. Qu'on en juge : analysant certains programmes écologistes américains, Ferry écrit à bon droit : « lorsqu'on en vient à soutenir que le nombre idéal d'êtres humains *au regard des besoins des êtres non humains* serait de 500 millions (James Lovelock), voire de 100 millions (Arne Naess), j'aimerais qu'on nous explique au juste comment on entend mettre en œuvre cet objectif hautement philanthropique. Car, là encore, les rêves des écologistes radicaux tournent souvent au cauchemar, à l'instar de ce programme de mort tranquillement élaboré par William Aiken et publié dans un ouvrage collectif jouissant d'une excellente réputation : "Une mortalité humaine massive serait une bonne chose. Il est de notre devoir de la provoquer. C'est le devoir de notre espèce, vis-à-vis de notre milieu, d'éliminer 90 % de nos effectifs !" » (Luc Ferry, *Le nouvel ordre écologique*, p. 157).

2. Un trait fondamental – mais tellement irritant – de l'argumentation de Ferry est sa volonté opiniâtre de « situer » politiquement une pensée philosophique. Une de ses thèses est d'ailleurs que l'écologisme est d'autant plus suspect qu'il évolue dans des eaux multicolores et qu'il « en vient à être politiquement "inclassable" à force de mêler les thèmes traditionnels de l'extrême droite à ceux de l'extrême gauche » (Luc Ferry, *Le nouvel ordre écologique*, *op. cit.*, p. 144).

3. Cf. Luc Ferry, *Le nouvel ordre écologique*, *op. cit.*, p. 135.

causaient. Et si la défense juridique ou l'excommunication de charançons nous fait sourire aujourd'hui, c'est évidemment que « pour nous, Modernes, [...] il nous paraît tout simplement insensé de traiter les animaux, êtres de nature et non de liberté, comme des personnes juridiques » [1]. Or on aurait affaire aujourd'hui à des relents de prémodernité. En effet, si l'humanisme moderne est né du retrait de toute dignité morale à la nature pour la réserver tout entière à l'homme, il se pourrait bien que l'on assiste aujourd'hui avec l'écologie profonde à un mouvement tendant à reconnaître à la nature des droits similaires à ceux de l'homme, et donc à banaliser celui-ci au titre d'un produit de la nature parmi d'autres ne bénéficiant d'aucun surcroît de dignité. La cause mobilisatrice des écologistes profonds, en effet, est la reconnaissance d'un statut juridique à la nature (des arbres aux rochers en passant par les animaux). Si l'on peut situer le berceau de cette idéologie en Amérique, le public francophone a été initié à la revendication d'une telle reconnaissance juridique de la nature par le *Contrat naturel* de Michel Serres. À l'instar du contrat social, le contrat naturel devrait nous faire sortir de l'état de guerre qui règne aujourd'hui entre l'homme et la nature.

> Retour donc à la nature ! Cela signifie : au contrat exclusivement social ajouter la passation d'un contrat naturel de symbiose et de réciprocité où notre rapport aux choses laisserait maîtrise et possession pour l'écoute admirative, la réciprocité, la contemplation et le respect, où la connaissance ne supposerait plus la propriété, ni l'action la maîtrise, ni celles-ci leurs résultats ou conditions stercoraires. Contrat d'armistice dans la guerre objective, contrat de symbiose : le symbiote admet le droit de l'hôte, alors que le parasite – notre statut actuel – condamne à mort celui qu'il pille et qu'il habite sans prendre conscience qu'à terme il se condamne lui-même à disparaître. Le parasite prend tout et ne donne rien ; l'hôte donne tout et ne prend rien. Le droit de maîtrise et de propriété se réduit au parasitisme. Au contraire, le droit de symbiose se définit par réciprocité : autant la nature donne à l'homme, autant celui-ci doit rendre à celle-là, devenue *sujet de droit* [2].

Face à cette mobilisation rapidement esquissée, Luc Ferry se dresse au nom de la modernité, de la déclaration des droits de l'homme et de l'humanisme en général. Car ce qu'il dénonce, c'est que

1. *Ibid.*, p. 19.
2. Michel Serres, *Le contrat naturel*, Paris, François Bourin, 1990, p. 67.

> l'humanisme se trouve ainsi mis entre parenthèses. Et c'est bien là que réside l'enjeu principal, pour ces nouveaux zélateurs de la nature. Le débat sur le droit des arbres, des îles ou des rochers, au-delà de ses bizarreries [...] n'a pas d'autre motif : il s'agit de savoir si l'homme est le seul sujet de droit, ou au contraire ce qu'on nomme aujourd'hui la « biosphère » ou l'« écosphère », et qu'on nommait autrefois le *cosmos*. L'homme ne serait dès lors, à tout point de vue, éthique, juridique, ontologique, qu'un élément parmi d'autres – à vrai dire le moins *sympathique*, car le moins *symbiotique* dans cet univers harmonieux et ordonné où il ne cesse, par sa démesure, par son « ubris », d'introduire le plus fâcheux désordre. Ne faudrait-il pas recourir à un nouveau « contrat naturel » qui remette cet orgueil à sa place et rétablisse l'harmonie perdue ? N'est-ce pas ainsi, d'une vision humanistique à une vision cosmique du droit, que cette prémoderne postmodernité nous inviterait à passer [1] ?

Ce procès en « prémodernité » fait à la postmodernité ici étrillée ne peut être intenté à Jonas. Et ceci pour deux raisons.

Jonas ou l'impossible retour en arrière

D'abord l'auteur du *Principe responsabilité* ne peut être qualifié de prémoderne. Loin d'entretenir un rapport romantique au passé, il entretient un rapport responsable au futur, ce qui fait d'ailleurs, comme nous y reviendrons plus bas, l'originalité de son concept de responsabilité. Aussi, il ne prône aucun retour à quelque mythique Arcadie que ce soit, ni aucun rétablissement d'une harmonie perdue, au contraire ! Dans un entretien au cours duquel il retraçait son itinéraire intellectuel, Jonas convenait qu'il est

> impossible de revenir en arrière : des raisons impérieuses nous interdisent de rompre avec la technique, ne fût-ce que pour la simple raison qu'il y a beaucoup trop d'hommes sur terre qui ne peuvent plus vivre sans l'aide de la technologie moderne. Il y a toute une série de raisons qui font qu'il n'y a pas de retour en arrière possible dans une Arcadie idyllique où vivre en harmonie avec la nature [2].

1. Luc Ferry, *Le nouvel ordre écologique*, *op. cit.*, p. 25.

2. « De la gnose au principe responsabilité. Un entretien avec Hans Jonas. [Entretien avec Jean Greisch et Erny Gillen] », *op. cit.*, p. 14.

Peut-on être plus clair ? De surcroît, le philosophe ne se contente pas de confesser cette nécessité d'une assomption de notre condition présente, mais il affirme la valeur intrinsèque de la technique ; et le danger d'un usage illimité et démesuré des ressources de la technologie réside précisément dans le risque de voir cette valeur s'inverser ! Parlant de l'« agression contre l'intégrité de la nature autour de nous », Jonas fait en effet valoir que

> dans un premier temps, cela entraîne la suprématie de l'homme qui dépasse tout ce qui a jamais existé. Mais en même temps, l'abus de notre domination sur la nature conduit à la destruction de ce que nous avons appris à dominer. Cette domination était censée enrichir et agrandir simplement la vie humaine, la rendre plus féconde et plus abondante ; et, de fait, c'est ce qu'elle fait encore pour le moment. Mais nous atteignons le seuil où tout cela peut se renverser en fatalité [1].

Dans ces termes, ce qui est en jeu, c'est donc de veiller à ce que l'enrichissement de la vie humaine et le progrès en général restent possibles. Si l'on associe ce progressisme implicite au refus de l'utopisme d'un *Principe espérance* (E. Bloch) exprimé par le titre retenu pour le *Principe responsabilité*[2], on peut situer la pensée de Jonas dans le cadre d'une philosophie de la fragilité et de l'imprévisibilité des affaires humaines chères à son amie H. Arendt. La fragilité est pour ainsi dire la définition de la vie, tandis que l'imprévisibilité fonde la responsabilité de l'homme. La seule responsabilité possible, dans le cas d'une action collective de longue haleine visant à la réalisation d'un but fixé par une vision utopique, ce serait, en langage kantien, la responsabilité de l'acteur qui agit selon un impératif hypothétique de l'*habileté* – l'action étant la collection d'un ensemble de moyens investis en vue de la fin en question.

1. *Ibid.*, p. 10-11. Nous soulignons.

2. Sur l'association du marxisme à l'utopie et la pertinence de la critique adressée par Jonas, Dominique Janicaud, faisant valoir les difficultés qu'il peut y avoir à considérer le marxisme comme une utopie, remarquait notamment que Jonas s'adresse dans les années soixante-dix au même public que Bloch : la jeunesse de l'Allemagne de l'ouest, c'est-à-dire ceux et celles qui sont tournés vers l'avenir. Depuis lors, l'utopisme s'est effondré et les états marxistes d'Europe de l'est se sont désarticulés ; « [...] le marxisme n'est plus une tentation forte et [...] les problèmes réels de fragilité de l'environnement, de survie de l'humanité, de mutations génétiques, etc. viennent de plus en plus au premier plan ». Toute cette évolution donne raison à Jonas contre Bloch (Dominique Janicaud, « L'adieu critique aux utopies », in *Aux fondements d'une éthique contemporaine. H. Jonas et H. T. Engelhardt.* Direction scientifique et présentation par Gilbert Hottois, « Problèmes et controverses », Paris, Vrin, 1993, p. 93-105).

L'imprévisibilité – qui est le lot à la fois de la liberté de l'homme et de la fragilité de la nature –, en revanche, ne tolère pas que l'action puisse être commandée par une contrainte telle que des règles de l'habileté, puisque par définition elle échappe au cadre nécessaire de la relation fin-moyen. Elle ne saurait même pas tolérer que l'action soit gouvernée par des conseils de *prudence*, car comme nous le verrons plus loin, le corollaire éthique de l'imprévisibilité ainsi que de l'essence de l'homme, c'est que celui-ci *doit* exister. Seul un *commandement* de la moralité peut rencontrer cette exigence. Cela dit, on devrait pouvoir montrer que Jonas n'a pas été en mesure d'assumer cette fragilité, et que c'est vraisemblablement son souci de la juguler qui l'a conduit à une impasse en matière de politique[1].

La nature comme objet éthique et non comme sujet de droit

Deuxièmement, Jonas ne pose pas le problème du rapport homme-nature en termes de *sujets de droit*, mais en termes d'*objet éthique*. Quand on lui demandait ce qu'il pensait du *Contrat naturel* de Serres – qu'il ne connaissait pas –, Jonas se montrait stupéfait.

> Concernant [...] l'idée que la nature doit être considérée comme partenaire d'une relation de type contractuel : à mon avis, cela n'est pas cohérent d'un point de vue philosophique. [...] La nature n'est pas un sujet de droit. N'est sujet de droit qu'un sujet qui peut émettre des revendications à mon égard et reconnaître que j'ai des droits en retour vis-à-vis de lui ; des droits soumis à un arbitrage en raison de la réciprocité des droits et des devoirs. N'ayant pas d'obligations à notre égard, la nature n'a pas non plus de droits au sens d'un sujet de droit[2].

Luc Ferry connaît cette déclaration et il la cite, mais par la bande, comme si nonobstant l'importante distanciation qu'elle représente par rapport à toute velléité de « subjectivation » de la nature, Jonas devait être malgré tout complice des courants écologistes qui réclament pour elle la

1. Sur les impasses de la philosophie politique de Jonas, cf. Jacques Taminiaux, « Sur une éthique pour l'âge technologique », in *Le messager européen*, 5 (1991), p. 187-202 ; parmi les difficultés que recèle la critique des utopies conduite par Jonas, Taminiaux relève l'inattention de celui-ci à la distinction pourtant fondamentale de son amie Arendt entre le faire et l'agir.

2. « De la gnose au principe responsabilité. Un entretien avec Hans Jonas. [Entretien avec Jean Greisch et Erny Gillen] », *op. cit.*, p. 15.

reconnaissance de droits. Or si Jonas est à des lieues de penser la nature en termes de sujet de droit, c'est sans doute parce qu'il la pose comme un objet éthique et qu'il voit précisément en cela l'originalité de sa pensée. Selon lui, pour la première fois depuis l'éthique traditionnelle qui s'étend sur toute l'histoire de la philosophie, l'objet de la morale n'est *justement plus un sujet*, mon *alter ego*, mon prochain. Ranger Jonas du côté des écologistes profonds sous prétexte qu'il tendrait avec eux à subjectiver la nature en la reconnaissant comme sujet de droit est donc un contresens masquant toute l'originalité de ses intuitions, puisque la question à laquelle il nous confronte est celle de la légitimité d'un devoir moral à l'égard d'un objet – quoique cet « objet » soit unique et que son statut épistémologique fasse problème.

Ek-stase de l'avenir versus *mortalité du présent*

Cela dit, on est autorisé à reconnaître la légitimité du souci environnemental sans pour autant se faire le chantre d'une idéologie dont les risques politiques – il faut le reconnaître avec Luc Ferry – ne sont pas minces et suffisent à la qualifier d'extrémiste. C'est ainsi que lui-même se prononce personnellement en faveur d'une voie moyenne entre anthropocentrisme et écocentrisme. Son programme d'une « écologie démocratique » [1] se conclut sur l'idée que nous avons bien des devoirs envers la nature, quoiqu'elle ne soit pas sujet de droit – à l'instar, donc, de Jonas… Mais ces devoirs ne seraient pas conditionnés, comme veulent le faire croire les écologistes profonds, par une nature dont il faudrait faire une fin en soi : bien plutôt, la valeur de la nature (ébauche de *liberté* dans la souffrance animale, *beauté* et *finalité*) doit son prix aux *idées* qu'elle évoque – c'est-à-dire en définitive à ce qu'il y a d'humain dans la nature. L'argumentation de Ferry est ici commandée par la notion kantienne de « comme si », dont le sens n'est autre que la médiation entre naturalisme (écologie profonde) et anthropocentrisme (cartésianisme) : tout se passe comme si la nature tendait à être humaine. À ce compte, la question de valeurs extra-humaines et celle d'une obligation à l'égard de la nature dans les termes où un Jonas prétend les poser à nouveaux frais perdent évidemment toute pertinence si l'interpellation de la nature n'est que l'esquisse de notre propre humanité.

1. Cf. Luc Ferry, *Le nouvel ordre écologique*, *op. cit.*, p. 237-268.

Or dans le cadre de son programme d'écologie démocratique, Ferry propose une philosophie de la temporalité devant permettre de montrer que le lieu du sens est aujourd'hui le présent. Tirant argument de la double rupture avec le religieux que constituent l'avènement de la laïcité (désagrégation d'une autorité fondée sur le passé) et la mort du communisme (effondrement de l'autorité d'un *pas-encore* à réaliser), Ferry affirme que

> la temporalité où se situent les significations est aujourd'hui le présent, à la rigueur le futur immédiat, mais le passé et l'avenir, *qui sont en deçà ou au-delà de la vie*, ne font plus recette [1].

Si nous entendons bien, ces mots signifient que ni le *passé*, entretenu et transmis par la tradition dans une société d'essence conservatrice, ni le *futur*, ânonné avec les accents prophétiques de l'eschatologie dans une société dite de progrès ne sont plus des vecteurs de sens : le sens du maintenant ne serait plus l'autorité d'hier ni la promesse de demain. Quoi qu'il en soit de la pertinence vraisemblable de cette analyse sociologique, il y a lieu de se demander en quoi elle est fondée à disqualifier une philosophie qui se présente comme une « éthique du futur ».

On fera d'abord valoir ici que l'éthique du futur de Jonas est précisément une éthique *pour* le présent. C'est la spécificité de notre présent qui nécessite de faire du futur un objet de l'éthique. L'éthique du futur de Jonas est tout sauf une éthique *pour* demain : c'est une éthique *du* demain, c'est-à-dire, comme dans le cas de la nature, une éthique dont le futur est l'objet.

> « L'éthique du futur » ne désigne pas une éthique *dans* le futur – une éthique future conçue aujourd'hui pour nos descendants futurs –, mais une éthique d'aujourd'hui qui se soucie *de* l'avenir et entend le protéger *pour* nos descendants des conséquences de notre action présente [2].

Ensuite, cet appel à une prise en compte éthique du futur trouve précisément ses raisons dans la ruine de l'eschatologie et donc dans la prise au sérieux de la fragilité des affaires humaines qui est comme son corollaire : c'est parce que notre présent est fragile et notre action

1. *Ibid.*, p. 251.

2. « Sur le fondement ontologique d'une éthique du futur », in *Pour une éthique du futur*, *op. cit.*, p. 69 ; « Zur ontologischen Grundlegung einer Zukunftsethik », in *Philosophische Untersuchungen und metaphysische Vermutungen*, *op. cit.*, p. 128.

imprévisible qu'il y a lieu de se soucier du « pas encore », à savoir de ce qui, un jour, sera notre présent ou celui de nos enfants. À cet égard, il est tout à fait significatif que le modèle retenu par Jonas pour donner corps à son principe responsabilité soit le modèle éducatif. C'est parce qu'il n'y a pas d'eschatologie qu'il y a lieu d'éduquer, pour peu qu'on comprenne l'éducation sur un autre mode que le mode mécanique d'une concaténation d'étapes conduisant nécessairement à un sens déjà donné et tenant lieu de cause finale. Si l'histoire n'est plus pensable comme eschatologie, c'est qu'aujourd'hui, « parler d'un "sens" auto-efficient du devenir serait de la frivolité pure et simple » ; et la tâche qui nous requiert est donc de « prendre en main de façon entièrement nouvelle le processus qui pousse en avant *sans savoir préalable du but* » [1]. On l'a vu, l'ignorance du but est un fait acquis pour Ferry; mais c'est sans doute à la responsabilité comme *processus* qu'il ne peut donner son suffrage. Selon lui, la laïcisation et la démocratisation de nos sociétés entraîneraient la conséquence irréversible que le sens ne peut désormais plus être qu'immanent au présent vécu. Pour Jonas en revanche, tout semble indiquer que la fin de l'eschatologie nous engage à faire sens, mais étant bien entendu que le sens a pour habitat le milieu entre être et devoir-être. La responsabilité transcende par nature le présent, mais sans pour autant déplacer le sens de celui-ci dans un futur qui serait sa vérité. Si Jonas nous appelle à une responsabilité prospective, c'est précisément parce que l'avenir n'est pas prévisible et parce que le refus de toute transcendance proclamé par Ferry devrait signifier pour Jonas que l'homme n'est alors plus un être moral puisque la question du devoir-être se viderait de son sens et que le devoir-être est en définitive, comme on le verra plus loin, le sens de l'être.

LA GRANDE MENACE : L'ONTOLOGIE ; LA GRANDE VICTIME : L'HUMANISME

Toute la démarche de Luc Ferry semble être commandée par la menace que constitue l'ontologie à l'égard de l'humanisme. L'humanisme que revendique cet auteur est un humanisme non métaphysique, seul capable de faire pièce aux tentations anti-humanistes de l'écologisme qui prône un retour à l'âge pré-technologique. « Un humanisme non cartésien échappe à

1. *PR*, p. 177 ; 230.

l'alternative absurde dans laquelle l'écologisme voudrait nous enfermer : le “pas en arrière” ou la barbarie »[1]. Or si vraiment l'écologisme procède d'un tel dualisme, on ne peut raisonnablement faire de Jonas son idéologue par excellence ! Car enfin on verra sans peine que cette alternative, cette exclusive entre archaïsme pré-humaniste et apocalypse ne trouve et *ne peut trouver place* dans sa philosophie. Nous avons rappelé plus haut comment Jonas proclamait l'impossibilité d'un retour en arrière. En outre, nous ne sachons pas que Jonas ait jamais prédit quelque barbarie que ce soit : travaillant en philosophe, il s'est interrogé sur les conséquences du pouvoir nouveau de l'homme sur la nature ; ce pouvoir est capable de causer des catastrophes, mais celles-ci ne sont évidemment pas nécessaires[2]...

Mais après tout pourquoi un tel procès ? La thèse de l'alternative dualiste entre un hier enchanteur et un demain catastrophique s'appuie sur les reproches adressés à la tradition humaniste par des courants de pensée dont Heidegger est le paradigme : Jonas aurait hérité d'une critique de la science et de la technique dont le philosophe de la Forêt Noire doit être tenu pour le chef de file, et c'est cette critique qui expliquerait le « formidable succès » de son *Principe responsabilité*.

Il est indiscutable que ce livre procède avant tout d'une analyse – lucide – des conditions nouvelles de l'agir humain qu'a instaurées l'âge technologique : c'est *parce que* l'homme dispose aujourd'hui d'un pouvoir nouveau sur son environnement que la nature de son devoir se pose en des termes eux aussi renouvelés. Commentant l'inversion de cette relation par rapport à la tradition kantienne, Dominique Janicaud l'a autrefois examinée en montrant que Kant étrangle la réflexion éthique dans le carcan que constitue le dualisme radical de la liberté et de la nature.

> Le sujet qui se pose aujourd'hui le problème éthique n'est plus une pure liberté devant une nature autonome : il hérite un pouvoir qui a

1. Luc Ferry, *Le nouvel ordre écologique*, *op. cit.*, p. 126.

2. Dominique Janicaud a parfaitement exprimé cela en mettant l'accent sur le caractère proprement philosophique et non pas idéologique de la démarche de Jonas : « La responsabilité du penser se manifeste d'abord en ceci qu'il ne se lance pas précipitamment ni confusément dans les discussions idéologiques, mais qu'il entend restituer soigneusement ces discussions au sein d'une réflexion historique, anthropologique (et toujours philosophique) sur le dynamisme de l'agir, face aux limites de la nature et à l'irréversibilité du temps [...]. » (Dominique Janicaud, « L'adieu critique aux utopies », in *Aux fondements d'une éthique contemporaine*. Direction scientifique et présentation par Gilbert Hottois, *op. cit.*, p. 93).

déjà transformé cette nature et continue à le faire si radicalement que la « nature humaine » elle-même se voit mise en cause (par les manipulations génétiques et par les conditionnements psychologiques)[1].

Tandis que Kant subordonnait le pouvoir au devoir, Jonas dérive celui-ci de celui-là : « tu dois, car tu fais, car tu peux, autrement dit ton pouvoir exorbitant est déjà à l'œuvre »[2]. Or ceci devrait suffire à soutenir que la critique de la technologie n'a rien d'idéologique chez Jonas. Car le point d'ancrage des analyses proposées dans le *Principe responsabilité* est l'assomption d'une situation nouvelle contingente : *il se fait que* notre pouvoir technologique est aujourd'hui tel qu'il nécessite une réflexion nouvelle sur notre devoir. Ce n'est pas la moindre originalité de ce livre de fonder la *nécessité* d'une philosophie première éthico-métaphysique dans la *contingence* d'une situation vécue dont on analyse la nouveauté des traits fondamentaux[3].

Nous venons de suggérer que l'attitude de Jonas à l'égard de la technique ne s'accommode pas des tendances écologistes exclusivistes auxquelles Ferry voudrait le voir émarger. Cela est d'autant plus vrai que les premiers pas de Jonas en philosophie furent guidés par une « révolte contre le dualisme »[4]. Ce dualisme est de deux ordres et nous semble dès lors pouvoir se décliner sur divers modes. Un premier dualisme contre lequel a lutté Jonas remonte à la fondation des sciences modernes au XVIIe siècle. Il consiste en la tendance à réduire la matière « à la simple neutralité du pur être-là spatio-temporel que lui attribuent les sciences modernes de la nature à partir de Descartes »[5]. Nous ne croyons pas que ce soit la lutte contre ce dualisme qui fasse l'originalité de Jonas : la critique heideggerienne de la technique, la critique husserlienne de la scientificité moderne l'ont précédé sur ce terrain et c'est pourquoi nous restons circonspect quand Luc Ferry le réduit à cette dénonciation, à laquelle Jonas ne s'est montré attentif qu'à partir des années soixante. À vrai dire, il est une lutte contre un

1. Dominique Janicaud, « Le malaise autour de la Terre », in *Le messager européen*, 5 (1991), p. 173-186 ; citation p. 175.

2. *PR*, p. 177-178 ; 231.

3. Pour une analyse des traits fondamentaux respectifs de l'éthique traditionnelle et de l'éthique du futur, cf. « Technologie et responsabilité. Pour une nouvelle éthique », traduit de l'allemand par A. Favre, in *Esprit*, 42/9 (1974), p. 163-184.

4. *Erkenntnis und Verantwortung*. Gespräch mit Ingo Hermann, *op. cit.*, p. 98 *sq.*

5. « De la gnose au principe responsabilité. Un entretien avec Hans Jonas. [Entretien avec Jean Greisch et Erny Gillen] », *op. cit.*, p. 15.

autre dualisme, beaucoup plus ancien celui-là, et qui peut-être fait l'unité de l'œuvre du philosophe : le dualisme de l'âme et du corps. Certes, ce dualisme est aussi cartésien, mais c'est à l'occasion de son étude historico-philosophique de la gnose aux trois premiers siècles de l'ère chrétienne que Jonas s'y est montré attentif. Ce dualisme, soutient-il, remonte à Platon et traverse toute l'histoire de la philosophie jusqu'à Heidegger lui-même. Formé à l'école de Husserl et de Heidegger, Jonas eut très tôt un sentiment d'insatisfaction sans doute étroitement lié aux conditions d'existence concrète qui étaient les siennes pendant la guerre [1] ; cette insatisfaction était précisément alimentée par la réduction de l'homme à ses actes de conscience qu'opérait la phénoménologie, et Jonas la ressentit dès sa période de Fribourg, c'est-à-dire avant l'automne 1921 !

> La phénoménologie a affaire à l'analyse de phénomènes de la conscience, c'est-à-dire de ce qui apparaît dans la conscience. Et le monde tout entier apparaît naturellement dans certains actes de la conscience dans lesquels se constituent les objets de la perception purement sensible, ainsi les objets de la pensée et les objets symboliques. Cela est en un certain sens une production de la conscience. Husserl appelait cela l'acte intentionnel. En fait, tout ce qui peut devenir objet est construit de cette façon par la conscience. Et autant Heidegger s'éloignait pourtant de Husserl, autant il restait toutefois sous le charme de la tradition idéaliste allemande, consistant à connaître, saisir, maîtriser philosophiquement la réalité par l'introspection à l'intérieur de soi-même. C'est là que l'on trouve toutes choses. Car ce dont on peut parler doit d'abord être présent à la conscience. C'est ce que Descartes avait déjà dit avec son « cogito, ergo sum », et il est vrai que l'on parvient par là à des descriptions qualitatives extraordinaires des phénomènes. Mais on ne touche pas à la question de savoir ce dont l'homme a besoin pour vivre : de quoi a-t-il besoin pour se maintenir en vie [2] ?

C'est cette expérience et la prise de conscience corollaire de l'*échange permanent* de l'homme avec le monde qui a conduit Jonas à se tourner vers la biologie, et plus précisément vers le phénomène de l'organisme.

Telles sont les deux raisons pour lesquelles il nous paraît excessif de réduire Jonas à un disciple de Heidegger qui, plein de mépris pour la

1. Cf. *supra*, p. 18.
2. *Erkenntnis und Verantwortung*. Gespräch mit Ingo Hermann, *op. cit.*, p. 100.

technique et ses perversions, se distinguerait comme un philosophe pré-moderne et anti-humaniste : ce n'est pas la *technique*, facteur de fécondité, qui est en cause, mais le nouveau *pouvoir* de l'homme qu'elle lui confère ; et deuxièmement, Heidegger appartient encore à une seule et même tradition idéaliste que Jonas récuse dans son entier. De ce point de vue, il semble qu'on pourrait voir en Jonas un disciple de Heidegger entretenant à son égard un rapport analogique à celui que ce dernier entretenait vis-à-vis de Husserl, c'est-à-dire un rapport de prolongation critique. Car s'il voit en Heidegger le continuateur d'une longue tradition idéaliste, Jonas assume néanmoins pleinement le dépassement de la métaphysique quand il transforme le contenu de sa question paradigmatique : « pourquoi y a-t-il quelque chose plutôt que rien ? ». Si cette question reste sensée, montre Jonas, son sens n'est plus métaphysique, autrement dit sa réponse ne suppose plus qu'on ait recours à une cause première. Rapporter toute chose à sa cause efficiente ultime n'explique pas encore pourquoi elle est là. Jonas, en effet, proclame que la question « pourquoi quelque chose doit-il être plutôt que rien ? » est le seul sens légitime de la question leibnizienne. Le « pourquoi » de la question ne peut être compris au sens d'une « provenance causale », mais doit s'entendre « au sens d'une norme justificative ». Quelle que soit donc la *cause* de l'être, la seule chose qui importe est le sens du devoir-être lorsqu'on demande « pourquoi quelque chose doit être plutôt que rien »[1].

FONDER DES DEVOIRS ENVERS LA NATURE ?

Nous l'avons souligné plus haut : il faut reconnaître la pertinence des mises en garde adressées par Ferry quant aux risques d'une théorie écologiste doctrinaire et volontiers totalitaire. Nous avons seulement voulu faire valoir ici que la philosophie de Jonas, dont il fait un représentant de ces mouvements, n'y est pas assimilable. Néanmoins, une des grosses difficultés de la nouvelle éthique prônée par Jonas est la justification conceptuelle de nos devoirs envers la nature une fois admis que celle-ci n'étant pas un sujet de droit, la notion de contrat naturel ne saurait être opérante. L'auteur du *Principe responsabilité* est peu disert à ce sujet

1. Cf. *PR*, p. 74-75 ; 98-99.

et semble se contenter de l'« irréfutabilité »[1] du devoir que nous adresse l'être menacé ou de l'« appel muet »[2] à l'intégrité qui émane du monde de la vie. Le premier concept prête le flanc au reproche d'anthropomorphisme, le second à celui d'un nouveau vitalisme romantique. Il convient dès lors de s'interroger sur la possibilité de penser conceptuellement un devoir de l'homme à l'égard de la nature.

Le principe anthropique

Une première solution pourrait être cherchée du côté de ce qu'a entrevu la cosmologie contemporaine en formulant le « principe anthropique »[3]; – cette solution est d'autant plus séduisante que, comme on le verra ci-dessous[4], le principe anthropique est présent dans l'œuvre de Jonas. Selon ce principe cosmologique qui pose la question du principe de raison à propos de l'univers, si les conditions initiales de celui-ci – à l'origine hautement improbables – sont telles, c'est parce qu'elles étaient les seules à permettre la formation de galaxies et par là l'émergence de l'homme en son sein. Ce principe, publié en 1974 par Brandon Carter, a été énoncé sous sa « forme forte » dans les termes suivants : « la présence d'observateurs dans l'univers impose des contraintes, non seulement sur leur position temporelle[5], mais aussi sur l'ensemble des propriétés de l'univers »[6]. C'est la deuxième contrainte ici exprimée qui doit retenir notre attention. Car il

1. Cf. *PR*, p. 180; 235. Ce concept est invoqué à propos de la responsabilité parentale face à l'enfant qui a à être et dont la fragilité intrinsèque ne permet pas la survie sans l'exercice d'une responsabilité à son égard.

2. Cf. *PR*, p. 27; 29.

3. Sur le principe anthropique, cf. Jacques Demaret et Dominique Lambert, *Le principe anthropique. L'homme est-il le centre de l'univers ?*, « Collection S », Paris, Armand Colin, 1994.

4. Cf. *infra*, chap. V, p. 158-164.

5. Cette réserve évoque le principe sous sa forme faible; il formule la thèse que R. H. Dicke énonçait en 1961, selon laquelle l'univers doit être assez vieux pour que l'homme ait pu y apparaître. Sous sa forme faible, le principe anthropique ne fait donc qu'énoncer une vérité cosmologique de bon sens. Il va de soi que c'est la forme forte du principe anthropique qui suscite le débat, puisque aussi bien sous sa forme faible, le principe anthropique est « tautologique » (cf. Jacques Demaret et Dominique Lambert, *Le principe anthropique*, *op. cit.*, p. VI).

6. Cf. Jacques Demaret et Christian Barbier, « Le principe anthropique en cosmologie », in *Revue des questions scientifiques*, 152 (1981), p. 470.

s'agit alors de rendre compte du sens de la nature à partir de son produit le plus élaboré et le plus tardif, ce qui suppose d'une manière ou d'une autre une conception téléologique de la nature. Un argument du même ordre peut se rencontrer chez Jonas : nous sommes obligés à l'égard de la nature car elle jouit d'une certaine transcendance dans la mesure où elle a réussi à nous produire. Nous nous recevons donc d'elle, nous lui sommes redevables et il conviendrait que nous fussions reconnaissants à l'égard de nos conditions d'émergence. Tel nous semble être l'argument présent au cœur d'un des rares passages de Jonas où il tente de justifier notre obligation à l'égard de la nature :

> L'être qui nous a produits a le droit d'exiger que ses créatures ne détruisent pas la création comme telle. Cela veut dire qu'il faut concéder une certaine transcendance à la nature, dans la mesure où elle a produit des êtres semblables à nous : ce grouillement d'atomes, de molécules, d'électrons, de quarks, etc. a réussi qu'en son sein apparaissent la conscience, le sentir, le désir, l'esprit, les joies et les peines et en outre le sens du beau, du juste, de la différence du bien et du mal. D'une manière ou d'une autre, la nature y est parvenue. Mais cela n'en fait pas encore une personne. En revanche, dans l'être il doit y avoir quelque chose à quoi on est redevable, à quoi on est rattaché. On peut l'exprimer de cette façon : la matière ne peut pas se réduire à la simple neutralité du pur être-là spatio-temporel que lui attribuent les sciences modernes de la nature à partir de Descartes. Il faut qu'il y ait autre chose qui fasse comprendre que nous sommes là. Cet être-là qui est le nôtre renferme une obligation, à partir du moment où nous ne sommes pas seulement dotés de conscience mais de pouvoir [1].

Reste à savoir si cet argument échappe à l'objection d'anthropocentrisme : la nature *produit-elle* et surtout produit-elle consciemment et volontairement ? Si ce n'est pas le cas, comme il faut l'admettre, quels devoirs avons-nous vis-à-vis du non-volontaire, et avant tout notre reconnaissance peut-elle avoir du sens à l'égard d'autre chose que d'un *alter ego* ?

1. « De la gnose au principe responsabilité. Un entretien avec Hans Jonas. [Entretien avec Jean Greisch et Erny Gillen] », *op. cit.*, p. 15-16.

Le patrimoine

Une deuxième voie pourrait s'ouvrir à partir de la notion de *patrimoine*. À l'instar de l'histoire et de l'art, la nature ne pourrait-elle être pensée comme un patrimoine de l'humanité ? Un patrimoine est un héritage qui me vient d'ailleurs et que j'ai la charge de conserver. On sait le déracinement et le sentiment d'aliénation que provoquent la subversion ou l'occultation de l'histoire, on sait qu'est ressentie comme un crime la destruction délibérée d'œuvres d'art ; – là où il n'y a plus ni histoire ni culture, l'humanité est altérée. La nature elle aussi pourrait-elle être pensée sur le mode d'un tel legs ? Il semble que non. En termes hégéliens, la nature n'est pas, comme l'est l'histoire, l'effectuation de l'esprit. L'histoire et l'art sont l'œuvre de l'humanité, davantage : ils sont l'humanité, ils sont ses traces, ils sont ses représentants. De même que le temps de l'histoire est affaire d'*acteurs* et celui du cosmos affaire de *processus* comme nous le verrons plus loin, de même l'art est *œuvre*, tandis que la nature est *facticité* – même si cette facticité est historique. On peut distinguer deux manières de s'engager sur cette voie d'investigation.

La première consiste à opter, avec l'enthousiasme de la spontanéité et sans s'embarrasser de préoccupations conceptuelles, pour une nouvelle solidarité avec la « terre-patrie » dont nous sommes les citoyens. Tel est le message que l'on trouve par exemple sous la plume d'Edgar Morin. Sa *Terre-patrie*[1] est un bon exemple de vulgarisation susceptible de contribuer à l'occultation de la dimension proprement philosophique de l'œuvre de Jonas puisqu'on y retrouve, associée à la *solidarité* et privée de toute fondation conceptuelle, la notion de responsabilité. Convaincu de la communauté de destin entre les hommes et la terre, Edgar Morin appelle à une nouvelle solidarité :

> Il nous faut fonder la solidarité humaine non plus sur un illusoire salut terrestre, mais sur la conscience de notre perdition, sur la conscience de notre appartenance au complexe commun tissé par l'ère planétaire, sur la conscience de nos problèmes communs de vie ou de mort, sur la conscience de la situation agonique de notre fin de millénaire. La prise de conscience de la communauté de destin terrestre doit être l'événement clé de la fin du millénaire :

1. Cf. Edgar Morin, Anne Brigitte Kern, *Terre-patrie*, Paris, Seuil, 1993.

> nous sommes solidaires de cette planète, notre vie est liée à sa vie. Nous devons l'aménager ou mourir.

Et de cette solidarité naturelle découle ensuite une responsabilité :

> La découverte de la communauté de destin homme/nature donne responsabilité tellurique à l'homme. Dès lors, il lui faut radicalement abandonner le projet conquérant formulé par Descartes, Buffon, Marx. Non plus dominer la Terre, mais soigner la Terre malade, l'habiter, l'aménager, la cultiver[1].

La deuxième façon de procéder consiste à confondre la nature et la culture.

> Nos pouvoirs scientifiques et techniques font continûment couler notre transcendance et vers et dans et pour l'immanence. Voici le titre de notre nouvelle éthique : *Natura sive homines*. La nature, c'est-à-dire la culture. La morale, c'est-à-dire les lois objectives[2].

Dans le premier cas, on a affaire à une argumentation interdisciplinaire et holiste qui débouche sur la conception naturaliste et vitaliste d'une nouvelle solidarité cosmique et de la responsabilité qu'elle appelle de façon immanente. Si l'argumentation n'est pas philosophique, elle n'est *a fortiori* pas éthique. Car cette solidarité et cette responsabilité résultent plus de la « communauté de destin entre l'homme et la terre » qu'elles ne sont appelées par un devoir-être. Aussi la responsabilité dont on nous parle ici ne saurait être un concept éthique, et on voit mal comment pourrait se poser la question d'un devoir-être. Car

> l'éthique, en elle-même, ne fait pas problème. On entend dire qu'il nous faudrait une nouvelle éthique. Je ne vois pas en quoi. L'éthique, nous la connaissons : fais le bien, évite le mal, sois responsable. L'idée de l'éthique de la responsabilité de Hans Jonas n'apporte rien de fondamentalement nouveau. Quand il dit : soyez responsables pour les générations futures, il n'apporte pas une révolution éthique[3].

1. *Ibid.*, p. 213.

2. Michel Serres, *Éclaircissements*. Cinq entretiens avec Bruno Latour, Paris, François Bourin, 1992, p. 256.

3. *Edgar Morin, philosophe de l'incertain*. Propos recueillis par François Ewald, in *Magazine littéraire* (juillet-août 1993), n° 312, p. 22.

Et Edgar Morin de poursuivre en soutenant que la seule et la vraie question éthique, c'est la contradiction des débats de conscience, l'inquiétude de se tromper ou les problèmes spécifiques que pose aujourd'hui la bioéthique : « les problèmes éthiques sont des problèmes d'incertitude »[1]. Or une telle critique, si elle est prise au sérieux, ne s'adresse alors pas proprement à Jonas, mais concerne plutôt toute tentative de fondation de l'éthique. Ensuite, Jonas n'est sans doute pas le philosophe par excellence auquel cette critique peut s'adresser, si l'on veut bien considérer qu'il a justement consacré la fin de sa carrière à des questions d'« éthique appliquée » telles que le droit de mourir ou le problème du clonage[2] – en quoi il se montrait d'ailleurs visionnaire.

Dans le second cas, on a affaire à un pan-naturalisme où les questions ne se posent plus – sauf une : celle de sa légitimité conceptuelle. Écraser l'éthique sur la nature et substituer l'intuition à la pensée ne permettront pas de maintenir la transcendance de la liberté humaine si chère à Luc Ferry, ni de rendre justice à l'audace d'interrogations nouvelles dont témoigne Jonas.

Dette et responsabilité

Reste à s'engager sur une troisième piste d'investigation, qui s'inscrit pour une part dans le prolongement de la première. Comme celle-ci, mettant en cause la réduction du sens au présent, elle prend sa source dans une réflexion sur la temporalité et s'ouvre sur le concept de *dette* tel qu'il a été approché par Ricœur. Celui-ci s'est employé, dans *Temps et récit*, à penser la dette comme le point focal de la dialectique du même, de l'autre et de l'analogue qui régit son approche de la « représentance » du passé réel par la connaissance historique comme médiation entre le passé et le présent[3]. Or Ricœur lui-même a mis en relation l'idée de dette et la notion de responsabilité proposée par Jonas. Ce dernier, on le sait, s'est efforcé de penser la responsabilité comme une responsabilité *prospective*, supérieure à l'imputation causale de mes actes passés. Il s'agit d'un concept éthique en vertu duquel je me sens responsable, non pas de ce que *j'ai fait*, mais de ce que *la chose* revendique. Si l'on a à l'esprit la critique que fait Jonas de la

1. *Ibid.*

2. Cf. *Technik, Medizin und Ethik. Praxis des Prinzips Verantwortung*, Francfort s./M., Insel, 1985.

3. Paul Ricœur, *Temps et récit* III. *Le temps raconté*, Paris, Seuil, 1985, p. 252-283.

subjectivité idéaliste qu'il voit au cœur de toute la tradition occidentale, on ne s'étonnera pas que son concept directeur d'une nouvelle éthique soit commandé par l'inversion du rapport sujet-objet. Le concept de responsabilité prospective – dont le modèle naturel archétypique est la responsabilité parentale – trouve son sens dans le pouvoir qui est le mien et dont la chose extérieure à ma sphère propre a besoin ou qui au contraire menace celle-ci. Ainsi, le concept de responsabilité prospective pourrait se définir comme une relation noético-noématique dans laquelle s'appellent et se répondent mutuellement devoir-être de l'objet et pouvoir-faire du sujet. Et Jonas de préciser à cet égard :

> La requête de la chose d'une part, avec le caractère non garanti de son existence, et la conscience du pouvoir d'autre part, avec la responsabilité de sa causalité, s'unissent dans le sentiment de responsabilité affirmatif du soi actif, intervenant toujours déjà dans l'être des choses. [...] C'est ce type de responsabilité et de sentiment de responsabilité, et non pas la « responsabilité » formelle et vide de n'importe quel acteur à l'égard de son action que nous avons en vue lorsque nous parlons de l'éthique de la responsabilité pour l'avenir dont nous avons besoin aujourd'hui [1].

Cela dit, dans *Soi-même comme un autre*, Ricœur a cherché à enrichir la notion de responsabilité en prenant précisément en compte la relation qu'elle entretient avec le passé. Et c'est ici que la notion de dette intervient comme la part de la responsabilité *rétrospective* que nous avons à l'égard de notre passé. « La notion de responsabilité a [...] une face tournée vers le *passé*, dans la mesure où elle implique que nous assumions un passé qui nous affecte sans qu'il soit entièrement notre œuvre, mais que nous assumons comme nôtre. L'idée de *dette* [...] relève de cette dimension rétrospective de la responsabilité » [2].

La question qui se pose est dès lors de savoir si l'on peut penser une dette à l'égard de la nature dans les termes où Ricœur pense notre dette à l'égard de l'histoire. Peut-on dire qu'il y a lieu pour nous d'assumer la nature qui nous affecte sans qu'elle soit entièrement notre œuvre, mais que nous assumons comme nôtre ? Si nous avons dit plus haut que cette deuxième piste d'investigation s'inscrit dans le prolongement de la première, c'est que le concept de dette proposé par Paul Ricœur rencontre la

1. *PR*, p. 133 ; 175.
2. Paul Ricœur, *Soi-même comme un autre*, Paris, Seuil, 1990, p. 342.

notion de reconnaissance dont il y était question et qui nous faisait justement difficulté : la dette à l'égard d'un passé que nous assumons sans qu'il soit notre œuvre rencontre l'idée d'une reconnaissance à l'égard d'une nature qui nous précède et à laquelle nous échappons en même temps. Mais l'avantage de la notion de dette par rapport à celle de reconnaissance est qu'elle évacue la difficulté que recouvrait celle-ci du fait que la reconnaissance suppose un rapport à un autre rencontré comme soi-même, ce que la nature n'est pas. Par ailleurs, dans notre première investigation, la nature comme cosmos était *eo ipso* pensée comme histoire puisque il y était question de ses conditions initiales et de la possibilité de notre apparition événementielle en son sein. Si l'on est autorisé, comme les savants nous y engagent, à penser la nature comme histoire – ou à tout le moins à penser l'historicité de la nature [1] –, la justification d'une obligation de l'homme à l'égard de la nature pourrait se fonder dans le concept de dette.

L'homme est donc *obligé*. Obligé à l'égard de la nature comme à l'égard de son passé, qui sont autant de conditions de son être-ici-maintenant et de l'exercice de sa liberté dans un lieu et un temps donnés auxquels il confère sens. Mais justement, il reste l'acteur sur cette scène qui est la sienne et il ne saurait se dérober à sa tâche de donner sens. Autrement dit, l'objet de mon obligation ne saurait à aucun moment exercer sur moi une force contraignante qui m'acculerait à une forme de passivité ou m'interdirait tout rapport d'initiative à son égard. Obligé à l'égard de l'histoire ou de la nature, je les assume – jamais je ne les sacralise [2]. Autrement dit, penser notre responsabilité à l'égard de la nature comme le propose Jonas ne s'accompagne pas nécessairement du rejet pur et simple de toute raison pratique.

Reste que la dette à l'égard de la nature ne peut être pensée qu'*analogiquement* à partir de la dette à l'égard du passé. Celle-ci, telle que la

1. Cf. Ilya Prigogine et Isabelle Stengers, *Entre le temps et l'éternité*, Paris, Fayard, 1988. Selon ses auteurs, ce livre procède d'une « évidence immanente à la physique elle-même : que non seulement l'ensemble des descriptions physiques phénoménologiques affirment la flèche du temps, mais qu'elles nous conduisent aujourd'hui à comprendre un monde en devenir, un monde où l'"émergence du nouveau" revêt une signification irréductible » (p. 11). Cf. aussi Carl Friedrich von Weizsäcker, *Die Geschichte der Natur. Zwölf Vorlesungen*, Zurich, Hirzel, 1948.

2. La sacralisation de la nature est selon Luc Ferry un des effets pervers de l'écologie. Cela n'est vrai que si celle-ci interdit toute transformation de la nature et donc toute action humaine exercée sur elle et si elle participe donc de ce que nous appelons la passivité à son égard.

thématise Ricœur, suppose en effet comme nous l'avons vu une *assomption* du passé. Dans un article consacré au rapport entre le temps de l'histoire et le temps de la nature et précisément dédié à Ricœur, Jean Ladrière a justement souligné que

> si l'on peut parler d'une historicité de la nature, ce ne peut être qu'en un sens très particulier, qui n'est pas celui de l'historicité propre au devenir des sociétés humaines [1].

La différence radicale entre le passé cosmique et le passé historique réside en effet largement en ce que le second offre la possibilité d'une assomption présente d'événements multiples qui sont le fait d'*acteurs*, tandis que le premier n'est qu'un tissu de

> processus qui ne renvoient jamais qu'à d'autres processus (les entités dont il est question, champs, particules, noyaux atomiques, etc. n'étant au fond que des composantes dans des interactions et n'étant jamais isolables dans leur individualité) [2].

Il ne saurait donc être question ici d'autre dette que de celle que tout homme a vis-à-vis des couches sédimentées des conditions et des déterminations sur fond desquelles peut se déployer sa liberté. Tout au plus l'assomption possible d'une telle contingence pourrait-elle être de l'ordre de ce qu'a pensé un Sartre à propos du rapport de l'homme à celle-ci ; bref, en aucun cas la possibilité que j'ai de dire oui ou non à l'ensemble de mes conditions constitutives ne saurait fonder l'idée d'une obligation à leur égard.

En définitive, nos trois voies d'investigation ne débouchent sur une aporie que pour autant qu'on maintienne une différence qualitative radicale entre l'homme et la nature : reconnaissance, patrimoine et action sont à chaque fois apparus comme des concepts-limites en raison de la transcendance de l'homme par rapport à la nature. Or c'est bien cela, nous semble-t-il, qu'essaie de surmonter Jonas quand il revendique une éthique nouvelle qui ne soit pas anthropocentrique. Mais la critique de l'anthropocentrisme ne va pas chez lui jusqu'à confondre culture et nature ou à réduire l'homme à un être de nature dominé par les lois de celle-ci. Bien au contraire, la question que nous soumet Jonas ne se pose que parce que, être de nature,

1. Jean Ladrière, « Temps historique et temps cosmique », in *Études phénoménologiques*, 11 (1990), p. 85-117 ; cit. p. 113.

2. *Ibid.*, p. 110.

l'homme a la faculté, du fait de son pouvoir sur elle, de s'en détacher, de la renier, de la détruire. Le projet philosophique de Jonas nous semble ainsi se situer dans l'entre-deux de l'immanence et de la transcendance. À cet égard, on se rappellera sans étonnement que son maître Husserl, dans la cinquième de ses *Méditations cartésiennes*, s'efforçait précisément de penser l'intersubjectivité dans les termes d'une « transcendance immanente »[1].

1. Edmund Husserl, *Méditations cartésiennes et les conférences de Paris*, présentation, traduction et notes par Marc de Launay, « Épiméthée », Paris, P.U.F., 1994, p. 156.

CHAPITRE II

CONTINUITÉ DU VIVANT ET LATENCE DE L'ÉTHIQUE

Les enjeux de l'ouvrage qui paraît en 1966 sous le titre *The Phenomenon of Life. Toward a Philosophical Biology* semblent y être annoncés d'emblée avec beaucoup de clarté.

Ce que met en exergue l'avant-propos, c'est la mise en cause du divorce entre le matériel et le mental opéré par le cartésianisme et dont tant l'existentialisme contemporain que la biologie scientifique sont les ultimes conséquences dans l'histoire de la pensée. À l'existentialisme, il est reproché de considérer l'homme en situation de total « isolement métaphysique » en lui attribuant, à lui seul, des traits qui ont pourtant leur source dans la vie organique comme telle ; à la biologie contemporaine, d'ignorer la dimension d'intériorité de la vie et d'effacer ainsi la distinction entre l'animé et l'inanimé. Contre cet état de choses, il s'agit de proposer « une interprétation "existentielle" des faits biologiques » aux fins de « réclamer pour l'unité psychophysique de la vie cette place dans le schème *théorique* »[1] qui lui est refusée depuis Descartes.

Rien d'étonnant dès lors à ce que les essais présentés entrelacent intimement « l'analyse critique et la description phénoménologique »[2], débattant avec l'idéalisme anthropocentrique de l'existentialisme ou avec le matérialisme de la science naturelle contemporaine et faisant valoir contre l'un et l'autre que « dans le mystère du corps vivant, les deux pôles

1. *PhV*, p. 9 ; IX. Nous soulignons.
2. *PhV*, p. 10 ; X.

sont en fait intégrés », la description phénoménologique du vivant mettant en lumière que

> les grandes contradictions que l'homme découvre en lui-même – la liberté et la nécessité, l'autonomie et la dépendance, le soi et le monde, la relation et l'isolement, la créativité et la mortalité – ont leurs traces rudimentaires dans les formes de vie même les plus primitives, chacune en équilibre précaire entre être et non-être, et chacune déjà dotée d'un horizon interne de « transcendance »[1].

Se conjuguent donc dans un même projet la discussion des pensées historiques de l'être – avec le pivot central du développement du dualisme et les cibles privilégiées que sont ses rejetons contemporains – et la description des facultés et fonctions organiques « selon l'ordre ascendant » menant sans césure du métabolisme comme tel à l'esprit humain : dans l'entrelacs des arguments et descriptions, il s'agit de donner enfin à l'homme l'occasion de « comprendre à nouveaux frais ce qu'il a d'*unique* » en le conduisant à ne plus se penser, selon le mot de Pascal, « abîmé dans l'infinie immensité des espaces que j'ignore et qui m'ignorent »[2].

Ce sont les conditions d'un renouvellement en profondeur de la pensée de l'être et corrélativement de la pensée de l'homme que s'efforce d'établir l'essai de philosophie biologique de Jonas.

Si d'emblée les enjeux dépassent les limites strictes d'une réflexion philosophique sur le vivant, c'est sur les questions de critique philosophique et sur celles touchant à la théorie de l'être comme tel que porte l'accent. Même s'il est annoncé que « le phénomène même de la vie [...] nie les frontières partageant habituellement nos disciplines et leurs champs » et que c'est donc lui qui exige de frayer non pas simplement avec « les théories de l'être de Platon à Heidegger » et avec les questions de la physique et de la biologie, mais encore avec celles de la théologie et de l'éthique, il semble que, quant à ces dernières catégories, il s'agisse seulement de s'aventurer sur le terrain de « la spéculation métaphysique là où semblait requise la *conjecture* sur des questions ultimes et indémontrables ». Le projet est apparemment présenté comme valide, même pour le lecteur qui ne voudrait pas franchir avec l'auteur « la limite [...] clairement marquée » entre l'analyse et la conjecture spéculative[3].

1. *PhV*, p. 9 ; IX.
2. Cité dans *PhV*, p. 219 ; 213.
3. *PhV*, p. 10 ; X.

L'accent paraît être le même quand l'introduction de l'ouvrage fait entrevoir un peu plus avant les « sujets » de la philosophie de la vie et esquisse les thèses qui en forment le cœur. Élaborer une philosophie de la vie, est-il avancé, c'est y comprendre tant une philosophie de l'organisme qu'une philosophie de l'esprit, car c'est défendre « la thèse selon laquelle l'organique, même dans ses formes les plus inférieures, préfigure l'esprit, et l'esprit, même dans ce qu'il atteint de plus haut, demeure partie intégrante de l'organique »[1].

C'est bien à nouveau de rompre l'isolement de l'homme en l'intégrant dans le règne vivant qui s'inaugure avec le métabolisme le plus élémentaire qu'il s'agit, et par là même de « se situer par delà la querelle des anciens et des modernes » ; de s'insurger contre le dualisme qui a rejeté la vie dans le registre du processus mécanique aveugle pour n'en sauver que la seule pensée ; de rétablir contre le matérialisme scientifique l'idée que

> puisque [la matière] s'est organisée de cette manière et avec ces résultats [les formes diverses de la vie], il faudrait lui rendre justice et attribuer à sa nature première la possibilité de faire ce qu'elle a fait, [et donc] inclure cette puissance originelle dans le concept même de « substance » physique, [et] inclure dans le concept de causalité physique la dynamique finalisée qu'on voit à l'œuvre dans ses actualisations[2].

Il est bien question de réagir aux insuffisances et impasses théoriques du dualisme et des monismes partiels auxquels son démantèlement a fait place dans l'histoire de la pensée – matérialisme et idéalisme – en proposant une vision unifiée de l'être, un « nouveau monisme intégral », dira l'essai I, qui, sans défaire la polarité qui fonde le dualisme, « doit l'absorber dans une unité plus élevée de l'existence d'où sont issus les opposés comme des physionomies de son être ou des phases de son devenir »[3]. Il s'agit, en décrivant le phénomène de la vie, d'assurer un concept d'être capable d'englober le tout de l'existence et son unité en en respectant la variété et les degrés, et réintégrant la finalité oubliée par la science, y compris la science du vivant, depuis le rejet moderne d'Aristote. « Le problème de la vie » est bien ainsi abordé parce qu'il est « un thème cardinal pour l'onto-

1. *PhV*, p. 13 ; 1.
2. *PhV*, p. 13 ; 1-2.
3. *PhV*, p. 27 ; 17.

logie » dont « il ne cesse d'inquiéter les positions antithétiques récentes »[1]. Si le corps organique focalise l'attention, c'est bien en tant qu'il « signifie la crise de toute ontologie connue et le critère, dit l'auteur avec un rien d'ironie, de "toute ontologie future qui pourra se présenter comme science" »[2].

De même encore, lorsqu'en 1986[3] Jonas présente les enjeux et le point de départ de cette étape dans son itinéraire, il souligne surtout l'insatisfaction d'ordre ontologique dans laquelle l'avaient laissé les enseignements de la philosophie contemporaine : « il s'agissait, écrit-il alors, de dépasser le dualisme dont depuis longtemps déjà je m'étais avisé des tentations et de l'erreur. Celle-ci, une interprétation ontologique de l'organisme devait précisément la corriger en apportant ainsi sa contribution à la théorie générale de l'être »[4]. Les « questions de fond » qui « demeuraient en attente » depuis l'époque de sa formation étaient « celle de la nature de l'être et, par là, celle aussi de *l'être de la nature* » :

> la « nature » ne m'était nullement apparue au cours de mes études, poursuit-il [...]. Chez Heidegger, on entendait bien parler du *Dasein* comme souci, mais ce n'était que du point de vue de l'esprit. [...] Dans *Sein und Zeit*, le corps était laissé pour compte et la nature reléguée au rang de ce qui est purement et simplement sous la main. [...] Il y avait déjà belle lurette que la philosophie de la nature n'était plus une discipline philosophique honorable[5].

C'est le fossé légué par le dualisme moderne entre deux ontologies incompatibles, et également insuffisantes, celle d'une philosophie idéaliste d'une part, celle d'une science matérialiste de l'autre, qui semble bien guider le projet tel qu'il est perçu rétrospectivement encore ; Jonas écrit que « [ses] yeux se dessillèrent complètement [...] et [qu'il] vit combien le dualisme larvé [légué par la tradition philosophique] trouvait sa réfutation dans l'organisme dont nous partageons le mode d'être avec tout ce qui est vivant ». « C'était donc, continue-t-il, la compréhension ontologique de ce

1. *PhV*, p. 30 ; 19.
2. *PhV*, p. 29 ; 19.
3. Cf. la conférence du 15 octobre 1986 : « Wissenschaft als persönliches Erlebnis », Göttingen, Vandenhoeck & Ruprecht, 1987 dans un recueil portant le même titre. Nous citons « La science comme vécu personnel », traduit de l'allemand par Robert Brisart, in *Études phénoménologiques*, 8 (1988), p. 9-32.
4. « La science comme vécu personnel », *op. cit.*, p. 26.
5. *Ibid.*, p. 21-22.

dernier qui semblait pouvoir combler la faille où se tenaient séparées l'une de l'autre l'autocompréhension de l'âme et la science de la nature ». « Tel m'apparut, dit-il encore, le but de la philosophie de l'organisme ou d'une biologie philosophique »[1].

L'enjeu premier et moteur de la philosophie de l'organisme est bien de surmonter un problème ontologique issu de l'héritage double et dissocié du dualisme moderne et rendant apparemment irréconciliables les héritiers scientifiques de sa part matérialiste et les héritiers philosophiques de sa part idéaliste.

Et tant dans l'introduction de 1966 que dans la présentation qu'il fait du projet vingt ans plus tard, il semble que la question éthique ne surgisse que comme une conséquence ultime de ce travail préoccupé avant tout de l'être de la nature et de la nature de l'être.

En effet, dans l'avant-propos de l'ouvrage, il n'est fait mention de la question éthique, avons-nous vu, qu'en compagnie de la question théologique et comme dans ce registre des conséquences ultimes où l'on s'en remet à la conjecture spéculative, et cela veut dire, dans le dernier chapitre de l'ouvrage, au *mythe*[2]. De même dans l'introduction. S'il y est question de faire accepter « le témoignage de la vie », c'est que celui-ci appelle « à une révision du modèle conventionnel de la réalité »[3]. Et une suggestion – rien de plus ici qu'une hypothèse quant à l'origine de la vie – indique quelle orientation ontologique unitaire guide l'auteur : « même le passage de la substance inanimée à l'animée, le premier haut fait de la matière s'organisant pour la vie fut produit par une tendance, dans les profondeurs de l'être, vers les modes mêmes de liberté auxquels ce passage ouvrit la porte »[4]. Rompre l'isolement métaphysique de l'homme et le réintégrer dans l'ensemble du règne vivant, c'est aussi, par là, lui permettre d'être chez lui dans l'univers inanimé lui-même. L'essai I confirme cet enjeu majeur de philosophie de la nature, d'anthropologie et d'ontologie générale[5] : évoquant la possibilité d'une certaine réhabilitation

1. « La science comme vécu personnel », *op. cit.*, p. 22-23.

2. Registre sur lequel « le lecteur de tendance plus positiviste » peut s'épargner de suivre l'auteur (*PhV*, p. 10 ; x) ; c'est dire qu'il ne semble pas essentiel ou central au propos.

3. *PhV*, p. 13-14 ; 2.

4. *PhV*, p. 15 ; 4.

5. Faut-il dire « fondamentale » ? Sur la dette de Hans Jonas à l'égard de l'enseignement de Heidegger à Marbourg – du Heidegger du projet d'ontologie fondamentale donc – et sur le rejet de celui de *Sein und Zeit*, cf. tout particulièrement de Jacques Taminiaux, *Sillages*

de l'anthropomorphisme – contre l'anathème jeté sur ce dernier par la science naturelle moderne –, Jonas indique que l'homme pourrait bien être « après tout » la mesure de toute chose « de par le modèle constitué par sa totalité psychophysique qui représente le maximum de complétude ontologique connue de nous », en ce sens qu'« *à partir de* [cette complétude], par réduction, on devrait pouvoir déterminer la spécificité de l'être au moyen d'une soustraction ontologique progressive jusqu'au minimum de la simple matière élémentaire », de sorte que la détermination de cette dernière devrait se faire dans les termes d'« une liberté en sommeil, non encore éveillée »[1]. Et rétrospectivement aussi (en 1986 toujours), le projet est encore prioritairement celui du monisme ontologique : il y est question de ce que les sciences de la nature ont d'« instructif pour la science de l'être à laquelle [...] prétend la philosophie », en ce compris « pour l'étude de notre être qui, par sa transcendance, *appartient au tout*, tant généalogiquement comme le montre la théorie de l'évolution, qu'ontologiquement du fait même de son corps »[2]. Et ce n'est, pour ainsi dire, qu'au bout du compte que le projet initial semble déboucher sur une dimension éthique : « jusqu'alors le rapport de la philosophie à la science de la nature n'avait été que théorique. Ce rapport consistait en effet à pénétrer d'une théorie philosophique la forme et le contenu de la théorie »[3]. Aux dires de Jonas, il s'en était tenu « à [son] intention première qui, en soi, était plus aristotélicienne [que la perspective ontologique de Whitehead] et qui, comme telle, visait l'organisme biologique en acte jusqu'à sa cime chez l'homme »[4]. Et c'est en suivant dans le mouvement ascendant des niveaux de vie repérés déjà chez Aristote et qu'il lit comme autant de degrés sur une échelle de *liberté* croissante[5] atteignant son sommet chez l'homme, qu'il s'ouvre enfin et seulement à la question éthique.

phénoménologiques. Auditeurs et lecteurs de Heidegger, Bruxelles, Ousia, 2002, chap. VII ; ce texte, intitulé « Les enjeux de la lecture gnostique de *Sein und Zeit* » a d'abord paru dans un numéro des *Études phénoménologiques* consacré à « Hans Jonas dans le mouvement phénoménologique », 33-34 (2001), p. 91-109.

1. *PhV*, p. 33-34 ; 24.

2. « La science comme vécu personnel », *op. cit.*, p. 22. Nous soulignons.

3. *Ibid.*, p. 27.

4. *Ibid.*

5. *PhV*, p. 14 ; 2 ; « La science comme vécu personnel », *op. cit.*, p. 27.

> En ce point culminant, l'aventure de la liberté que la nature avait risquée avec la vie dans toute sa vulnérabilité devenait une affaire de responsabilité pour le sujet lui-même. C'est donc ici que s'ouvrait la dimension de l'*éthique* qui, comme science du devoir dépasse la science de l'être tout en prenant appui sur elle. Il me faut dire maintenant comment j'en vins personnellement à elle comme à ma dernière tâche [1].

Comme si c'était tardivement seulement que lui « apparut la nécessité de dépasser la raison théorique vers la raison pratique, c'est-à-dire vers l'*éthique* » [2]; comme si l'interrogation sur l'organisme n'avait jamais été pénétrée de la question pratique et ne s'était qu'ultimement avérée déboucher sur elle...

L'AFFLEUREMENT DE L'ÉTHIQUE : LA LIBERTÉ

L'enjeu éthique se laisse pourtant entendre dès l'introduction de 1966 – à quoi l'on pourrait objecter que l'introduction vient à la fin, comme il se doit, qu'au moment de sa rédaction donc, l'ouverture à l'éthique s'est déjà fait jour à l'issue du parcours ontologique et théorique et qu'il est normal dès lors que le texte de présentation en porte la marque.

Néanmoins, en partant de cette « marque » à même les lignes publiées en 1966, nous voudrions suggérer ici qu'un enjeu éthique latent ou à peine audible a imprégné de part en part cette phénoménologie du vivant et que l'empreinte s'en peut déceler dans le type de continuité ou d'unité qu'elle dessine du vivant ainsi que dans la manière dont y est cernée la spécificité humaine.

À la fin de son introduction, l'auteur du *Phénomène de la vie* évoque la question de la *signification* de cette aventure dans laquelle l'être s'est lancé avec la première forme de vie. C'est l'homme qui pose finalement cette question, c'est avec lui qu'enfin « la nature initialement problématique de la vie a [...] trouvé une voix et une parole » [3]. La philosophie de la vie, conclut-il, se doit de traiter les deux ordres de choses, les faits organiques, d'une part, « l'auto-interprétation de la vie en l'homme », d'autre part :

1. « La science comme vécu personnel », *op. cit.*, p. 27.
2. *Ibid.*, p. 27-28.
3. *PhV*, p. 17 ; 6.

« elle doit interpréter les deux : *elle a un enjeu existentiel en chacun d'eux* »[1]. Il ne saurait donc suffire de parcourir « l'échelle des facultés au moyen desquelles les organismes affrontent le défi du monde – métabolisme, sensibilité, motricité, affectivité, perception, imagination, esprit », il faut aussi inventorier « les idées grâce auxquelles l'homme, dans l'histoire, a affronté le défi théorique de la nature de la vie et de sa propre nature », – et Jonas d'ajouter : « *ce dernier thème étant inévitablement moral* et, finalement, métaphysique »[2]. Cet enjeu existentiel, ce thème moral, la préoccupation à leur égard ne se font-il sentir qu'à l'issue du parcours ? Ce souci n'est-il pas à l'œuvre dans l'interprétation des faits organiques élémentaires ?

Un terme, déjà apparu et massivement présent dans l'introduction de 1966 comme dans le point de vue rétrospectif vingt plus tard, peut le donner à penser. C'est le terme de *liberté*. Quant à l'organisme vivant comme tel, le concept de liberté s'impose « comme fil conducteur », dit l'auteur en 1986[3] ; il « peut bien nous guider tel le fil d'Ariane à travers l'interprétation de la vie », avait-il écrit déjà en 1966[4]. Il est vrai que tel qu'il est prudemment explicité dans l'introduction du *Phénomène de la vie*, ce concept peut paraître assez éthiquement neutre. Comment l'entendre en effet ?

« Si l'esprit est préfiguré dès le début dans l'organisme, alors la liberté l'est aussi », raisonne Jonas, elle qui est habituellement considérée comme l'apanage de l'esprit et de la volonté. La thèse sera donc que « le métabolisme lui-même, le niveau fondamental de toute existence organique, la manifeste : qu'il est lui-même la *première forme de liberté* »[5]. Il s'est efforcé de montrer, annonce-t-il, « que c'est dans les sombres remous de la substance organique primitive qu'un principe de liberté luit pour la première fois à l'intérieur de la vaste nécessité de l'univers physique »[6]. Pour que cette thèse ait un sens, prend-il la précaution d'avertir, il faut priver le concept de « toute connotation consciemment "mentale" » pour lui faire désigner « un mode d'être objectivement discernable », « une

1. Nous soulignons.
2. *PhV*, p. 17 ; 6. Nous soulignons.
3. « La science comme vécu personnel », *op. cit.*, p. 27.
4. *PhV*, p. 15 ; 3.
5. *PhV*, p. 14 ; 3. Nous soulignons.
6. *PhV*, p. 15 ; 3.

manière de mettre en œuvre l'existence, distinguant l'organique *per se* et dès lors partagée par tous les membres de la classe des organismes, mais par aucun non-membre » – la liberté devient alors « un terme ontologiquement descriptif »[1]. Néanmoins, est-il tout aussitôt obligé de nuancer, le mot ne peut dans cette objectivisation perdre tout lien « à la signification qu'il a dans la sphère humaine » sous peine que l'usage qui en serait fait s'avère outrageusement léger :

> malgré toute leur objectivité physique, les traits décrits par ce mot au niveau primitif constituent le *fondement ontologique*, et déjà une *ébauche*, de ces phénomènes plus élevés qui appellent plus directement le noble nom et y sont des candidats plus manifestes ; et ces derniers restent encore liés aux humbles débuts comme à leur *condition de possibilité*[2].

Ce que ces observations mettent en évidence, c'est donc bien que la continuité même du règne vivant se dit sous le couvert de cette *liberté* qu'il s'agira de découvrir dans le métabolisme : « la première apparition du principe dans sa forme objective élémentaire, nue, signifie que l'être se fraie un passage vers la série indéfinie des possibilités qui dès lors s'étend jusqu'aux confins les plus éloignés de la vie subjective et se tient, *en tant que tout*, sous le signe de la "liberté" »[3]. La continuité et l'unité du règne vivant sont celles de la liberté elle-même. Et encore : « une fois dans le domaine de la vie, [...] le concept de liberté est pertinent dès le départ et *exigé* dans la description ontologique de sa dynamique la plus élémentaire. Et il nous accompagnera tout au long de la route ascendante comme outil descriptif et interprétatif »[4], puisque – Jonas l'a indiqué en se réclamant d'Aristote – il reprendra au *De Anima* « l'idée de stratification, de la superposition progressive de niveaux [de vie], avec la *dépendance de chaque niveau supérieur* par rapport à l'inférieur et la *conservation de tout l'inférieur* au niveau supérieur »[5].

1. *Ibid.*
2. *PhV*, p. 15 ; 3. Nous soulignons.
3. *Ibid.*
4. *PhV*, p. 15 ; 4.
5. *PhV*, p. 14 ; 2. Nous soulignons.

DU MÉTABOLISME

Pour voir en quoi consiste cette liberté élémentaire qui est commune à l'ensemble du règne vivant en même temps qu'elle assure le fondement de toutes les formes supérieures de liberté, il faut se tourner vers l'essai III portant sur la signification du *métabolisme* : « Dieu est-il mathématicien ? » – texte paru dès 1951, notons-le. Ce qui caractérise un organisme vivant, c'est son métabolisme, « son échange de matière avec les alentours »[1]. Cet échange détermine en réalité un type d'identité nouveau, qui n'est plus identité matérielle, mais identité *formelle*. Le métabolisme caractérise ce mode d'être particulier en lequel

> les parties matérielles en lesquelles consiste l'organisme à un instant donné sont seulement temporaires [...]; ce sont des contenus passagers dont l'identité matérielle conjuguée ne coïncide pas avec l'identité du tout [...] qui maintient *sa propre identité* par l'*acte* même par lequel de la matière étrangère traverse son système spatial, la *forme* vivante.

Cette identité est telle que la forme vivante « n'est jamais la même matériellement et pourtant elle perdure comme son même soi, *par ceci* qu'elle ne reste pas la même matière »[2]. La mêmeté matérielle se maintenant dans le temps, pour l'organisme, signifie la mort, le non-être. Le mode d'être caractéristique de la vie comme telle se dessine donc comme suit : le vivant est « une individualité centrée sur soi », qui est « pour elle-même et en opposition à tout le reste du monde, avec une frontière essentielle séparant "l'intérieur" et "l'extérieur" – en dépit de leur échange effectif, voire grâce à celui-ci »[3]. La « possibilité d'être entièrement neuve » qui apparaît avec la vie tient à ceci que les vivants constituent leur propre *unité* « en vertu d'eux-mêmes, pour eux-mêmes » ; ils se maintiennent « continûment par eux-mêmes », l'organisme vivant est un tout qui « s'intègre soi-même dans une opération active », de sorte que « la forme pour la première fois, écrit Jonas, est la cause plutôt que le résultat des collections matérielles dans lesquelles elle subsiste successivement ». L'unité du vivant « s'unifie soi-même, par le moyen de la multiplicité changeante », l'identité est « perpétuel renouvellement de soi » par

1. *PhV*, p. 86 ; 75.
2. *PhV*, p. 86 ; 75-76. Nous soulignons.
3. *PhV*, p. 88-89 ; 79.

le processus métabolique. C'est ainsi que le vivant mérite de se voir appliquer le concept d'*individu* : c'est que son existence, sa durée, son identité sont « sa propre fonction, sa propre préoccupation, ce qu'il accomplit en propre continûment »[1].

Or, dans son mode d'être, on peut dire que « la forme organique se tient par rapport à la matière en une relation dialectique de *liberté dans la nécessité* »[2].

L'identité du vivant a besoin de matériaux pour se maintenir, mais elle n'est liée à aucun matériau particulier, qu'elle ne fait jamais sien que provisoirement : « les matériaux lui sont essentiels spécifiquement, accidentels individuellement »[3]. C'est dire que « la liberté fondamentale de l'organisme consiste en une certaine indépendance de la forme eu égard à sa propre matière »[4] – en ce sens que « les contenus matériels dans leur succession sont des phases de passage pour la perpétuation de soi de la forme »[5], et, écrit encore Jonas,

> le développement et le renforcement de cette indépendance, ou liberté, sont le principe du progrès dans l'évolution de la vie, laquelle dans son parcours produit de nouvelles révolutions – chacune étant un pas de plus dans la direction initiale, c'est-à-dire l'ouverture d'un nouvel horizon de liberté[6].

La continuité de la vie est le règne de la liberté, sa hiérarchisation est affaire d'accroissement de la liberté, de gain de nouveaux horizons de liberté venant s'ajouter à cette liberté première du métabolisme qui fait échapper à l'identité immédiate, vide – mais stable et sûre – de la matière, pour accéder à l'identité interne précaire, médiate et fonctionnelle de l'organisme. Interne, car c'est l'identité d'un *soi* qui transcende « l'identité collective du substrat pesant et évanescent »[7] et s'isole par rapport à l'*extérieur*, à l'ensemble de la réalité autre. Précaire, car c'est une identité qui a à se réaffirmer d'instant en instant, activement ; une perpétuation de soi qui s'accomplit, qui est l'acte même du vivant qui métabolise, dans

1. *PhV*, p. 89 ; 79-80.
2. *PhV*, p. 89 ; 80.
3. *Ibid.*
4. *PhV*, p. 90 ; 81.
5. *PhV*, p. 90 ; 80.
6. *PhV*, p. 90 ; 81.
7. *PhV*, p. 91 ; 82.

l'échange avec l'extérieur, dépendant de ce qu'il y trouve. Médiate par là même, en ce que le soi ne se maintient dans son identité qu'en se rapportant ainsi à son autre. Fonctionnelle enfin, parce qu'accomplie seulement par l'activité propre du vivant.

La vie ainsi décrite est polarisée et, assure Jonas, « dans cette polarité du soi et du monde, de l'intérieur et de l'extérieur complétant celle de la forme et de la matière, la situation fondamentale de liberté, *avec toute son audace et sa détresse*, est potentiellement complète »[1].

Les attributs « appartenant à l'essence de la vie » qu'offre à des « élaborations ultérieures » ce premier niveau de liberté « embryonnaire » précisent encore la nature de cette liberté intrinsèque de la vie. Elle est *dialectique*.

Au niveau du métabolisme auquel elle apparaît pour la première fois, c'est en ce sens qu'à la capacité de la forme organique de changer sa matière fait pendant « la nécessité irrémédiable » de le faire. L'organisme comme tel *peut* changer ainsi de matière, « mais il ne peut cesser de faire ce qu'il peut sans cesser d'être », « sa liberté elle-même est sa nécessité spécifique. Telle est l'antinomie de la liberté aux racines de la vie et dans sa forme la plus élémentaire »[2]. Changer de matière est l'activité du vivant ; le faire, c'est être et être soi, persister dans l'être et demeurer soi, le vivant que l'on est ; ne pas accomplir cette potentialité, c'est cesser d'être soi, cesser d'être en vie, c'est mourir et ne plus être.

Cet enchaînement de la liberté à la nécessité, de la puissance à l'indigence fait ensuite que cette transcendance de la forme par rapport à la matière implique aussi une transcendance du soi vers le monde : de la préoccupation de soi et de la dépendance de la forme par rapport à de la matière qu'elle doit trouver en dehors d'elle-même, il ressort que le soi est ouverture essentielle au milieu, dans une transcendance spatiale : « l'auto-transcendance de la vie, qui tient à ce qu'elle a un monde [...] a sa source dans l'antinomie primitive de liberté et de nécessité inhérente à l'organisme comme tel »[3].

Corrélativement, cette transcendance veut aussi dire intériorité et subjectivité, « ipséité ressentie », dit Jonas, intériorité qui « abrite [...] la

1. *PhV*, p. 92 ; 83. Nous soulignons. Notons les connotations morales inévitables.
2. *PhV*, p. 93 ; 84.
3. *Ibid.*

préoccupation suprême que l'organisme a de son propre être et de sa propre perpétuation dans l'être » – « l'organisme est centré sur soi » ; sans une telle ipséité la satisfaction ou la frustration ne ferait pas de différence, il ne ferait pas de différence que le soi trouve ou non à l'extérieur de lui-même ces matériaux dont il a besoin pour vivre. L'accès à l'extérieur est donc aussi « exposition à l'extérieur » : « c'est seulement en étant sensible que la vie peut être active »[1].

Enfin, la transcendance de la vie, ce fait qu'elle « entretient un horizon ou des horizons par delà son identité ponctuelle » ne concerne pas seulement une aventure et un horizon *spatial* mais aussi bien un horizon *temporel* :

> la préoccupation de soi, mise en action par le besoin, ouvre aussi bien un horizon de temps qui embrasse non pas la présence extérieure mais l'imminence intérieure : l'imminence de cet avenir dans lequel la continuité organique est à chaque moment sur le point de s'étendre par la satisfaction du besoin de ce moment-là[2].

Et « l'avenir est l'horizon temporel dominant qui s'ouvre devant la poussée de la vie, si la préoccupation est son principe premier d'intériorité »[3]. Cette priorité de l'avenir étant « la racine de la nature téléologique ou finaliste de la vie », car, explique Jonas, « le caractère final est en premier lieu un caractère dynamique d'un certain mode d'existence, *coïncidant avec la liberté* et l'identité de la forme en relation à la matière »[4]. Ici encore, cette transcendance temporelle peut en tout état de cause être rapportée à la relation de liberté/nécessité que la forme organique entretient avec sa matière.

Ce rappel des caractéristiques de base du mode d'être des vivants souligne combien primordiale est la *liberté* mise en évidence par l'interprétation de Jonas. Faisons-y retour à présent. Cette liberté est-elle *éthiquement neutre*, au moins à son état embryonnaire ?

Il ne nous semble pas. Cette liberté est essentiellement un pouvoir et un faire – la forme organique a le pouvoir de changer sa matière et c'est son acte propre (le métabolisme) de le faire –, ce pouvoir est donc une liberté

1. *PhV*, p. 93-94 ; 84-85.
2. *PhV*, p. 94 ; 85.
3. *PhV*, p. 95 ; 86.
4. *Ibid.* Nous soulignons.

d'*indépendance*, par rapport à la matière. Mais cette liberté est dialectique, elle est nécessité – « la souveraineté de la forme par rapport à la matière est aussi sa sujétion au besoin qu'elle en a », « son "pouvoir", écrit extraordinairement Jonas, est un "devoir" »[1]. Bien sûr ce mot traduit ici une *nécessité* : c'est un *il faut* et non un *tu dois*, une obligation ; ce n'est pas un *Sollen*, pour parler allemand. Pour être, pour se perpétuer, il est nécessaire de changer de matière. Rien là d'éthique, dira-t-on.

Et pourtant, est-ce si sûr quand on voit parmi les attributs directement attachés à ce mode d'être de la liberté métabolique, d'une part une subjectivité, *sensible*, ouverte à et affectée par l'*altérité*, une identité interne qui est « le pôle-sujet d'une *communication* plus intime avec les choses que celle existant entre simples unités physiques » – de sorte que « le véritable opposé de l'isolement émerge de l'isolement du soi organique »[2]. Bref, une ipséité qui se constitue seulement dans un rapport à l'*autre*. Et d'autre part, quand de la *préoccupation* de soi et de son ouverture à l'avenir surgit la téléologie de la vie, bref un mode d'être régi par la poursuite de *fins*... tandis qu'avec la vie et pour la première fois être est un *acte* et non un simple état, comme l'indiquait l'introduction au *Phénomène de la vie* : avec la vie et son risque, « le non-être a fait son apparition dans le monde comme l'autre possibilité incarnée dans l'être lui-même »[3], ce qui signifie que c'est avec la vie que

> l'être lui-même revêt pour la première fois un sens fort : intrinsèquement qualifié par la *menace* de sa négation, il doit s'affirmer, et l'existence affirmée est l'existence comme préoccupation. [...] Au lieu d'un état donné l'être même est devenu une possibilité constante, dont il faut toujours à nouveau se saisir en s'opposant à son contraire toujours présent, le non-être, qui inévitablement finira par l'engloutir[4].

Cesser d'activer cette possibilité, c'est cesser de se faire-être, cesser de résister au non-être, c'est mourir ; vivre, c'est agir, agir d'une action qui affirme l'être et la vie contre le non-être et la mort.

Ne peut-on pas se demander dès lors si dans la volonté de réinsérer l'homme dans le continuum de la vie, en réaction contre la solitude

1. *PhV*, p. 93 ; 83.
2. *PhV*, p. 94 ; 85. Nous soulignons.
3. *PhV*, p. 16 ; 4.
4. *Ibid.*

désespérée que lui réserve dans un monde indifférent le nihilisme contemporain, il n'y a pas aussi et d'emblée la volonté de trouver à même la vie les sources de ces valeurs et points de repères dont le même nihilisme l'a privé : *ce qui n'a pas de nature n'a pas de norme*, dira Jonas dès 1952 [1], qui prêtera aussi la qualification de *nihiliste* au dieu des gnostiques parce qu'« aucun *nomos* n'en émane, aucune loi pour la nature et donc aucune pour l'action humaine en tant qu'elle fait partie de l'ordre naturel » [2].

S'il est si pressant de réinsérer l'homme dans la nature, en lui donnant une essence à partager avec tous les vivants, n'est-ce pas d'emblée pour des raisons éthiques en même temps qu'ontologiques ? Lui donner une nature, c'est lui donner une norme, pense-t-il donc dans l'essai IX sur la gnose et l'existentialisme ; en faire un vivant parmi les vivants, c'est en faire *par nature* un être de *liberté*, de transcendance, de relation, de préoccupation de soi et d'ouverture à l'autre et à l'avenir, mais dans un monde où le sens et la valeur de tout cela n'a pas à être inventé par lui à partir de rien. En dotant la vie des germes de la liberté, d'une liberté dialectique indissociable du besoin, de la nécessité et du devoir, on rattache le pouvoir et le devoir humains à leur origine vitale : le devoir lui-même est un corrélat originel de la vie ; la vie est à dessein de soi [3].

Il nous semble significatif que cette formulation de la liberté du vivant en termes de devoir dans un texte du début des années cinquante ait un écho très parlant dans un texte plus tardif, de peu postérieur à la parution du *Phénomène de la vie*.

« Les fondements biologiques de l'individualité » ont paru pour la première fois en 1968 [4]. La constance n'est-elle pas significative de la

1. *PhV*, p. 232 ; 228.
2. *PhV*, p. 230 ; 225.
3. Relevant dans l'essai II les acquis positifs du darwinisme, Jonas indiquera en particulier son importance quant au concept même de vie : « ainsi la vie apparaît-elle [...] comme son œuvre propre, ou au moins son propre résultat [...]. C'est l'une des découvertes de la plus grande portée jamais faite quant à la nature de la vie » (*PhV*, p. 57 ; 45). Parmi les autres grands acquis, notons que le triomphe du matérialisme que représente la théorie darwinienne contient son propre dépassement, puisqu'il semble désormais admis que la matière doit rendre compte de l'esprit (cf. p. 64 ; 53) et, bien sûr, que Darwin rompt avec l'isolement cartésien de l'homme (cf. p. 67-68 ; 57).
4. « Biological Foundations of Individuality » est devenu le chapitre IX de *Philosophical Essays. From Ancient Creed to Technological Man*, Chicago-Londres, The University of Chicago Press, 1974 ; le texte avait paru une première fois dans *International Philosophical Quarterly*, 8 (juin 1968) ; la traduction française que nous proposons au lecteur ici même (en

portée cruciale du thème en ce cas ? Le contexte est très similaire à celui qui vient d'être d'évoqué : il s'agit d'une description du métabolisme comme préfigurant les fonctions supérieures des vivants et inscrivant l'organisme dans une série de polarité : être et non-être, soi et monde, liberté-nécessité [1]. Parlant de la polarité du soi et du monde, Jonas en vient à dire qu'elle « se tient, pour le soi, sous le signe de la polarité de l'être et du non-être, c'est-à-dire sous l'*alternative* "être ou ne pas être" à laquelle l'organisme est constitutionnellement confronté ». Il poursuit :

> « Être » est son but intrinsèque. La *téléologie* apparaît là où l'identité continue de l'être n'est pas assurée par la simple persistance inerte d'une substance, mais est sans cesse exécutée par un *acte*, et par quelque chose qu'il *faut* faire afin de demeurer tout simplement : *c'est une question d'être-ou-ne-pas-être que celle de savoir si ce qui est à faire* est *fait* (*whether what is to be done* is *done*) [2].

Exprimé ainsi, le mode d'être de l'organisme manifeste le lien profond de la question ontologique et de la question éthique : il y a pour ainsi dire en ce qui concerne la vie coïncidence entre la question ontologique – être ou non-être – et la question de l'action – faire ou ne pas faire ce qu'il faut faire, ce qui doit l'être. Ceci éclaire d'une autre lumière le caractère capital du

fin du volume) a paru d'abord dans les *Études phénoménologiques*, 23-24 (1996), p. 99-130. Nous renvoyons à la pagination du présent ouvrage.

1. Cf. « Les fondements biologiques de l'individualité », *infra*, p. 195.

2. « Les fondements biologiques de l'individualité », *infra*, p. 195-196. Nous soulignons. Remarquons que beaucoup plus tard encore, la formule restera très similaire à celle que nous venons d'évoquer : « les organismes sont des objets dont l'être est leur propre ouvrage [*Organismen Dinge sind, deren Sein ihr eigenes Werk ist*] [...] ce faire de leur faire *est* leur être même [*dieses Tun ihres Tuns ihr Sein selber* ist]. Être consiste pour eux à faire ce qu'ils doivent faire afin de continuer d'être [*Sein besteht für sie im Tun dessen, was sie zu tun haben, damit sie fortfahren zu sein*] », cf. « Last und Segen der Sterblichkeit », in *Philosophische Untersuchungen und metaphysusche Vermutungen*, Francfort, Insel, 1992, p. 81-100; citation p. 82-83, trad. fr. de S. Cornille et Ph. Ivernel, dans *Évolution et liberté*, Paris, Bibliothèque Rivages, 2000, p. 129-157, sous le titre « Fardeau et bénédiction de la mortalité »; citation p. 131-132. Il vaut la peine de mentionner la version anglaise, la première de ce texte, puisque la conférence fut d'abord prononcée dans cette langue, en 1991, avant d'être reformulée en allemand (cf., sur cette précision, la présentation de *Évolution et liberté*, p. 16) : « The Burden and Blessing of Mortality », in *Hastings Center Report*, n° 22/1 (1992), p. 34-40; citation, p. 34 : « l'être des organismes est leur propre faire/agir [*their own doing*] [...] leur agir [*doing what they do*] est leur être même; être, pour eux, cela consiste à faire ce qu'ils ont à faire pour continuer à être [*consists in doing what they have to do in order to go on to be*] ».

concept de vie pour l'ontologie : la vie est le concept ontologique crucial car elle est le concept ontologique qui peut donner son origine ontologique à la question éthique du devoir, elle est conceptuellement le lieu de fondation de l'éthique dans l'ontologie, *et ce dès l'élaboration d'une biologie philosophique*. Si, comme le suggère la présentation de l'ouvrage et comme l'exprimera de manière plus complète le mythe du dernier essai, il faut créditer la substance originelle des potentialités qui s'actualisent avec la vie et s'il faut penser l'homme en continuité avec les formes de vie élémentaires et la liberté originelle du métabolisme – la vie étant « ce mode d'existence matérielle en lequel l'être s'est exposé à la dépendance [...] en échange d'une liberté fermée à l'indépendance de la matière stable »[1] –, alors la voie est tracée pour une fondation ontologique du devoir dans l'être, de l'éthique dans une ontologie et une philosophie de la nature. La nécessité qu'il peut y avoir à sauver une certaine manière d'anthropomorphisme (appendice 2 à l'essai I) se comprend d'autant mieux que l'urgence est éthique et non simplement théorique et ontologique : parce que la nature donne naissance à l'homme, il faut attribuer à l'être de la nature les potentialités de ces plus hauts développements et c'est dans ces potentialités de la substance originelle, qu'elle actualise peu à peu dans l'évolution du règne vivant, qu'il faut chercher la source de l'*obligation* propre de l'homme[2].

Si un souci éthique anime déjà tacitement la détermination de la vie comme liberté, *a fortiori* devrait-il se faire sentir dans la spécification apparemment seulement théorique et ontologique des révolutions ultérieures du règne vivant, celles qui signalent l'animalité d'abord, et bien sûr et plus encore l'humanité même. Quant à l'étape de l'animalité, nous ne nous y arrêterons que brièvement, après avoir indiqué tout d'abord que « l'échelle ascendante » de la vie existante dont Jonas annonce en introduction le parcours est présentée comme *double* et se réclame du *De Anima*,

1. *PhV*, p. 115; 103.

2. Notons qu'en anglais comme en allemand, Jonas choisit un vocabulaire qui semble bien marquer une sorte d'intermédiaire – sinon de transition, en tout cas d'indécision – entre la nécessité (logique, ou physique, mécanique) et l'obligation morale proprement dite, puisqu'il s'agit d'un faire, d'un agir que le vivant *a à* accomplir : *to have to do ; haben zu tun*. Ni *mussen* ni *sollen*, l'expression choisie en allemand est comme intermédiaire ; l'opposition entre *necessity* et *duty* est moins nettement rendue par les expressions verbales disponibles en anglais ; *have to*, selon les cas, pourra indiquer l'un ou l'autre ; le sens est donc plus indécis ; il n'en demeure pas moins que ni *must* ni *should*, par exemple, n'ont été retenus.

« premier traité de biologie philosophique »[1]. L'échelle ascendante de la vie peut s'exprimer « en termes de portée et de caractère distinct de l'expérience, de degrés croissants de la perception du monde allant vers l'objectivation la plus large et la plus libre de la totalité de l'être des individus percevants » – c'est la version *théorique* de l'échelle; mais la même échelle peut se lire tout aussi immédiatement « en termes de liberté progressive d'action » – c'est sa version *pratique*, indissociable de la version théorique et tout aussi originelle : il y a « corrélation » et « interpénétration de ces deux aspects », « de la variété et du caractère adéquat de l'une, de l'étendue et de la puissance de l'autre »[2]. La liberté caractéristique du vivant est donc bien dès le départ et à tous les niveaux une liberté relative à l'*agir*, au point qu'à l'échelon supérieur de l'homme la corrélation des deux aspects tourne au questionnement qui ne peut plus être qu'*éthique* : « laquelle est à dessein de l'autre? La contemplation pour l'action ou l'action pour la contemplation? Mise au défi de choisir, la biologie tourne à l'éthique »[3], écrit Jonas, mais le choix n'est-il pas opéré de longue date, sinon par le biologiste, par le philosophe du moins, dans son « interprétation » des faits biologiques?

De l'animalité

Il est inutile de détailler ici les progrès notables de la liberté qui marquent l'être-animal; tous les aspects indiqués à propos du métabolisme connaissent une révolution en ce sens : avec l'animal, on assiste à l'apparition d'un véritable être-au-monde[4]. L'animal a un monde, une réelle relation à un monde, ce qui se manifeste dans le développement de sens spécifiques, de structures motrices et d'un système nerveux central. Par là même se développe l'élément de transcendance inhérent à l'existence métabolisante, selon ses deux dimensions spatiale et temporelle. L'espace animal devient une vraie dimension de liberté par le développement de deux facultés, se déplacer et percevoir à distance – du reste, l'analyse de l'indissociabilité de l'une et l'autre facultés est un bon indice de l'unité des

1. *PhV*, p. 14; 2.
2. *Ibid.*
3. *PhV*, p. 14; 2.
4. Sur ce thème, voir *infra*, chap. v, p. 166 *sq.*

échelles théorique et pratique, dans l'Appendice « Vue et mouvement » à l'essai VI sur « La noblesse de la vue ». Mais c'est ici sur la transcendance temporelle qui chez l'animal s'accroît du développement de la dimension émotive de la vie affrontant la distance temporelle entre le soi et l'objet que nous voudrions nous arrêter quelques brefs instants. C'est en effet ce qui semble le plus pertinent pour notre propos et essentiel à l'intention de l'essai IV, « Se mouvoir et ressentir : sur l'âme animale ».

Le titre même semble insister sur la filiation aristotélicienne dont se réclame Jonas. En effet, il aborde les relations de l'émotion – c'est-à-dire dans sa forme primitive l'appétit, puis le désir – avec le mouvement animal dans l'esprit qui présidait au traitement de cette question au Livre III du *De Anima* : le moteur du mouvement animal est l'appétit et l'enchaînement décrit préfigure celui qui, un peu plus élaboré pour intégrer le rôle de l'intellect, présidera à l'explication de l'action humaine délibérée dans la psychologie d'Aristote.

Ce qu'entend souligner Jonas, c'est « l'interconnexion indissoluble des trois facultés animales » – motricité, perception, émotion – « *en particulier* le lien entre la motricité et l'émotion »[1]. Ce lien, il est d'autant plus important de s'y arrêter que tant Descartes que la cybernétique ont fait l'impasse dessus dans leur manière de rendre compte du comportement animal[2] ; c'est pourquoi l'essai suivant y insiste à nouveau :

> Le modèle cybernétique réduit la nature animale aux deux termes de faculté de sentir et de motricité, alors qu'en fait elle est constituée par la triade perception, motricité et émotion. L'émotion, *plus fondamentale que les deux autres termes qu'elle lie ensemble*, est la traduction animale de la pulsion fondamentale qui, même au niveau préanimal indifférencié, opère dans l'incessante menée à bien du métabolisme[3].

Jonas avait en effet rappelé quelques lignes plus haut la portée essentielle de l'appétit dans le mode d'être animal : « cette préoccupation fondamentale de soi qu'a toute vie, en laquelle nécessité et volonté sont liées l'une à l'autre, se manifeste au niveau de l'animalité comme appétit, peur ainsi que toutes les autres émotions »[4].

1. *PhV*, p. 112 ; 101. Nous soulignons.
2. Cf. *PhV*, p. 112 ; 100.
3. *PhV*, p. 135 ; 126.
4. *Ibid.* Notons au passage l'introduction de la notion humaine de *volonté*.

Ce qui est au cœur du mode animal de vie, c'est la séparation du sujet et de l'objet; la *distance* introduite par cette scission est ce à quoi ont affaire la perception, l'émotion et la motricité qui caractérisent l'animal : « le grand secret de la vie animale réside précisément dans le fossé qu'elle est capable de maintenir entre la préoccupation immédiate et la satisfaction médiate, c'est-à-dire dans la perte d'immédiateté correspondant au gain de rayon d'action ». Les trois facultés ensemble manifestent ce *principe de médiateté* propre à la vie animale [1].

La locomotion animale est primitivement poursuite ou fuite et c'est pourquoi elle implique, outre la faculté motrice, la faculté de percevoir à distance et la faculté d'émotion. L'émotion est impliquée parce que l'avidité est au fondement de la chasse comme la peur au fondement de la fuite [2]. L'appétit n'est autre que la version animale de la poussée vitale à se perpétuer; la locomotion est nécessitée par la distance entre ce qui est désiré et le soi; la perception à distance est exigée pour appréhender à distance l'objet qui sera le but à atteindre par le déplacement; et le désir correspond à l'aspect *temporel* de la situation à laquelle la perception à distance correspond du point de vue *spatial*. Les trois dimensions ou facultés sont donc bien indissociables et complémentaires.

Le désir naît de la perte de la contiguïté que connaît l'organisme végétal avec le milieu qui satisfait immédiatement et continûment ses besoins permanents d'échange métabolique. La séparation entre le soi et le milieu susceptible de satisfaire les besoins suppose la différence de métabolisme qui distingue l'animal de la plante; l'animal connaît une dépendance que ne connaît pas le végétal, dépendance à l'égard de la présence incertaine de corps organiques spécifiques et non permanents; cette dépendance est le fait d'un métabolisme plus précaire, plus médiat aussi, puisqu'il suppose une absorption mécanique précédant l'assimilation chimique. C'est pourquoi l'animal doit développer de nouvelles facultés [3]. Le fossé temporel entre le besoin et la satisfaction est « provisoirement comblé » par l'émotion, comme le fossé spatial entre l'animal et l'objet à atteindre l'est par la perception [4]. Ces fossés spatial et temporel ont pour conséquence « la séparation de l'action et de sa fin » – soit un nouveau type d'action propre à

1. *PhV*, p. 113; 102.
2. *PhV*, p. 113; 101.
3. Cf. *PhV*, p. 114; 103.
4. *PhV*, p. 115; 104.

l'animalité[1]; il s'agit d'« une activité rendue possible par le surplus de métabolisme antérieur et dirigée vers la sauvegarde de son avenir », d'une activité qui est « une libre dépense dissociée de l'activité végétative continue, et donc une action en un sens radicalement neuf » – une action *médiate* : « seuls ses résultats sont destinés à bénéficier » au fonctionnement du système végétatif. C'est dans le rayon de cette action que s'inscrivent la liberté proprement animale et son risque corrélatif. « Le mouvement au dehors est une dépense qui ne peut être rachetée que par le succès final. Mais ce succès n'est pas assuré ». Avec l'animal, on a affaire à un véritable « individu isolé se mesurant au monde », un monde « à la fois engageant et menaçant » – il propose les objets susceptibles de satisfaire les besoins, mais recèle aussi bien des dangers. C'est dire qu'avec l'animalité, « la survie devient affaire de conduite dans des actions singulières », le mode de vie « précaire et exposé » « engage à la vigilance et à l'effort ». « Bref, le caractère indirect de l'existence animale recèle dans sa vigilance les possibilités jumelles de la jouissance et de la souffrance, toutes deux mariées à l'effort »[2].

Comment ne pas entendre dans cette description de la liberté animale, dans ce vocabulaire de la passion, de la jouissance et de la souffrance, de l'action et de son échec possible, de l'effort, de l'appétit et de la crainte, un écho éthique et moral ? C'est en tout état de cause de *pratique* plus que de théorie qu'il s'agit dans cette affirmation de la priorité de l'émotif sur le perceptif pour rendre compte du mode d'être animal : « l'être animal est ainsi essentiellement un être passionné », écrit Jonas[3] – ou encore « l'existence dotée de motricité est agitée et *anxieuse* »[4].

DE L'HUMANITÉ

Quant à la spécificité humaine, il n'est pas dans notre propos d'exposer avec minutie tous les aspects du bel article sur « La production d'image et la liberté humaine », qui date de 1961. Nous nous en tiendrons à quelques traits qui paraissent mériter d'être relevés ici.

1. *PhV*, p. 116; 104.
2. *PhV*, p. 116-117; 105.
3. *PhV*, p. 117; 106.
4. *Ibid.* Nous soulignons.

On notera tout d'abord qu'en dépit de sa « noblesse » et de la source qu'elle représente pour toutes sortes de concepts fondamentaux de la pensée humaine, en tant précisément qu'elle forme des images et offre ainsi présentation simultanée d'objets, neutralité causale et distance spatiale, en dépit de cela, la vue n'est pas, même dans toutes ses potentialités hautement *théoriques*, ce sur quoi Jonas se focalise pour distinguer l'homme de l'animal. Et il est permis de penser que la préférence qu'il donne à la production d'image, étroitement liée à la vue, n'est pas étrangère aux caractères de *passivité* et de contemplation théorique qu'il a soulignés comme particulièrement marqués dans ce sens. La *production* d'image, comme l'expression l'indique, est plus *active* et *créatrice*. Nous voudrions y insister : l'aspect « théorique » de la vue n'y suffit pas, même dans ce qu'elle implique déjà de la fonction imageante : « l'abstraction, la représentation, le symbolisme – *quelque chose* de la fonction d'image, écrit Jonas, est déjà intrinsèque à l'opération du voir, en tant qu'il s'agit du plus unifiant des sens. Il faut donc, à certains degrés, mettre cela au crédit même de certains animaux supérieurs »[1].

C'est le *créateur* d'images qui se voit reconnaître le statut d'homme[2] : « Voici une preuve d'humanité », s'exclame l'explorateur imaginaire devant le dessin suggérant une ressemblance avec telle ou telle forme vivante, jugeant son existence concluante « quant à la nature plus-qu'animale de son créateur ; et quant au fait qu'il est potentiellement un être parlant, pensant, inventif, bref "symbolique" ».

Sans refaire ici l'inventaire proposé par Jonas des « facultés et attitudes »[3] que suppose la production d'images, relevons ensuite parmi celles-ci le thème récurrent de l'*intention*. Non seulement l'aptitude choisie comme critère est aptitude à un faire, un produire, mais il s'agit bien sûr d'une production *intentionnelle* : ce qui est produit intentionnellement, c'est une *ressemblance*[4], ressemblance incomplète supposant aussi un certain degré de liberté dans le choix des traits de l'objet modèle sélectionnés pour produire cette ressemblance, l'essentiel étant d'ailleurs que puisse à même l'image être reconnue l'*intention* de similitude plutôt que l'objet lui-même auquel il est ressemblé – « la fonction représentative peut

1. *PhV*, p. 178 ; 170.
2. *PhV*, p. 168 ; 158.
3. *Ibid.*
4. *PhV*, p. 169 ; 159.

progressivement reposer moins dans la similitude réelle que dans la simple possibilité de reconnaître l'intention »[1].

La créativité déjà impliquée par la sélection des traits retenus peut se doubler de la création de formes neuves : « la norme de l'objet donné peut être abandonnée entièrement en faveur de la création de formes jamais vues : la faculté de figuration ouvre la route à l'invention »[2]. Productif, créatif, inventif, le tout intentionnellement et avec la capacité de reconnaître une intention, l'homme dont le portrait se trace ainsi est à coup sûr actif au moins autant que théorique. Du reste, les deux aptitudes ne sont pas dissociables, la capacité à reconnaître et contempler une image comme image et la capacité à la produire reposent sur la même condition de possibilité : la « faculté représentative »[3]. Laquelle exige la capacité à distinguer l'*image* à la fois de son support physique – l'objet *imageant* – et de l'objet *imagé* ; ce qui signifie, indique Jonas, que le principe spécifiquement humain impliqué par la production-contemplation d'images, c'est la séparation mentale de la forme et de la matière, de sorte que c'est l'*eidos* qui est appréhendé[4].

Voilà, pour le coup, un trait théorique et intellectuel, s'il en est. Mais lui aussi est empreint d'une dimension pratique et morale, pour ainsi dire.

Il est vrai qu'il y a déjà dans la vision, dans ses caractères les plus théoriques, *quelque chose* de l'image : chaque aspect vu isolé agit en quelque façon comme une sorte d'image de l'objet; est déjà l'occasion d'un phénomène de reconnaissance à travers une ressemblance-dissemblance, et il est vrai qu'en un sens la vue est déjà *abstraite* et représente l'objet de manière *symbolique*. Néanmoins la vue n'est pas le propre de l'homme, que vient donc y adjoindre la faculté de l'image proprement dite ? « Un nouveau niveau de médiation », indique Jonas, « par delà celui qui appartient à la reconnaissance visuelle des objets comme tels », et il explique : « l'image se détache de l'objet, c'est-à-dire que la présence de l'*eidos* est rendue indépendante de celle de la chose »[5]. Et encore : « Un retrait du second ordre a lieu quand l'apparence est comprise en tant qu'apparence, distinguée de la réalité et interposée, avec sa présence *dont il est librement disposé*, entre le soi et le réel dont la présence échappe à la

1. *PhV*, p. 171 ; 162.
2. *Ibid.*
3. *PhV*, p. 174 ; 165.
4. Cf. *PhV*, p. 176 ; 168.
5. *PhV*, p. 178 ; 170.

libre disposition »[1]. L'essentiel ici est cette libre possession et disposition de l'image dont l'homme au contraire de l'animal a le *contrôle*. C'est ce qui fait la différence entre le souvenir animal et la mémoire humaine. Chez l'animal, précise Jonas, ce sont les circonstances qui contrôlent la réactivation de l'expérience passée, soit le besoin, soit la perception effective présente. Chez l'homme en revanche, le sujet dispose du pouvoir de librement reproduire l'image en mémoire; « la liberté ainsi gagnée – considérer les choses en imagination – est une liberté de distance et de contrôle à la fois »[2].

Contrôle accru encore par la production d'une image externe: « extériorisée, l'image défie le temps plus efficacement que dans sa conservation interne précaire. [...] Sa présence est indépendante des humeurs et des stimulations qui régissent le fonctionnement de la mémoire et même elle survit à la brève vie de son producteur »[3].

Bien sûr, ce contrôle représente un gain théorique et cognitif : l'image extériorisée est partageable, communicable et profite au *savoir*[4] – mais c'est au savoir qui n'est pas indépendant d'un faire : « ce qu'on produit on le connaît »[5].

L'*homo pictor*, parce qu'il est « reproducteur de choses “à leur ressemblance” [...], se soumet à la norme de la vérité » – aspect théorique s'il en est, dira-t-on à nouveau –; l'*adaequatio imaginis ad rem* serait, à suivre Jonas, la première forme de vérité théorique. Mais c'est pour ajouter aussitôt que « le reproducteur de choses est aussi potentiellement le producteur de choses nouvelles, et ces pouvoirs ne diffèrent pas l'un de l'autre »[6]. « La même faculté est accès au vrai et *pouvoir du nouveau* »[7].

Qui plus est, ce pouvoir *créatif* de faire du nouveau en suppose un autre qui revêt une dimension pratique indéniable cette fois : le contrôle du corps – « aspect physique du pouvoir que la faculté des images exerce » –, le contrôle que l'homme a sur son corps, explique Jonas, « est lui-même gouverné par “l'image” ». En effet : « la forme envisagée n'est pas incarnée par le souhait, et le contrôle interne de l'*eidos*, avec toute sa liberté

1. *Ibid.* Nous soulignons.
2. *PhV*, p. 179; 171.
3. *Ibid.*
4. *PhV*, p. 179; 171.
5. *PhV*, p. 180; 171-172.
6. *PhV*, p. 180; 172.
7. *Ibid.*

d'esquisse mentale, resterait inefficace s'il n'avait aussi le pouvoir de guider le corps du sujet dans l'exécution »[1].

> Le contrôle eidétique de la motricité, avec sa liberté d'exécution externe, complète le contrôle eidétique de l'imagination, avec sa liberté d'esquisse interne. Sans ce dernier, il ne pourrait y avoir de faculté rationnelle, mais sans le premier, sa possession serait futile[2].

L'aspect mental et l'aspect corporel vont de pair, « l'*homo pictor* représente le point de jonction entre l'*homo faber* et l'*homo sapiens* – le point où ils montrent en fait qu'ils ne font qu'un »[3].

Mais, dira-t-on, que l'homme producteur, l'homme artisan et technicien soit concerné ne prouve pas qu'il y ait là une dimension morale ou éthique. S'il est question de *faire*, il n'est pas encore question d'*agir* ; en termes aristotéliciens, le faire impliqué est un *poiein* et relève d'une *technè*, ce n'est pas une *praxis*. Soit, mais au moins est-on sorti du cadre strict d'une détermination ontologique de l'homme en termes exclusivement cognitifs, théoriques, mentaux, pour le cerner aussi en fonction de son pouvoir, de son activité. Et le contrôle du corps – un contrôle eidétique du corps – a des implications praxiques non moins que poiétiques.

Cette dimension praxique latente paraît confirmée par l'Appendice « Sur les origines de l'expérience de la vérité », datant de 1964.

Il est vrai que s'il s'agit de voir l'origine de la vérité dans la réparation d'une erreur perceptive, rien ne semble nous faire sortir du registre perceptivo-cognitif et théorique. Mais n'y a-t-il pas une dimension pratique et même praxique à cette assertion selon laquelle « l'aptitude à la vérité présuppose l'aptitude à nier » et donc « seul un être qui [...] peut dire "non" peut soutenir la vérité »[4] ? Ce qui s'énonce aussi : « puisque le pouvoir de nier fait partie de la liberté, [...] la liberté est un prérequis de la vérité »[5].

La portée proprement praxique et éthique de la dernière proposition éclate du reste lorsqu'on voit Jonas mettre côte à côte deux sources de la vérité[6] : l'erreur perceptive et le mensonge ! Même si elles sont ensuite

1. *PhV*, p. 180 ; 172.
2. *PhV*, p. 180-181 ; 172-173.
3. *PhV*, p. 181 ; 173.
4. *PhV*, p. 183 ; 173.
5. *Ibid.*
6. *PhV*, p. 184 ; 175.

dissociées, la première étant « plus élémentaire » que la seconde[1], ce qui est significatif, c'est qu'elles soient analysées en parallèle afin de montrer que la fausseté à laquelle il est dit *non* dans les expériences primitives de vérité n'est pas celle de l'ignorance mais de la *tromperie*, de sorte que cette négation comprise dans la vérité est non pas offensive, mais *défensive* : *victime* d'une tromperie (naturelle ou délibérée), je m'en défends, je me défends de l'*attaque* que je subis de la part du monde et je « résiste à une poussée du monde »[2]. La vérité est ainsi d'abord un « ne-pas (se) tromper », au mieux un ne plus se laisser tromper.

Si cette composante négative première de l'expérience de la vérité a surgi dans l'expérience perceptive humaine, lieu d'origine de la vérité, on a vu que la liberté de négation qu'elle suppose y est immergée dans un contexte marqué par le vocabulaire de l'action (attaque et défense) et des valeurs éthiques (tromperie/sincérité).

La composante positive se fait jour dans les facultés de l'image et la recherche *active* de la ressemblance : « la production d'images de l'homme primitif représente une forme originelle d'*effort actif* vers la vérité »[3]. Dans cette liberté plus positive supposée par l'expérience de la vérité, le vocabulaire de l'effort et de l'action sont présents encore. Et puis, il y a cette remarque qui indique l'impossibilité qu'éprouve Jonas à traiter ce thème éminemment humain en termes seulement théoriques :

> au lieu d'en rester à la perception [...], tant la faculté de l'image que celle de la négation peuvent être adaptées à la *volonté* ou au *désir*, avec pour résultat soit que le témoignage de la perception est supplanté par ce qu'on voudrait qu'elle soit [...], soit que s'y oppose ce qu'on voudrait en faire [...][4].

Les pouvoirs de figurer et de nier peuvent ainsi être mis au service de la fausseté ou de l'innovation « où il est fait appel à l'acte pour transformer la vérité potentielle en vérité effective ». « Ces exercices volontaristes de la liberté négative-positive [...] sont de suprême importance dans les affaires humaines – ils sont source à la fois de la croyance illusoire et de l'utopie

1. *PhV*, p. 185; 176.
2. *PhV*, p. 184; 176.
3. *PhV*, p. 185; 177.
4. *Ibid.*

créatrice », remarque Jonas avant de faire retour à l'erreur perceptive originelle[1].

Mais indépendamment même de ces développements proprement pratiques, peut-on sérieusement penser qu'il est éthiquement neutre de faire reposer l'origine de l'expérience hautement théorique de la vérité, de cette expérience si pleinement humaine, dans la reconnaissance de ce que « l'objet m'a menti » ? Présenter cette expérience originelle en écrivant : « ce n'est pas que j'ai commis quelque chose, mais que l'objet m'a menti », faire de ceci que « le monde puisse agir sans loyauté à notre égard » « la base prélogique [...] du phénomène de la vérité »[2], peut-on penser que c'est là traiter la question sans préoccupation éthique latente ?

Et pourtant, « tout ceci renvoie, conclut Jonas, au concept de vérité *théorique* et à son origine dans l'expérience. C'est une affaire tout à fait différente que la vérité morale qui signifie des relations sincères avec ses semblables humains »[3] – mais précisément, le rapport éthique qui le préoccupe est ici un rapport de l'homme à l'être comme tel, l'être du monde et de la nature : ce qui surgit à l'issue du parcours est une obligation de l'homme qui a sa source dans l'être avant que d'être rapportée à ses semblables.

La dimension éthique de la spécificité humaine dans la faculté de l'image éclate avec bien plus d'évidence encore dans les pages de transition. Ici cependant, ce sont des pages qui interviennent en fin de parcours, quand les questions éthiques ont aux dires de Jonas lui-même fait leur apparition. Mais on voit alors aussi que les questions latentes devenues explicites exigent une formulation nouvelle en même temps que ce qui précède les a préparées. Tout à coup ce qui fait l'homme véritable, c'est la *réflexion* où le sujet devient objet à lui-même – aboutissement du processus d'objectivation croissante amorcé avec l'animal[4]. Et l'on voit d'emblée et explicitement cette fois que l'enjeu de cette objectivation ultime est éthique : l'homme a affaire à l'image de l'homme : « l'homme modèle, expérimente et juge son propre état interne et sa conduite externe d'après l'image de ce que sont ceux de l'homme ». L'image externe de l'objet externe ne suffit plus à « l'homme vrai », il lui faut « un autre exercice de la faculté eidétique ». Il y a à la fois continuité et rupture avec le

1. *PhV*, p. 186 ; 178.
2. *PhV*, p. 188 ; 180.
3. *PhV*, p. 189 ; 181.
4. *PhV*, p. 193 ; 185.

règne animal : « seul l'homme peut être heureux et malheureux »[1] et c'est « grâce à ceci qu'il mesure son être à des termes qui transcendent la situation immédiate » ; c'est pourquoi aussi lui seul « est ouvert au désespoir » – car il est « devenu question à soi-même ». « La religion, l'éthique et la métaphysique, remarque en ce point Jonas, sont des essais, jamais achevés, d'affronter la question et d'y répondre dans une interprétation de la réalité totale ». Or des réponses des religions primitives et des métaphysiques historiques, il fut question dans le parcours relatif à la philosophie du vivant. Pourquoi donc l'éthique en aurait-elle été officiellement absente ?

Aussi ténus qu'en aient été les signes qui ont été relevés, nous croyons que dès avant les ouvertures spéculatives et franchement morales du dernier chapitre et de l'épilogue relançant la question de la fondation ontologique de l'éthique, la préoccupation éthique est à l'œuvre dans l'ontologie de la vie que l'auteur semble présenter comme entreprise seulement en vertu de questions théoriques et ontologiques. Et ceci éclaire d'un jour particulier la notion centrale de cette philosophie de la vie selon laquelle le maître-mot du mode d'être du vivant est *liberté* que de voir en son auteur un penseur éthique – avant même peut-être qu'il se découvre tel lui-même.

La suggestion que nous faisons ici pourrait se voir confortée par un autre examen sur le texte du *Phénomène de la vie* qui porterait davantage sur la critique des thèses d'ontologies historiques. Il nous semble qu'on pourrait y montrer que nombre de reproches à ces thèses métaphysiques sont en fait d'ordre praxique. Si Jonas fait ainsi remonter le nihilisme contemporain au dualisme moderne et à Descartes et Pascal, c'est foncièrement parce que déjà le silence qu'impose la physique moderne à l'univers place l'homme dans un isolement *désespéré* en un monde *indifférent*. On peut montrer que le nihilisme contemporain n'a fait qu'exacerber cette situation et son caractère moralement insupportable et il est aisé de percevoir la condamnation morale de l'existentialisme, gnose aiguisée par la modernité, laissant l'homme *sans norme*, sans repère, radicalement livré à lui-même.

Parallèle (et complémentaire) au rejet de l'existentialisme heideggerien est la condamnation du matérialisme contemporain, que stigmatise, notamment, l'essai I : « La description physique externe » – propre du matérialisme – « ne peut être menée à terme *sans compromettre la liberté* et

1. *PhV*, p. 194 ; 186.

donc la réalité authentique de l'esprit », écrit Jonas[1], défendant au même endroit l'idée que « le matérialisme est la véritable ontologie de notre monde depuis la Renaissance »[2]. Même si ces lignes sont tardives – 1965 – et donc contemporaines de textes où la question éthique s'est déjà explicitée, il est significatif que ce reproche de compromission de la liberté – au sens plein, cette fois, s'agissant de la liberté de l'esprit – se fasse jour, discrètement et en passant (comme s'il était impossible de le faire taire) dans un chapitre qui vient *a posteriori*, rétrospectivement, unifier l'ensemble des essais en les plaçant sous l'enseigne d'un questionnement présenté comme exclusivement *ontologique* et exigeant, pour des raisons ontologiques seulement (des raisons de développement historique de la théorie ontologique), la mise en avant aujourd'hui, et au centre même de l'interrogation sur l'être, du mode d'être du vivant. Significatif aussi, croyons-nous, qu'en pareil contexte, toute tentative métaphysique, dès la plus primitive, soit d'emblée placée sous le sceau de la quête du salut, et non de la pure gratuité de la recherche intellectuelle : si la « première métaphysique », née « sous la forme du mythe et de la religion » « des tombes » et du « recul naturel devant la mort »[3], entreprit « en quelque manière [de] nier la mort », c'était « *pour sauver* la totalité des choses »[4] – et c'est bien encore là la préoccupation de Jonas quand il appelle de ses vœux le renouveau de l'ontologie contemporaine. Si ce texte tardif, placé en tête de l'ouvrage, ne laisse que très légèrement affleurer le souci éthique dans la présentation des enjeux théorético-ontologiques de ce dernier, l'essai VIII – 1959 – l'explicitait très largement en parlant des usages *pratiques* de la théorie. Au cœur de la mise en cause de la technoscience et du rabaissement de l'homme qu'elle favorise, mise en cause qui s'efforce de relancer la question des fins non pas seulement du savoir, mais de l'homme lui-même – question éthique s'il en est –, au cœur de ce débat, l'opposition de la science moderne – et cela veut dire aussi de sa conception philosophique, baconienne, cartésienne – et de la science ancienne – et cela veut dire aussi de sa conception philosophique, platonicienne, aristotélicienne – cette opposition elle aussi est marquée de façon essentielle par la dimension éthique :

1. *PhV*, p. 29 ; 18. Nous soulignons.
2. *PhV*, p. 30 ; 20.
3. *PhV*, p. 20 ; 8.
4. *PhV*, p. 20 ; 9. Nous soulignons.

> la théorie moderne n'est pas de manière autosuffisante la source de la qualité humaine qui la rend bénéfique. Que ses résultats sont séparables d'elle et cédés pour l'usage à ceux qui n'ont eu aucune part dans le processus théorique, ce n'est là qu'un aspect de l'affaire. Le savant lui-même n'est par sa science pas plus qualifié que d'autres pour discerner le bien de l'humanité, et même il n'est pas davantage disposé à en prendre soin. La bienveillance doit être appelée de l'extérieur pour compléter le savoir acquis grâce à la théorie : elle ne découle pas de la théorie elle-même [1].

En dénonçant ainsi le divorce de la science moderne et de la valeur[2], Jonas ne fait que confirmer l'enjeu éthique très prégnant qui présidait dès 1952, dans ce qui deviendrait l'essai IX, à la critique virulente du nihilisme exacerbé de cette forme contemporaine de gnosticisme radical qu'est l'existentialisme, comme de son « jumeau » matérialiste, en réclamant de la philosophie qu'elle découvre une « troisième voie » qui saurait éviter la « fissure dualiste », mais aussi, c'est capital, « maintenir *l'humanité de l'homme* »[3].

1. *PhV*, p. 201 ; 195.
2. Cf. aussi *PhV*, p. 202 ; 195.
3. *PhV*, p. 237 ; 234.

CHAPITRE III

FIGURES DE DIEU
POUR UNE PHÉNOMÉNOLOGIE DE LA VIE

Nous nous efforcerons ici de mettre en évidence les figures de Dieu qui jalonnent le chemin de pensée de Hans Jonas dans *Le phénomène de la vie*, ainsi que le rôle dialectique qu'elles jouent dans la progression de cette méditation phénoménologique du vivant. Ces figures du divin sont deux figures historiques – celle du Dieu *mathématicien* dont la science moderne hérite de la métaphysique dualiste classique et celle du Dieu *étranger* de la gnose (lequel connaît lui-même comme une version moderne, poussée à l'extrême, dans un impensable Dieu *sans visage*, fruit d'une appropriation théologique de l'être heideggerien) – et une figure mythique que Jonas dessine lui-même dans un récit tenant lieu de discours ontologique contemporain en attendant la relève métaphysique, c'est la figure d'un Dieu *souffrant*.

L'un des enjeux majeurs de la phénoménologie de la vie proposée par Jonas est la quête d'une ontologie qui fasse justice du nihilisme où l'esprit moderne s'est laissé conduire comme à la conclusion logique du dualisme qu'il appartient à cet esprit d'avoir établi dans sa radicalité. Pris entre, d'une part, *l'existentialisme* contemporain, occupé de l'homme seulement, du caractère unique de sa situation, de sa solitude au monde et la *science*, d'autre part, qui par principe s'en tient aux faits extérieurs et dès lors efface la distinction de l'animé et de l'inanimé, le mode de penser contemporain est incapable d'une véritable compréhension du vivant comme tel ; il s'agit donc de « réclamer pour l'unité psychophysique de la vie cette place dans le schème théorique qu'elle [a] perdue en raison du divorce du matériel et du mental depuis Descartes »[1]. Si on veut bien, entre l'inanimé et l'homme, redonner sa juste place au règne du vivant, et défendre « la thèse [qui se soutient d'un examen phénoménologique de celui-ci] selon laquelle l'organique, même dans ses formes les plus inférieures, préfigure l'esprit, et l'esprit, même dans ce qu'il atteint de plus haut, demeure partie intégrante de l'organique » – alors non seulement l'homme se trouve dans une situation métaphysique moins isolée que ne le suppose le nihilisme contemporain, mais il faudrait aller jusqu'à « inclure [la] puissance originelle [de produire la vie] dans le concept même de "substance" physique, tout comme il faut inclure dans le concept de causalité physique la dynamique finalisée qu'on voit à l'œuvre dans [les] actualisations [de cette puissance] »[2].

C'est dans cette entreprise de dépassement du dualisme moderne et de son aboutissement nihiliste que prennent sens les évocations des différentes figures de Dieu, à commencer par celui de la métaphysique et de la science modernes[3].

Le Dieu mathématicien

Qu'en est-il de ce premier Dieu eu égard à la vie ?

L'enquête sur le Dieu mathématicien vient contester cette affirmation d'un astrophysicien dans les années trente : « D'après le témoignage intrinsèque de sa création, le Grand Architecte de l'Univers commence à présent à apparaître comme un pur mathématicien »[4].

1. *PhV*, p. 9 ; IX.

2. *PhV*, p. 13 ; 2.

3. Anticipativement et pour indiquer la trajectoire générale de cette lecture, on pourrait dire que la succession de ces figures divines jalonne et reflète le développement logique de l'histoire de la pensée tel que l'interprète Jonas depuis le dualisme cartésien jusqu'au nihilisme – auquel correspondent tant une radicalisation (qui va jusqu'à la disparition) du dieu étranger des gnostiques que la négation de Dieu que représente son assimilation à l'être heideggerien, mouvement par lequel Dieu devient immanent au point de parler par la voix du penseur. Le Dieu souffrant peut alors préfigurer, avec la responsabilité transmondaine qu'il met au jour, l'argument métaphysique du *Principe responsabilité* qui fait passer de l'être au devoir-être. Si nous sommes pour avoir été créés dans ce renoncement à soi de Dieu, nous avons un devoir à l'égard de l'être.

4. James H. Jeans, *The Mysterious Universe*, Cambridge University Press, 1933 (p. 122), cité par Jonas, *PhV*, p. 75 ; 64.

Non seulement, argumente Jonas, l'idée d'un créateur mathématicien était grecque déjà, mais le sens que revêt cette conception avec la science moderne oblige à l'abandonner : « même eu égard à l'univers *matériel* seul »[1], le Créateur ne peut être seulement et essentiellement un mathématicien.

Pour le montrer, Jonas commence par rappeler que des Grecs aux Modernes s'opère une révolution qui concerne tant l'idéal de connaissance que la conception de l'être, lesquels se soutiennent mutuellement. *Grosso modo*, avec Kepler, c'est la *quantité* qui devient l'aspect essentiel et véritablement connaissable de la réalité ; savoir consiste à mesurer et comparer des mesures. Les Modernes ne font plus les mêmes mathématiques que les Grecs, la « *nature* » mathématique visée n'est plus la même. Quand les Grecs *géométrisaient*, se donnant pour objets des modèles ou proportions spatiales fixes, l'*algèbre* des Modernes leur donne comme objet de mesure le mouvement. Ils ont affaire à des formes de processus continus et non plus à la forme arrêtée de produits finis ; leur savoir est calcul de lois d'engendrement et non plus description de formes déterminées. Bref, « l'analyse du devenir supplante la contemplation de l'être »[2]. Et en physique, les formes substantielles anciennes se dissolvent en des *mouvements et forces* élémentaires. Dès lors, le sens de l'explication s'inverse : on explique le supérieur par l'inférieur et « la rationalité de l'ordre n'atteste [plus] une cause rationnelle, la forme intelligible ne représente plus la perfection de l'être [...], mais elle doit elle-même être expliquée par référence à l'inférieur, c'est-à-dire aux types les plus élémentaires d'événement [...] »[3].

Cette transformation de la nature des mathématiques et de la nature mathématique ne peut que transformer aussi la conception d'un Créateur mathématicien. Quelles sont donc les conditions métaphysiques de cette révolution méthodologique avec ce qu'elle comporte d'élimination de la téléologie et des formes substantielles ?

Le monde créé par le démiurge du *Timée*, rappelle Jonas, était un animal parfait ou un dieu visible, animé et intelligent. L'âme, principe physique universel, était désignée comme la cause du mouvement et, en tant qu'intelligence, cause du mouvement selon une loi : « Plus grande est

1. *PhV*, p. 100 ; 92.
2. *PhV*, p. 78 ; 67.
3. *PhV*, p. 80 ; 69.

la cohérence rationnelle d'un mouvement, plus élevée doit être l'intelligence de l'âme motrice »[1].

En revanche, la tradition judéo-chrétienne est telle que le monde créé n'est pas un dieu ; il n'a pas d'âme propre ; il est produit, non producteur. Cette division nette entre Dieu et le monde se répète entre la nature et l'esprit : l'âme humaine est la seule entité dans le monde qui soit à l'image de Dieu (et elle n'est pas *du* monde). Ainsi est « devenue possible l'idée d'une nature dépourvue d'esprit ou "aveugle", qui pourtant se comporte légalement »[2]. Ceci suppose que l'âme soit exclue de la nature et que l'on n'ait plus besoin d'elle comme cause du mouvement :

> quand le mouvement en vint à être conçu comme une dotation initiale de la création, se conservant elle-même et qui ne requiert pas de spontanéité supplémentaire de sa part, put alors voir le jour la conception d'une nature non seulement dépourvue d'esprit [*mindless*], mais aussi inanimée, c'est-à-dire d'une nature non seulement intelligible sans être intelligente, mais aussi en mouvement sans être en vie[3].

C'est cette possibilité offerte par la tradition judéo-chrétienne que saisit la métaphysique moderne en produisant sa version propre du dualisme, « la division cartésienne de la substance en *res cogitans* et *res extensa* » : « cette division procurait la charte métaphysique d'un tableau purement mécanique et quantitatif du monde naturel, avec son corollaire de méthode mathématique en physique »[4].

Quand dans le dualisme ancien, la séparation de la forme et de la matière, de l'âme active et du corps passif, de l'intelligible et du sensible, établissait une dépendance ontologique des seconds termes par rapport aux premiers, les oppositions modernes sujet-objet, esprit-nature, conscience-spatialité, intériorité-extériorité, établissent une réalité indépendante et autonome des seconds termes par rapport aux premiers. Dans le même temps, « le moins intelligent est devenu le plus intelligible »[5], le connaissant est parmi ses propres objets l'inconnaissable par excellence, car la méthode cartésienne n'opère que dans le champ de la *res extensa* : « on put désormais identifier la "nature" avec la "matière", c'est-à-dire avec une

1. *PhV*, p. 81 ; 70.
2. *PhV*, p. 82 ; 71.
3. *PhV*, p. 82 ; 72.
4. *PhV*, p. 83 ; 72.
5. *PhV*, p. 83 ; 73.

matière qui existe par elle-même de manière toute autosuffisante »[1]. L'esprit, « mais aussi l'âme et par là la vie [...] deviennent superflus dans l'explication de la nature » :

> la « force » est en chaque cas force d'inertie, à savoir qu'elle est une constante quantitative [...]. Or, puisque la vie signifie un mouvement spontané et téléologique, tandis que la compréhension s'exprime en termes de mouvement d'inertie uniquement, il s'ensuit ce paradoxe [...] que [...] la « matière morte » [est devenue] la norme de l'intelligibilité[2].

Ainsi la compréhension de la vie en tant qu'elle est présente dans la nature impliqua-t-elle la réduction de la vie à cette nouvelle norme, c'est-à-dire au sans-vie. Telle est la portée de la conception « mathématique » de la nature par la modernité. Le Dieu créateur n'est-il alors rien que mathématicien au seul sens que cela puisse avoir dans la situation scientifique donnée ? Quels objets appréhenderait ce Dieu des physiciens ? Quels objets pourrait-il avoir créés ?

Si son regard, en particulier, se porte sur un organisme, que « voit »-Il ? Telle est la question que pose Jonas[3]. Et il répond : « l'organisme manifestera les mêmes traits généraux que les autres agrégats : principalement un vide, où s'entrecroise la géométrie de forces émanant des foyers insulaires d'être élémentaire localisé »[4]. Mais de son *métabolisme*, de son échange de matière avec les alentours, que verra-t-Il ?

> Dans ce mode d'être remarquable, les parties matérielles en lesquelles consiste l'organisme à un instant donné sont seulement temporaires [...] ; ce sont des contenus passagers dont l'identité matérielle conjuguée ne coïncide pas avec l'identité du tout dans lequel elles entrent et qu'elles quittent, et qui maintient sa propre identité par l'acte même par lequel de la matière étrangère traverse son système spatial, la *forme* vivante. Elle n'est jamais la même matériellement et pourtant elle perdure comme son même soi, *par*

1. *Ibid.*
2. *PhV*, p. 84 ; 74.
3. Nous ne prêtons pas attention ici à toutes les articulations du texte commenté, parce que celui-ci a déjà retenu notre attention antérieurement (cf. *supra*, chap. II, p. 58-66). S'il vaut la peine d'y revenir, c'est que le point de vue a changé : il s'agit cette fois moins directement de la phénoménologie de la vie qui s'y développe que de la perception du vivant qu'a un Dieu mathématicien moderne.
4. *PhV*, p. 85 ; 75.

> *ceci* qu'elle ne reste pas la même matière. Une fois qu'elle se confond réellement avec la mêmeté de son contenu matériel [...], elle cesse de vivre; elle meurt[1].

Si, de prime abord, il semble que la physique rende compte de ce type d'objet: « la description mathématique traite de *touts* dynamiques jouissant d'une "identité" propre différente en temps de celle de leurs composantes changeantes »[2], cependant, à y regarder de plus près, ces descriptions physiques n'accordent à ces touts « aucune réalité spéciale qui ne soit contenue dans la réalité conjointe des événements plus élémentaires qui y participent et qui n'en soit déductible : [...] il n'y a pas de nouveauté dans le tout comme tel; et pour une intelligence infinie la conception discrète, simultanée de toutes les composantes individuelles serait encore le savoir parfait »[3]. Autrement dit, à

> l'analyse complète du Grand Mathématicien, [...] le processus de la vie se présentera [...] comme une suite [...] d'événements consécutifs relatifs à ces unités persistantes, isolées, de la substance générale [...]. La configuration particulière ici examinée, que *nous* appelons organisme, [...] est en principe pareille à toute autre configuration [...]. Aucun autre type de causalité qu'à l'extérieur n'a cours à l'intérieur de [celle-ci] [...]. Ainsi n'y a-t-il pas de raison de poser une entité spéciale pour cette forme particulière de coexistence avec son ensemble normal d'interactions[4].

Sous ce regard, l'organisme apparaît comme une fonction du métabolisme et non l'inverse.

> On peut [...] rendre compte de chaque événement impliqué [...] selon les lignes de l'indifférence téléologique, de la cause efficiente, de l'uniformité d'inertie, de la plus petite particule, de l'extensivité quantitative, etc. [...]; et tous les traits d'une entité autonome en rapport avec soi apparaîtraient en fin de compte comme purement phénoménaux, c'est-à-dire fictifs[5].

Bref, ce Dieu ne connaît pas du vivant!

1. *PhV*, p. 86; 75-76.
2. *PhV*, p. 87; 77. Jonas indique comme modèle celui de l'explication physique de la vague.
3. *Ibid.*
4. *PhV*, p. 87-88; 77-78.
5. *PhV*, p. 88; 78.

Qu'est-ce donc qui lui échappe ainsi, sinon ce que nous-mêmes, comme vivants, nous en savons ? Nous savons qu'en jetant un tel regard sur un organisme, l'observateur désincarné manque l'essentiel – la vie même : « le fait qu'elle soit une individualité centrée sur soi, qu'elle soit pour elle-même et en opposition à tout le reste du monde, avec une frontière essentielle séparant l'"l'intérieur" et "l'extérieur" [...] »[1] ; nous savons que dans le vivant, se fait jour « une possibilité d'être entièrement neuve : des systèmes de matière qui sont des unités d'un divers [...] en vertu d'eux-mêmes, pour eux-mêmes, et se maintenant continûment par eux-mêmes. Ici la totalité s'intègre soi-même dans une opération active [...] »[2]. « [L]a durée et l'identité dans la durée [de l'individu] sont alors essentiellement sa propre fonction, sa propre préoccupation »[3]. Le genre d'identité propre au vivant, cette identité médiate et fonctionnelle, voilà ce qui échappe au Dieu mathématicien. Cette identité, on l'admet aisément à l'examen de la morphologie externe, mais seul un observateur préparé – *préparé par la vie* – fera cette inférence de « ce qu'aucune simple analyse de l'enregistrement physique n'offrira jamais »[4]. « C'est là l'avantage d'"avoir", c'est-à-dire d'être des corps » : nous sommes préparés à cette inférence, le pur mathématicien désincarné ne l'est pas. Il faut une interpolation d'une identité interne pour comprendre la continuité métabolique comme « perpétuation de soi »[5].

Avec cette identité propre au vivant, ce sont toutes les caractéristiques essentielles de la vie qui échappent à cet impossible créateur qui ne serait que mathématicien au sens où l'entendent les Modernes, de sa liberté à son caractère final en passant par son ouverture tant spatiale que temporelle, cette dernière déterminant une temporalité où l'avenir est l'horizon dominant, quand la préoccupation, comme « principe premier d'intériorité », est aussi bien source de son ouverture au dehors.

Aucun de ces traits, remarque Jonas, n'a de place dans la description mathématique d'entités physiques. Aussi

> si nous créditons le Dieu mathématique de la plénitude de ce que la science humaine vise en termes réductionnistes – l'« analyse » ultime

1. *PhV*, p. 88-89 ; 79.
2. *PhV*, p. 89 ; 79.
3. *PhV*, p. 89 ; 80. Sur tous ces points, cf. *supra*, chap. II, p. 58 *sq*.
4. *PhV*, p. 91-92 ; 82.
5. *PhV*, p. 92 ; 82.

> – tout en lui refusant, en tant qu'il est pur intellect incorporel, le bénéfice de l'expérience organique, alors à ses yeux, le modèle extensif fournissant toutes les données pour sa propre explication, la vie elle-même ne deviendrait même pas visible, non plus qu'un blanc à sa place[1].

Mais il y a de la vie au sein de la *res extensa* créée par Dieu, il faut donc croire que

> le « matériau » que le Grand Mathématicien dut utiliser [...] avait une nature intrinsèque propre, inconnue de lui et que son projet ne prévoyait pas – propriétés qui trouvèrent au cours de l'évolution mécanique l'occasion de réaliser [...] certaines des potentialités cachées de la substance originelle [...]. Ainsi induit à la construction d'un divers doté d'une tendance propre, ce que le mathématicien crée, il ne le connaît pas[2].

Le Dieu mathématicien est – paradoxalement eu égard à l'étymologie – un Dieu ignare. Le Dieu créateur, raisonne Jonas, ne peut donc pas être *rien que* mathématicien, sous peine de ressembler davantage, indique-t-il, au démiurge de la gnose – créant dans l'ignorance – qu'à celui de Platon, créant à partir d'un savoir. Au nom de la présence de la vie au sein de la création, il faut rejeter ce concept d'un Créateur uniquement mathématicien qui ferait le monde sans savoir ce qu'il fait.

La comparaison par Jonas de ce créateur ignorant avec le démiurge gnostique offre une transition aisée vers une rapide évocation du Dieu gnostique, ce Dieu étranger, qui sait, mais ne fait pas le monde.

LE DIEU ÉTRANGER

Dans « Gnose, existentialisme et nihilisme », Jonas entreprend d'éclairer le nihilisme existentialiste contemporain à la lumière d'un antécédent historique, celui de la pensée gnostique. À ses yeux, la crise nihiliste commence à se manifester dès le XVIIe siècle[3]. La science moderne

1. *PhV*, p. 96 ; 87.

2. *PhV*, p. 100 ; 91-92.

3. Sans entrer dans le détail de la notion de nihilisme utilisée par Jonas, on peut en saisir l'essentiel dans cette caractérisation du Dieu gnostique dont il sera question plus loin : « ce Dieu caché, dit Jonas, est une notion nihiliste », et de s'expliquer : « aucun *nomos* n'en

impose en effet le tableau de la solitude humaine au milieu du silence cosmique. Dans ce tableau, l'homme est et se sent seul au sein du tout de l'être; l'homme s'éprouve étranger au tout, le tout se montre étranger et indifférent à l'existence de l'homme en son sein. L'homme est au monde sur le mode de l'absence de chez-soi. Dans une nature dépourvue de fins, ses valeurs sont sans support ontologique. Déjà chez Pascal, le dualisme oppose au monde un homme « effrayé » de se trouver « abîmé dans l'infinie immensité des espaces qu'[il] ignore et qui [l']ignorent »[1] et le monde apparaît comme manifestation de puissance, de la puissance d'un Dieu qui demeure pour l'essentiel inconnu. L'évolution moderne vers le matérialisme fera qu'en oubliant le Dieu transcendant et puissant de Pascal, l'esprit moderne ne gardera du monde, de ce monde étranger, que l'image de la puissance; or avec un tel monde seule une relation de puissance, de maîtrise se pourra entretenir; le monde ne sera plus alors qu'une occasion pour la volonté de s'exercer.

La gnose, à sa manière, avait déjà préfiguré cette situation du matérialisme. Elle posait en effet un dualisme radical séparant l'homme du monde et le monde de Dieu dans une même dualité; elle exprimait déjà le sentiment d'une faille entre l'homme et le monde et pensait un Dieu radicalement étranger, inconnu, le Tout-Autre; et elle percevait le soi intérieur de l'homme comme aussi étranger au monde que l'était ce Dieu transmondain : Dieu est si étranger au monde qu'il n'y exerce aucune puissance. C'est un Dieu qui sait mais ne fait pas. C'est au démiurge de faire, il est puissance d'agir, mais puissance aveugle et sans bienveillance aucune. Ce qui dessine pour le monde ainsi créé une essence intime toute faite de puissance et d'ignorance, tandis que l'homme par essence se tient du côté du savoir, à l'instar de Dieu. Pour les gnostiques, le monde est bien encore *cosmos*, ordre, mais l'homme ne peut plus aucunement s'y reconnaître, cet ordre puissant ne peut plus inspirer que la crainte et qu'être vécu comme contrainte, obstacle effrayant à la liberté. Comme le sera l'homme pascalien, l'homme gnostique est angoissé par cette puissance qui l'entoure; et la puissance appelle un dépassement par la puissance de l'homme, c'est-à-dire par sa *gnosis*, son savoir. Si la gnose ne dit pas

émane, aucune loi pour la nature et donc aucune pour l'action humaine en tant qu'elle fait partie de l'ordre naturel » (*PhV*, p. 230; 225). Une notion, mais plus généralement une conception ou vision du monde, est donc nihiliste si ne peut en être issue aucune norme de conduite, si ne s'y dessinent ni valeurs ni devoir-être.

1. Cité par Jonas, *PhV*, p. 219; 213.

encore que Dieu est mort, pour le moins nous dit-elle que le Dieu du *cosmos* est mort; si elle n'abandonne pas la transcendance comme Nietzsche le fera, son Dieu est pourtant dans son étrangèreté radicale au monde une notion nihiliste; son concept relève plus, dit Jonas, du *nihil* que de l'*ens*. Et cet éloignement radical de Dieu par rapport au *cosmos* a des conséquences similaires dans la gnose que la mort de Dieu pour l'existentialisme : les deux pensées, en rejetant toute définition de l'homme qui le ferait appartenir à l'ordre naturel, le placent par delà la loi de l'univers : « ce qui n'a pas de nature n'a pas de norme »[1]; l'homme doit dès lors être loi à lui-même. Au-delà de toute loi, c'est la *gnosis*, le savoir, qui définit et sauve l'homme. Ce savoir est, pour les gnostiques, celui d'une histoire, l'histoire humaine qui est celle d'un avoir-été-jeté dans le monde, d'une existence toute dynamique où prédominent le passé et l'avenir, le présent se réduisant à n'être que l'instant de la *gnosis*. On voit bien ainsi que la gnose annonce l'analyse existentiale, mais aux yeux des gnostiques, nous venons de l'éternité (d'où nous avons été jetés dans ce monde étranger, c'est-à-dire dans le temps), et nous gardons un but dans l'éternité – ils ont malgré tout préservé la transcendance, même inconnue et étrangère au monde. En dépit de cette réserve, c'est une structure analogue qu'on retrouve avec le nihilisme contemporain. Dans la signification temporelle des existentiaux heideggeriens, la rubrique du présent – encore occupé chez les gnostiques par l'instant de la *gnosis* – est quasi vide, au moins en ce qui concerne l'existence dite *authentique*. Avec cette pensée, on est confronté à une évanescence du présent, dont tout contenu a été évacué; cela signifie que la présence des choses relève d'un mode d'être déficient, que le mode d'être de la nature, son statut sont déficients. Il n'y a guère de pensée qui se soit moins préoccupée du concept de nature ou y ait été plus indifférente que l'existentialisme[2]. Il importe de noter ici que c'est la perte d'éternité qui entraîne la perte du présent, c'est-à-dire aussi de la présence des objets éternels de la contemplation : ce qui cause le nihilisme – la perte de référence à l'éternité – est aussi, dit Jonas, la cause de la temporalité radicale de l'existence avec ce qu'elle implique de vacuité du présent. C'est dans cette profondeur plus grande du nihilisme moderne que de celui de la gnose, dans sa plus grande radicalité, que s'enracine le fait que la nature n'y est plus considérée comme hostile, mais comme simplement indifférente.

1. *PhV*, p. 232; 228.
2. Cf. *PhV*, p. 235; 232.

Mais, remarque Jonas, en se radicalisant ainsi le nihilisme met en péril sa propre cohérence. En préservant la transcendance – même toute étrangère au monde – et le rapport de l'homme à cette transcendance, par la *gnosis*, la gnose pensait encore un au-delà d'où serait parti le jet qui jette l'homme au monde ; l'existentialisme veut penser un jet sans point de départ. Ce paradoxe met en doute, raisonne-t-il, le concept d'une nature *indifférente*, « cette abstraction de la science physique ».

> L'existentialisme devrait plutôt dire que la vie – soi conscient, soucieux, connaissant – a été « rejetée » *par* la nature. Si c'est aveuglément, alors le voir est un produit de l'aveugle, le souci un produit de l'indifférence, une nature téléologique est engendrée de manière non téléologique [1].

Dans la mesure où le Dieu étranger de la gnose évitait ce paradoxe, il offre deux indications dans le combat que mène Jonas contre le nihilisme contemporain et la rupture radicale qu'il pose entre l'homme et la nature en ce compris tout le reste du règne vivant. D'une part, il propose un Dieu transcendant et non agissant, un Dieu qui sait mais ne fait pas, laissant – il est vrai – la création à l'ignorance et à la passion d'un démiurge. Ce qui à certains égards au moins peut cependant valoir mieux qu'un Dieu mathématicien qui fait sans savoir ce qu'il fait : il y a dans cette transcendance un espoir de recours, il subsiste une relation de l'homme à Dieu dans le savoir qu'ils opposent l'un et l'autre à l'ignorance de ce démiurge et à sa création. Il subsiste une relation de l'homme à l'éternité. D'autre part, si le présent se réduit à l'instant de la *gnosis*, c'est ce présent, cet instant qui est salvateur, qui relie l'homme, isolé dans le monde, à l'éternel.

Ces deux caractères se retrouvent, *mutatis mutandis*, dans le mythe du Dieu souffrant, du Dieu bon, qui abandonne sa puissance et se laisse faire, laisse tracer sa figure par les actes des hommes – ces actes posés chaque fois dans l'instant présent, comme éclair d'éternité dans le temps du monde.

Mais avant d'en venir à cette ultime figure divine, celle du Dieu souffrant, il convient, à la suite de Jonas, de faire halte pour mettre en exergue les dangers de l'« existentialisme », de son monde sans Dieu. Juste après le texte sur la gnose et le nihilisme contemporain, Jonas insère en effet dans le parcours du *Phénomène de la vie* un essai intitulé « Heidegger et la théologie ». Au premier abord, ce chapitre pourrait sembler en déca-

1. *PhV*, p. 237 ; 233.

lage par rapport à la logique suivie par l'ouvrage jusque-là, mais il prend à la réflexion sa juste place dans le cheminement. Il s'y agit pour ainsi dire, même si c'est dans un discours indirect, de circonscrire de manière plus précise, plus circonstanciée et plus profonde le péril nihiliste de la pensée contemporaine en abordant des thématiques chères à son plus grand représentant, Martin Heidegger.

En même temps, selon notre propre fil conducteur des figures de Dieu dans ce livre, c'est également là une étape capitale puisque le biais choisi pour mener la critique de l'ontologie heideggerienne est celui de l'incohérence et de la dangerosité suicidaire d'une théologie chrétienne qui se calque sur la pensée heideggerienne de l'être.

LES DIEUX SANS DIEU OU LA DIVINE IMPOSTURE

Une sorte d'« avis au lecteur » doit ici servir de liminaire au commentaire de cet essai X. S'il nous faut faire halte en ce lieu, ce n'est en effet pas parce que la question-guide du texte de cette conférence[1] présenterait par et pour elle-même un intérêt direct dans l'itinéraire que nous traçons ici, jalonné de figures de Dieu et soulignant l'unité de la réflexion critique menée tout au long de l'ouvrage à l'égard de la tradition métaphysique occidentale. Non. Le « problème de l'objectivation » dans la théologie contemporaine, entendu comme question suscitée par « l'usage de la dernière pensée de Martin Heidegger dans la théologie protestante »[2] ne retiendra pas en propre notre attention. D'abord parce qu'il s'agit d'une question théologique et qui n'est donc pas nôtre. Ensuite, d'un point de vue philosophique, le détail de l'argument ferait entrer dans le débat des interprétations du « second » Heidegger, ce qui n'est pas non plus notre objet. Nous voudrions nous en tenir à l'observation de la position que tient Jonas dans cet exercice, et à ce qu'il y révèle eu égard à notre question des

1. Cf. la « Note préliminaire » de présentation et les notes 1 et 2 de l'essai, *PhV*, p. 239; 235-236, pour le contexte où la conférence fut d'abord prononcée, en 1964, lors d'un colloque de théologie sur « La pensée et la parole non objectivantes dans la théologie contemporaine » (Drew University). Cf. aussi l'Introduction de Dominique Janicaud à la première traduction française du texte, due à Louis Évrard et parue dans *Esprit*, 51 (1988), p. 163-171 pour l'introduction, p. 172-195 pour la traduction.

2. *PhV*, p. 239; 235.

transformations des figures divines au fil du *Phénomène de la vie* et de la logique interne de son développement.

Si l'Essai X rejoint à cet endroit l'ensemble que constitue l'ouvrage, c'est, comme nous l'avons signalé, pour une raison interne, qui a trait à la figure de Dieu mise en évidence par le chapitre précédent. Nous avons vu que Jonas repère une parenté entre la gnose ancienne et le nihilisme contemporain, que le Dieu étranger de l'une est à ses yeux porté à son paroxysme par l'athéisme de l'autre – paroxysme où l'être-étranger va donc jusqu'à la disparition pure et simple de toute figure divine, jusqu'à l'absence de Dieu. Le maître nom du nihilisme contemporain, en aval de l'incontestable référence à Nietzsche, c'est sans hésitation aucune dans le chef de Jonas celui de Heidegger. Après donc que l'essai IX eut fait naître les premières manifestations du nihilisme occidental moderne avec la science de Descartes, après qu'eut été mis en exergue le nom du héraut de la mort de Dieu, il fallait bien en arriver à évoquer ce sommet nihiliste qu'atteint avec Heidegger la pensée occidentale, sommet qui fait s'installer cette dernière dans ce que Jonas désigne comme la « pause métaphysique » qui caractérise notre temps.

L'angle d'attaque par le problème posé au théologien chrétien pourrait n'être qu'anecdotique ou circonstanciel s'il ne faisait ressortir avec force tout le danger qui s'attache aux yeux de Jonas au profond nihilisme du XXe siècle. Le péril n'apparaît que plus grand encore lorsque sortant de la sphère séculière de la pensée philosophique la tentation nihiliste s'empare du discours théologique lui-même. C'est néanmoins de la seule philosophie que nous souhaitons ici nous préoccuper pour l'essentiel, afin de montrer que c'est bien une exacerbation du Dieu gnostique (pire encore que sa mort nietzschéenne) que Jonas identifie chez Heidegger. De la sorte, cet essai X vient dans le bref examen de thèmes heideggeriens confirmer et conforter la thèse précédente d'une parenté (accentuée) entre gnose et nihilisme d'aujourd'hui, parenté qui par son accentuation révèle l'impossibilité de tenir la position contemporaine. Cette dernière devient littéralement intenable de par la radicalisation qu'elle opère par rapport à son ancêtre antique, puisqu'elle se prive ainsi de cohérence, comme Jonas l'a indiqué déjà au chapitre précédent[1]. Radicalisation du nihilisme jusqu'à sa mise en péril par l'incohérence qu'elle installe, voilà ce que Jonas entend débusquer

1. Cf. *PhV*, p. 237 ; 233, et *supra* p. 89.

chez Heidegger – ou plutôt dans la figure d'un Dieu non pas seulement absent mais anonyme qui s'y dessine. C'est ce que nous nous efforcerons de montrer rapidement à même les mises en garde adressées aux théologiens [1].

Gentilis larvatus prodit

La pensée heideggerienne est si tentante pour le théologien chrétien, parce qu'elle se présente avec des traits qui la lui rendent immédiatement familière, qui le font s'y sentir chez lui. Cette parenté et ces affinités apparentes pourtant dissimulent d'autant plus de danger que « le masque mystérieux, le ton inspiré [...] rendent son paganisme beaucoup plus difficile à discerner que

1. Pour évaluer plus précisément et avec plus de profondeur l'interprétation de l'œuvre heideggerienne supposée par le discours de Jonas aux théologiens, il faudrait évidemment une longue investigation, à même les textes heideggeriens eux-mêmes. C'est beaucoup plus qu'on ne saurait faire ici (outre que l'objet du présent propos n'est pas de débattre avec Heidegger). Dans la présentation du texte qu'il propose au public français, Dominique Janicaud établit l'important programme d'un tel débat en profondeur. Il est clair que la validité du diagnostic de Hans Jonas quant à la pensée contemporaine pourrait s'avérer sensiblement modifiée si ce débat devait mener à conclure qu'il a gravement mésinterprété l'œuvre de Heidegger, en particulier du « second » Heidegger. Néanmoins, on peut, croyons-nous, faire ici l'économie de ce long détour – peut-être à jamais sans issue claire – sans que cela affecte fortement la vision de la *mentalité* contemporaine qui est l'enjeu propre de l'argumentation générale de Jonas. D'une part, c'est la manière la plus largement répandue dont est ou a été reçu le discours heideggerien ainsi que son impact et ses résonances dans le monde contemporain qui importent davantage (et ici sont parlants les égarements théologiques en cause) que les intentions profondes – sans doute non dépourvues d'ambiguïtés ni toujours franchement assumées – de Heidegger, ou la fine pointe de ses tentatives les plus avancées pour échapper à l'emprise de la structure onto-théo-logique de la tradition métaphysique. D'autre part, que Heidegger ait eu l'intention de penser la différence ontologique jusque dans ses conséquences les plus profondes, qu'il se soit proposé d'atteindre à une pensée initiale, qu'il ait voulu sous le mot de *Geschick* penser autre chose que le destin en un sens courant, ne signifie pas, quelque confiance qu'on veuille lui faire, qu'il y ait réussi parfaitement et qu'il ait donc pu débarrasser son vocabulaire (et la pensée qui s'y coule) de ce qu'il charrie habituellement. Il est clair par exemple qu'en parlant de l'homme comme du « berger de l'être », Heidegger n'entend pas abandonner la différence ontologique. Mais cela ne signifie pas qu'il ne se fait jamais lui-même piéger par la résonance ontique de son lexique – quel berger a-t-il jamais gardé autre chose que des étants ? C'est justement ce genre de « dérapage » que Jonas détecte. Et ce, dans une lecture qui n'est pas aussi inattentive, croyons-nous, au Heidegger d'après la *Kehre* qu'on a peut-être tendance à le penser un peu rapidement. C'est une lecture qui a son lieu (et sa pertinence), un lieu par trop inconnu et dédaigné par Heidegger, et à partir duquel Jonas peut

celui de la philosophie qui s'identifie franchement comme séculière »[1]. Qu'en est-il de cet apparentement superficiel et trompeur ?

Lorsque Heidegger traite de la nature du penser en termes d'action de grâce – *denken ist danken* –, observe Jonas, son ton devient manifestement biblique. Il serait pourtant naïf de la part du théologien de prendre cela pour une *heureuse rencontre*... « Le penser séculier de Heidegger incarne des éléments de la pensée chrétienne », c'est un « fait bien connu et qui l'a toujours été qu'il y a beaucoup de christianisme sécularisé » dans cette pensée[2]. Avec cette conséquence que les affinités qu'éprouve le théologien entre son propre domaine et le registre de la pensée heideggerienne relevant d'une dépendance et d'emprunts de la seconde au premier, cette familiarité revêt un sens tout autre que s'il s'était agi de deux domaines parfaitement autonomes. Le parallèle que des théologiens veulent établir, suggérant que la théologie serait à Dieu ce que le penser (au sens heideggerien) est à l'être selon Heidegger, s'en voit profondément modifié : ce n'est pas le rapport du penser (heideggerien) à l'être qui doit servir de norme pour la relation de la théologie à Dieu, mais c'est bien plutôt Heidegger qui a conçu le rapport du penser à l'être sur le modèle de la relation du discours théologique à Dieu. La question qui se pose alors à la théologie est de savoir si le traitement que Heidegger a fait subir à ce qu'il lui avait d'abord emprunté n'a pas rendu toute « récupération » incompatible avec ses exigences propres – s'il n'y a pas « incompatibilité » et danger d'« hérésie » dans de telles tentatives de reprise[3]. Et Jonas de mettre l'accent sur l'unité-totalité de la philosophie heideggerienne, telle qu'on ne saurait en reprendre une partie sans qu'elle entraîne avec elle le tout. Or certaines parts au moins du

exercer une perspicacité quant à l'œuvre de Heidegger que l'on ne s'autorise guère en marchant de trop près sur ses traces. Ce lieu, c'est le monde de la vie et des hommes, c'est celui d'une pensée attentive et préoccupée de celle-là comme de ceux-ci, en quête de sens pour et par les hommes, en chasse de repères et de normes pour la conduite de vies pleinement humaines, dans un monde humain. Chose étrangère à Heidegger que cette recherche en termes d'action, de finalité et de normes. C'est le reproche fondamental et ultime.

1. *PhV*, 243 ; 240.

2. *PhV*, p. 244 ; 241. Outre les brèves indications fournies par Dominique Janicaud à la note 30 de sa présentation (art. cit., p. 171), sur la question de l'héritage biblique dans la pensée heideggerienne, on pourra se reporter à l'étude plus récente de Marlène Zarader, *La dette impensée. Heidegger et l'héritage hébraïque*, Paris, Seuil, 1990, qui propose elle-même une bibliographie plus abondante.

3. Cf. *PhV*, p. 246 ; 243.

discours heideggerien sont franchement inacceptables au regard des critères théologiques. Ainsi du destin comme l'entend Heidegger.

Il nous faut pourtant laisser cette incompatibilité à l'appréciation du théologien ; ce qui est pertinent pour notre propos est ce caractère de la pensée heideggerienne : « l'être dont Heidegger médite le destin est la quintessence de ce monde, il est *saeculum* »[1]. Autant dire que cette pensée revêt un « caractère profondément païen » – que l'on peut spécifier en termes d'immanence de l'être au monde[2] ; si l'autodévoilement de l'être devait imprégner la compréhension de la révélation divine, il faudrait dire :

> l'Être – l'Être des étants – *se révèle*, de par *son initiative*, dans l'expérience, dans la rencontre d'étants (humains) avec des étants (choses) ; c'est-à-dire que la révélation est immanente au monde, disons appartient à sa nature ; c'est-à-dire que le monde est divin. De façon tout à fait cohérente, les dieux réapparaissent dans la philosophie de Heidegger. Mais là où sont les dieux, Dieu ne peut être[3].

Si ce paganisme immanentiste peut poser un problème au théologien qui en veut faire le modèle de sa propre pensée[4], il n'en suscite – en tant que tel – aucun pour le philosophe, lequel fait œuvre de raison et est *séculier* par nature[5] et c'est donc à bon droit et « à juste titre » que la pensée de Heidegger s'avère païenne « dans la mesure où il s'agit de philosophie »[6]. Il importe peu au philosophe que la perspective du destin soit celle d'une compréhension de *ce* monde et ne s'applique donc à l'objet d'une étude théologique qu'avec quelque dommage pour celui-ci. Néanmoins, au fil de l'exposé, le philosophe est lui aussi saisi par les questions.

Le penser à propos de l'être – tel que l'entend Heidegger – est destinal en ce sens qu'il dépend de – voire est déterminé par – l'*histoire de l'être*, laquelle

1. *PhV*, p. 250 ; 248. Ce qui fait dire à Jonas que « "l'être" de Heidegger est, avec la "différence ontologique", à l'intérieur des parenthèses avec lesquelles la théologie doit mettre entre parenthèses la totalité du monde créé » (*ibid.*).

2. *PhV*, p. 250 ; 248. Il est clair qu'un tel modèle, s'il est repris par la théologie, ne lui permettra guère de « préserver la transcendance radicale de son Dieu » (*ibid.*).

3. *PhV*, p. 251 ; 248.

4. *PhV*, p. 250 ; 248 : « Mais adopter leur perspective [celle des doctrines parlant du monde] pour la compréhension de son sujet ? Non. Celui-ci doit en être le radicalement autre ».

5. « Philosophe séculier, relève à raison Jonas, est une expression pléonastique » (*PhV*, p. 247 ; 245).

6. *PhV*, p. 250 ; 248.

bien évidemment n'est pas au pouvoir du penseur[1]. Or c'est en se plaçant dans la position du philosophe que Jonas soulève la première objection :

> penser est précisément un effort pour ne pas être à la merci du destin, un effort pour sauver ou accomplir la liberté de vue (un jour appelée « raison ») face à la pression de l'être et de notre propre condition – un effort qui jouit de la chance d'un succès au moins partiel[2].

Et de rappeler que cette position est si bien ancrée dans la philosophie que Heidegger lui-même paraît bien parfois y souscrire, au prix d'un abandon de parfaite cohérence :

> Heidegger lui-même, *pas tout à fait cohérent*[3], semble parfois en appeler à cet aspect précisément de la puissance, de la noblesse et du caractère auto-responsable de la pensée – comme lorsqu'il soutient que la philosophie authentique doit naître dans une nouvelle ouverture à l'être (comme celle des Présocratiques !), une ouverture que nous ne pouvons réaliser qu'en nous *libérant nous-mêmes* des conceptualisations déformantes qu'impose à notre vision notre histoire fatale[4].

De quoi Jonas propose plusieurs interprétations philosophiques possibles. Ce « nous libérer nous-mêmes », demande-t-il d'abord, est-il « une action qui elle-même est libérée du destin et non elle-même action *du* destin »[5] ? S'agit-il de transcender le destin, de l'abolir ? ou cette libération est-elle elle-même encore « un don du destin »[6] ? Si c'est cette dernière

1. Jonas résume : « L'être jette le sort du penser. L'être parle à la pensée et ce qu'il dit est le sort de la pensée. Mais ce qu'il dit, comment et quand il le dit est décrété par l'histoire de l'être et *est* cette histoire en tant qu'histoire de son propre dévoilement ou recouvrement. Et comme ceci n'est pas sous le contrôle du penseur, penser à propos de l'être – ce qui comme *genitivus subjectivus* est en même temps le penser de l'être lui-même, à savoir son auto-éclaircissement qui a lieu en l'homme – a un caractère qui le fait ressembler au destin (ou c'est "destinal" : *geschicklich*). La nature fatidique de la pensée est sa dépendance par rapport à ce qui lui est envoyé, et l'envoi provient de l'histoire de l'être » (*PhV*, p. 247 ; 244-45).

2. *PhV*, p. 247 ; 245.

3. Nous soulignons.

4. *PhV*, p. 247 ; 245. Nous ne nous arrêtons pas au sarcasme à l'endroit de cette incohérence : « les contradictions comptent peu dans le refuge du penser initial », pour emboîter le pas à Jonas qui lui-même se rallie résolument à « ceux qui se consacrent aux inconfortables exactions de la pensée objective » (*PhV*, p. 247-248 ; 245).

5. *PhV*, p. 248 ; 245.

6. *Ibid.*

version qu'il faut retenir, faut-il penser ce don comme fait à une « génération élue » quand il fut refusé à toutes les précédentes ? Cela voudrait dire que « nous – nous entre tous [1] – serions dans un état de grâce, dont l'avènement dans l'émergence du penser initial inaugure un nouvel âge apostolique » [2].

Ou alors – c'est une autre lecture possible – cette possibilité est (était, sera) « ouverte à chaque génération » et « tentée en chacune avec un succès variable » [3]. Auquel cas le destin n'est plus que dans la situation historique dans la mesure où elle favorise ou au contraire « fait obstacle » à la tentative. Dans ce cas, « nous ne sommes en principe pas mieux lotis que d'autres époques, ni moins bien » [4] – mais alors on ne parle plus guère d'*histoire de l'être*, remarque Jonas, mais d'« une histoire des tentatives humaines finies pour atteindre l'être » [5]. C'est une tout autre histoire. Qui se démarque du registre heideggerien d'une histoire destinale de l'être...

Ou enfin, dernière voie, si destin il doit y avoir, on assisterait à une déification de « l'histoire en tant qu'elle œuvre à sa propre destinée, usant des esprits humains comme de ses organes » [6] – ce qui fait retomber le philosophe sur un schéma, par exemple hégélien, « où notre état présent de grâce équivaudrait à la phase de l'Esprit Absolu » [7]...

Dans tous les cas, la cohérence de la position heideggerienne est mise en péril. Si une génération peut transcender le destin, l'histoire destinale de l'être s'évanouit. La libération du destin serait-elle l'œuvre ou le don du destin ? En quoi y aurait-il alors libération ? Et que voudrait dire cette élection d'une génération dans l'histoire destinale de l'être ? Si la possibilité de libération est également offerte à chaque génération, alors ce n'est plus de destin qu'il s'agit mais d'efforts humains, chaque fois, plus ou moins couronnés de succès. Et s'il faut à toute force sauver l'idée d'une histoire destinale de l'être, échappe-t-on à toute forme d'« eschatologie historique » à la façon de Hegel, sommet de cette pensée métaphysique, onto-théo-logique, à laquelle la pensée heideggerienne de l'être entend se

1. Entendu que l'on suppose que le penser heideggerien représenterait une telle autolibération.

2. *PhV*, p. 248 ; 245.

3. *Ibid.*

4. *PhV*, p. 248 ; 245-246.

5. *PhV*, p. 248 ; 246.

6. *Ibid.*

7. *PhV*, p. 248 ; 246.

soustraire en tant qu'elle est dans toute son histoire précisément *oubli de l'être* ? de ce qui est en question et qui doit être pensé ?

Mais c'est au détour du débat avec les théologiens que le paganisme immanentiste de Heidegger révèle son défaut le plus dirimant : « ce n'est pas toute philosophie (en tant que telle à juste titre païenne) qui doive être à ce point dépourvue de normes objectives » [1] :

> Mais pour ce qui est de l'être de Heidegger, c'est une advenue de dévoilement, un événement destinal tombant sur la pensée : ainsi en fut-il du Führer et de l'appel de la destinée allemande sous son régime : un dévoilement de quelque chose, oui, un appel de l'être, d'accord, chargé de destin en tous les sens : ni alors ni à présent la pensée de Heidegger n'a fourni de norme selon laquelle décider comment répondre à de tels appels – linguistiquement ou autrement : aucune norme sauf la profondeur, la résolution et la pure force d'être qui émet l'appel [2].

Et c'est bien pourquoi – indépendamment même des préoccupations qui doivent être celles de la théologie – aux yeux du philosophe qu'est Jonas, le modèle du penser initial de l'être comme dévoilement, du penser comme réponse destinale à l'appel de l'être, ne peut en aucun cas servir à tracer une figure acceptable de Dieu. Pas même celle d'un Dieu de philosophe…

Le Dieu sans visage : anonymat de Dieu et hybris *du penseur*

Le reproche s'approfondit et se conforte lorsque Jonas – soucieux de convaincre les théologiens qui s'inspirent de Heidegger – examine à leur suite le texte de la *Lettre sur l'humanisme* où ils pensent découvrir les preuves que « Heidegger n'est pas un athée ». À quoi, en philosophe, il rétorque immédiatement :

> Assurément il ne l'est pas – nous avons entendu parler du retour des dieux dans sa vision du monde. Mais justement le véritable opposé de la vue chrétienne et juive n'est pas l'athéisme, lequel contemple un monde neutre et donc ne prétend pas à la divinité de ce qui n'est pas divin, mais *le paganisme qui déifie le monde* [3].

1. *PhV*, p. 250 ; 248.
2. *PhV*, p. 249 ; 247.
3. *PhV*, p. 251 ; 249. Nous soulignons.

À nouveau, à l'occasion du débat relatif au péril encouru par la théologie, c'est l'inacceptabilité philosophique qui se creuse. Le paganisme de la pensée heideggerienne du dévoilement de l'être, met en garde Jonas, conduit la théologie chrétienne sur les traces d'un modèle selon lequel « un être-révélé a priori du "divin" en toutes choses rend la révélation d'un Dieu vivant superflue »[1].

En effet, selon Heidegger, c'est l'être qui se dévoile à travers l'étant (les étants). Et Dieu est un étant. Or, à travers les étants, l'être est expérimenté comme étonnement que les étants soient. Eu égard à l'étant qu'est Dieu, l'expérience de l'être est donc étonnement que Dieu soit. Or, raisonne-t-il, s'étonner que Dieu soit, c'est du même coup et par là même penser aussi bien son non-être. Logiquement donc, il faut admettre que selon Heidegger « l'expérience de l'être dans la rencontre avec Dieu est la pensée du non-être et de la contingence de Dieu »[2]. Et comme l'être que s'efforce de penser Heidegger est un être qui « transcende tout étant particulier », « le penser de l'être dans un étant particulier est un penser qui s'écarte de cet étant particulier – vers l'être comme tel [...] »[3]. Comme modèle de la pensée théologique, elle l'entraînerait donc à « s'écarter de Dieu » ou « par delà Dieu »[4], vers une pensée où « chaque chose rencontrée en propre procure une révélation complète de la structure de l'être dans toutes ses dimensions »[5].

Bref, si l'on prend ainsi au sérieux l'affirmation de la différence ontologique, si l'on se conforme « à l'injonction de ne pas hypostasier l'être », alors même que Dieu est bien à compter parmi les étants, on ne devrait en aucun cas admettre, en théologie chrétienne, l'analogie selon laquelle

> comme le penser philosophique est lié à l'être lorsque l'être parle au penser, de même le penser de la foi est lié à Dieu lorsque Dieu est révélé dans sa parole[6].

1. *PhV*, p. 253 ; 251. Il précise : « En ce point, je me tourne plutôt vers le Zen où je trouve la doctrine de la fonction révélatrice et salvatrice de toute chose et de chaque chose de première main et sur son sol natal ».
2. *PhV*, p. 252 ; 250.
3. *Ibid.*
4. *PhV*, p. 252 ; 250.
5. *PhV*, p. 253 ; 250-251.
6. Jonas citant Robinson-Cobb (*New Frontiers in Theology : Discussion among German and American Theologians*, ed. J. M. Robinson et J. B. Cobb, t. I : *The Later Heidegger and Theology*, New York, Harper & Row, 1963, cit. p. 43), *PhV*, p. 253 ; 251.

Peu importe ici que Heidegger ait ou non oralement souscrit à ce genre d'analogie[1], dont se nourrissent certains théologiens. Toujours est-il que s'il l'a fait sous une forme ou sous une autre, alors il a ainsi « vendu la mèche », selon l'expression de Jonas, donnant à entendre par là que l'on ne doit pas « prendre Heidegger trop strictement au mot »[2]. Autrement dit, admettre une telle analogie entre l'ontologique et l'ontique, c'est suggérer que le discours sur l'être n'échappe pas toujours à une certaine « onticisation », si l'on ose dire. Et dans l'approfondissement de cette question, à nouveau la critique se fait philosophique et le soupçon porte sur la cohérence du discours heideggerien.

L'examen des expressions par lesquelles Heidegger parle de l'être montre que l'être y est hypostasié[3] – même si ce n'est pas sous la catégorie traditionnelle de la substance –, qu'il en est bel et bien question comme s'il s'agissait d'un étant. Et c'est le lexique du « second » Heidegger qui est visé, son langage étant, au dire de Jonas, « devenu de plus en plus ontique »[4]. Voici quelques exemples de ce langage heideggerien devenu « éminemment ontique, objectivant et donc métaphysique »[5] :

> un « être » qui agit doit être ; ce qui prend l'initiative doit exister ; ce qui se dévoile a eu un avant, où il se tenait caché, et a ainsi un être par delà l'acte de révéler ; ce qui peut se donner diffère de ce à quoi il se donne – et en diffère non sur le mode de la différence ontologique, mais ontiquement, comme ici diffère de là, en vis-à-vis[6].

Tout ce que le second Heidegger attribue à l'être ne peut lui être accordé sans qu'il soit compris « comme un agent et une puissance, comme une sorte de sujet », conclut Jonas[7].

1. Cf. à ce sujet *PhV*, p. 253 ; 251, et la note 15 exprimant les doutes de Jonas sur ce point.
2. *PhV*, p. 253 ; 251.
3. *PhV*, p. 254 ; 252.
4. *Ibid.*
5. *PhV*, p. 254 ; 252.
6. *Ibid.*
7. *PhV*, p. 254 ; 252. Il vient alors d'évoquer toute une série d'attributs encore : « comment peut-on parler de l'activité de l'être et de la réceptivité de l'homme, dire que l'être a et est un destin, en parler comme étant événement, comme rendant non seulement la pensée possible, mais la donnant, comme s'éclaircissant ou s'obscurcissant dans une telle pensée, comme ayant une voix, appelant l'homme, advenant à l'homme, envoyant l'homme, comme se confiant au souci de l'homme, l'appropriant à son propre souci, favorisant

Évidemment, si l'on est conduit à « admettre la signification ontique ou métaphysique de l'Être », alors on se trouve dans un autre registre que celui qui a fait évoquer le Zen … et « nous pouvons aussi admettre l'analogie discutée auparavant »[1] – étant entendu que dans ce cas l'être dont parle Heidegger n'est autre que l'être dont parlait la tradition métaphysique ou onto-théologique, et que Heidegger réintègre l'histoire de la métaphysique. Mais s'il en est ainsi, Heidegger n'est pas resté cohérent.

Et il faut ici s'arrêter à la situation nouvelle dans laquelle se trouve le théologien, car elle permet aussi d'éclairer et d'amener le rejet philosophique par Jonas de la figure divine intolérable qui se dessine. En effet, si l'on suit jusqu'au bout l'analogie réhabilitée de la sorte, il faudrait aller jusqu'à dire, selon Jonas, que

> la vue heideggerienne du penser comme vraie vocation de l'homme et comme sa réponse adéquate à l'appel de l'être – et non pas, par exemple, l'action, l'amour fraternel, la résistance au mal, la promotion du bien – le *penser*, dis-je, tel qu'il est vu par Heidegger devrait être le modèle pour la conception théologique de la perfection humaine au service de Dieu, en réponse adéquate à l'appel de Dieu, et par conséquent le modèle pour la conception théologique du contenu de cet appel lui-même[2].

Que la pensée heideggerienne forme un tout tel qu'en s'en inspirant la théologie soit amenée à admettre, notamment, « une doctrine de la *révélation permanente* » et une conception « pneumatique » de la théologie comme « glossolalie »[3], n'est pas le problème du philosophe. Néanmoins en explicitant ce qui lui paraît inassimilable par la théologie, Jonas souligne des caractères du cheminement heideggerien qui le rendent inacceptable à ses yeux de philosophe soucieux de la conduite de la vie humaine. Cela transparaît d'une part quand le modèle de l'autodévoilement de l'être « comme propre histoire de l'être » mène à penser théologiquement

> que la révélation est inachevée et a un horizon entièrement ouvert pour des avènements à venir de la parole ; que les révélations passées

l'homme, engageant sa loyauté, convoquant sa gratitude, mais ayant aussi besoin de lui – comment peut-on lui attribuer tout cela sans le comprendre comme un agent et une puissance, comme une sorte de sujet ? ».

1. *PhV*, p. 254 ; 253.
2. *PhV*, p. 255 ; 253-254.
3. *PhV*, p. 256 ; 254-255.

> ne préjugent pas des révélations à venir et qu'aucune révélation ne procure un critère d'autorité par lequel juger les autres [1];

qu'on n'a plus à faire qu'à une « théologie des événements de langage » dont le seul critère est « l'authenticité du discours »[2]. Autant dire que le discours heideggerien prive de normes, de vérité, sans parler de critères d'*action*. Cela se confirme, d'autre part, lorsqu'il souligne que « là où le langage coïncide avec l'autodévoilement de l'être, c'est le langage qui devient le locuteur plutôt que l'homme : "le langage parle" »[3]. C'est clairement le philosophe autant que le théologien qui s'insurge : le « langage envoûtant » est à dix mille lieues du projet philosophique de la raison, il fait planer « le spectre de l'arbitraire et de l'anarchie »[4].

> Vous ne pouvez plus rien prouver – écrit Jonas – [...], *mais vous ne pouvez plus non plus réfuter ni même rejeter quoi que ce soit* : c'est qu'en effet le parler en question *ne peut dire « non »* à la voix de l'être à laquelle il répond. Le seul critère qui demeure est l'authenticité du langage[5].

Et ce qui est au cœur de l'affaire n'est autre que le péché philosophique majeur : l'*hybris*. Abandonner la parole à l'être, le laisser parler à travers soi, renoncer à l'initiative de sa propre raison, ce n'est que fausse humilité et « en fait » c'est « l'*hybris* la plus énorme de toute l'histoire de la pensée »[6].

> Car, écrit Jonas – et comment lui donner tort sur ce point ? –, ce n'est rien de moins que la prétention du penseur qu'à travers lui parle l'essence même des choses, et donc la prétention à une autorité à laquelle aucun penseur ne devrait jamais prétendre[7].

« Ceci est réellement sans précédent dans toute la philosophie occidentale », conclut Jonas, abandonnant, remarquons-le, l'adresse aux seuls théologiens, puisqu'il est ici question d'histoire de la pensée philosophique... Et d'en appeler à la *responsabilité* dont le penseur se défait dans cette arrogance inouïe :

1. *PhV*, p. 256 ; 254.
2. *PhV*, p. 256 ; 254-255.
3. *PhV*, p. 257 ; 256.
4. *Ibid.*
5. *PhV*, p. 257-258 ; 256. Nous soulignons.
6. *PhV*, p. 258 ; 257.
7. *PhV*, p. 258 ; 257.

> Mais le penser n'est pas indifférent au concept que l'on se fait de sa tâche et de sa nature. En tant que responsable, il dépend crucialement du concept que l'on se fait de sa responsabilité. Ici l'apparente humilité, en réalité l'orgueil de la conception du penser initial peut ruiner tout à fait la pensée. La pensée de l'homme : c'est désormais l'événement de l'auto-éclaircissement de l'être – non sa propre visée errante de la vérité ! L'homme : c'est désormais le berger de l'être – et non pas, notons bien, des étants [1] !

La responsabilité, et la responsabilité éthique, du penseur est en cause qui rend intolérable le chemin suivi par Heidegger : la pensée peut bien répondre comme elle veut à l'appel impersonnel de l'être, mais cela ne donne aucun critère pour répondre aux appels des *étants* nos semblables.

> En revanche, appelé en tant que personne par une personne [...], ma réponse ne sera pas d'abord de penser mais d'agir (bien que l'action suppose la pensée), et l'action peut être une action d'amour, de responsabilité, de pitié ; mais aussi de vengeance, d'indignation, de haine, même de lutte à mort [...] [2].

Et Jonas d'évoquer à nouveau Hitler, comme appel et de s'indigner que « de tels appels [soient] noyés dans la voix de l'être auquel on ne peut dire : Non » [3]. La prétention heideggerienne philosophiquement inadmissible est dans cette prétention à « surmonter la condition humaine fondamentale, consistant à être à l'égard des choses à une distance qu'il nous faut franchir en étendant les prises de notre esprit » [4], dans cette « trahison de la tâche de l'homme issue de l'acceptation de son sort » [5].

La pensée heideggerienne, parce qu'elle se prétend hors contrôle du penseur, s'interdit de dire *non* – et d'agir – au moment même où dans cette négation réside la dignité même de l'homme dans sa finitude, comme être de raison. À cette dérive qui conçoit la pensée de l'homme comme « l'événement de l'auto-éclaircissement de l'être », Jonas oppose la pensée humaine dans sa finitude assumée, comme visée proprement humaine et

1. *PhV*, p. 259 ; 258.
2. *Ibid.*
3. *Ibid.*
4. *PhV*, p. 258 ; 257.
5. *PhV*, p. 259 ; 258.

errante de la vérité[1], pensée qui dans sa modestie a néanmoins la grandeur de pouvoir dire *non*, et de mener à l'action.

Ce que le philosophe doit reprocher à Heidegger – indépendamment de la question théologique – c'est de se soustraire à cette responsabilité éthique du penseur. Le Dieu anonyme et sans visage que donne à concevoir l'être heideggerien, comme appel auquel il est impossible de ne pas céder, non seulement le prive de norme, mais l'empêche de s'en donner : il ne peut qu'acquiescer, à n'importe quoi…

LE DIEU SOUFFRANT

Nous en arrivons à présent à l'ultime étape de ce parcours.

Entre, d'un côté, l'ipséité isolée de l'homme, jeté dans un monde et une nature indifférents, sur laquelle se focalise le nihilisme existentialiste et, de l'autre, le naturalisme moniste qui « abolirait […] l'idée d'homme comme homme », Jonas est en quête d'une troisième « voie par laquelle la fissure dualiste peut être évitée tout en gardant de la vue dualiste assez pour maintenir l'humanité de l'homme »[2]. Cette troisième voie est symboliquement esquissée dans le mythe du Dieu souffrant.

Il est présenté dans une conférence de 1961 devenue le dernier chapitre du *Phenomenon of Life*, sous le titre « L'immortalité et la mentalité moderne ».

Il est indéniable que la mentalité moderne est rebelle à l'idée d'immortalité, y annonce d'emblée Jonas. Néanmoins, sur cet arrière-plan négatif « sans lequel la mentalité moderne ne serait pas ce qu'elle est »[3], celle-ci offre à cette idée une certaine ouverture. Laquelle ?

Il s'est imposé à nous modernes l'idée que « le temps […] est de l'essence de l'ipséité, et que sa finitude est pour chacun partie intégrante de l'authenticité même de son exister »[4].

> Et pourtant, continue Jonas, nous le sentons, la temporalité ne peut être le dernier mot, parce qu'en l'homme elle a une qualité intrinsèque d'autodépassement, dont le fait même de notre idée d'éternité et son

1. *Ibid.*
2. *PhV*, p. 237 ; 234.
3. *PhV*, p. 264 ; 263.
4. *PhV*, p. 268 ; 267.

> caractère tâtonnant sont un signe énigmatique. Si la durée perpétuelle est un concept erroné, l'« éternité » peut avoir d'autres significations – et une référence au temporel dont notre expérience mortelle, transcendant son simple caractère passager dans le flux des événements, peut parfois porter témoignage [...] [1].

Ce qu'il vise, ce sont ces « moments de décision, quand tout notre être est impliqué, [et que] nous nous sentons comme agir sous les yeux de l'éternité » [2].

Quelle piste ceci offre-t-il ?

Ce serait notre nature active qui serait en relation à l'éternité. C'est dans l'instant le plus éphémère, l'instant de l'acte et de la décision, qu'il faut chercher le rapport à l'éternité. C'est cet instant qui n'a pas de dimension, qui est sans durée, donc sans mesure et est ainsi dans notre temporalité existentielle ce qui s'approche le plus de l'éternité :

> Rapidement réclamé par le mouvement qu'il met en action, il marque l'ouverture de l'homme à la transcendance dans l'acte même qui le confie au caractère éphémère de la situation, et dans cette double exposition, laquelle compose la nature du souci pris dans son ensemble, l'« instant » place l'agent responsable entre le temps et l'éternité [3].

C'est dans cette direction qu'on peut chercher à donner au concept d'immortalité un sens qui soit compatible avec la conscience moderne aiguë de la temporalité essentielle de notre être.

Le mythe est élaboré sur la base des métaphores juive du Livre de la Vie et gnostique de l'Image transcendante [4]. Plutôt que de gratifier l'individu qui les posent d'une immortalité personnelle, on peut penser que nos actes seraient inscrits pour eux-mêmes dans un tel livre, enregistrés ainsi dans un

1. *PhV*, p. 268 ; 268.
2. *PhV*, p. 269 ; 268.
3. *PhV*, p. 271 ; 270.
4. Nous ne nous mettrons pas en quête ici des sources d'inspiration possibles de Jonas, au-delà de ces indications explicites, pour la conception du mythe. Sur cette question, on peut se reporter à l'essai de Catherine Chalier, « Dieu sans puissance », qui accompagne l'édition française du texte de Jonas intitulé *Le concept de Dieu après Auschwitz*, *op. cit.*, texte qui reprend le mythe dont il est question ici (voir première note de Jonas quant aux différentes versions existantes, p. 7 de la traduction française).

domaine transcendant « venant toujours grossir les annales inachevées de l'être et modifiant à jamais l'équilibre inquiet de son bilan ». De cette manière ces actes « peuvent [...] être l'enjeu qu'une éternité indéterminée et vulnérable a en nous ». Notre mortalité serait ainsi « une aventure du fondement immortel avec lui-même, notre liberté – le sommet du hasard et du risque de l'aventure »[1].

La métaphore gnostique de l'Image transcendante qu'aurait chaque soi individuel connaît une version collective où nos actes sont liés « non pas avec une perpétuité de nos soi séparés, mais avec l'apogée du soi divin »[2]. La « dernière image », « émergeant à la fin des temps, est progressivement construite par-dessus le processus du monde comme tout et grâce à lui : toute histoire, de la vie en général et de l'homme en particulier, y travaille sans cesse »[3]. Voici ce que par delà les doctrines l'esprit moderne peut retenir de ces symboles :

> Dans les transactions temporelles du monde, dont le maintenant fugace est toujours englouti par le passé, une présence éternelle croît, son allure se définissant lentement à mesure qu'elle est tracée au gré des joies et des souffrances, des triomphes et des défaites de la divinité dans les expériences du temps, lesquelles survivent ainsi de manière immortelle. Ce ne sont pas les agents, qui nécessairement passent, mais les actes qui entrent dans la divinité en devenir et forment de façon indélébile son image jamais décidée. La destinée de Dieu lui-même [...] est en jeu dans cet univers aux ignorantes menées duquel il a confié sa substance, et l'homme est devenu le dépositaire éminent de cette confiance suprême et toujours susceptible de trahison. En un sens, il tient le destin de la déité entre ses mains[4].

Le mythe dit ainsi l'histoire qu'on peut résumer très succinctement comme suit : pour des raisons inconnaissables, au commencement, le divin « choisit de s'abandonner au hasard et au risque et à la variété sans fin du devenir »[5]. Cette immanence inconditionnelle rencontre la pensée moderne ; ce n'est pas l'immanence panthéiste : Dieu n'est pas le monde, il

1. *PhV*, p. 272 ; 272.
2. *Ibid.*
3. *PhV*, p. 273-274 ; 274.
4. *PhV*, p. 274 ; 274.
5. *PhV*, p. 275 ; 275.

a confié sa cause aux possibilités du monde en s'effaçant à son profit. Ce n'est pas l'homme qui parie sur Dieu, comme chez Pascal, c'est Dieu qui parie sur le monde, et sur l'homme en lui. Avec la première apparition de la vie, « l'éternité gagne en force, se remplissant de contenus multiples d'auto-affirmation »[1] – « le paysage divin éclate de couleur et [...] la déité en vient à faire l'expérience d'elle-même »[2]. Mais quant à l'avènement du savoir, la vie est innocente, elle offre seulement à Dieu des modalités nouvelles et variées de sa découverte de soi – jusque-là « Dieu ne peut perdre au grand jeu de l'évolution »[3]. Avec l'homme, cesse l'innocence et « un critère entièrement neuf de succès et d'échec se saisit de la mise divine ». L'homme c'est « l'avènement du savoir et de la liberté »[4], c'est aussi du même coup « la charge de la responsabilité sous la disjonction du bien et du mal »[5]. L'image de Dieu en vient

> à être confiée [...] à la charge de l'homme pour être complétée, sauvée ou gâtée par ce qu'il se fera à lui-même et au monde. Et c'est dans cet impact formidable de ses actes sur la destinée de Dieu, sur l'aspect même de l'être éternel, que repose l'immortalité de l'homme. Avec l'apparition de l'homme, la transcendance s'est éveillée à elle-même et accompagne désormais ce qu'il fait, tenue en haleine, espérant et appelant, se réjouissant et se chagrinant, approuvant et désapprouvant[6].

Ce mythe est ce à quoi Jonas propose de se confier dans la pause métaphysique où nous sommes. Il peut conclure en en esquissant les conséquences éthiques.

La conséquence majeure est « l'importance transcendante de nos actes », en bien comme en mal : « nos vies deviennent des traits dans le visage divin » et notre responsabilité mondaine se double de ce que nous avons un « impact sur l'éternité ». Quoi que nous en ayons, quels que soient nos remords, nos actes « tracent leur trait » sur le visage de l'éternité[7].

Ensuite, il n'est rien comme un « droit moral au don de l'immortalité » : nous devons notre existence à une abnégation du fondement

1. *PhV*, p. 275 ; 276.
2. *PhV*, p. 276 ; 276.
3. *PhV*, p. 276 ; 277.
4. *PhV*, p. 277 ; 277.
5. *Ibid.*
6. *Ibid.*
7. Cf. *PhV*, p. 277-278 ; 278.

éternel, nous en avons reçu ainsi tout ce que nous pouvons en recevoir – « Dieu n'a plus rien à donner : c'est à l'homme à lui donner » [1].

Ce Dieu qui ainsi se laisse faire est, on le voit, à mille lieues du Dieu étranger au monde des gnostiques; comme à mille lieues d'un Dieu seulement mathématicien qui ignorerait tout de ce que vivre veut dire (et il est le Tout-Autre du Dieu absent ou de l'absence radicale de Dieu propre au nihilisme contemporain, ou encore d'un intolérable Dieu sans visage) : il se soumet aux aléas de la vie. C'est un Dieu non étranger et néanmoins transcendant, et non intervenant (à dix mille lieues également de l'immanentisme qu'impose au Dieu chrétien son assimilation à l'être heideggerien[2]).

Le mythe esquisse de la sorte une métaphysique assez dualiste pour assurer et la transcendance de Dieu par rapport au monde – Dieu n'est pas le monde –, et la spécificité radicale de l'homme au sein du vivant; métaphysique qui s'oppose donc à toute forme de monisme panthéiste et immanentiste; mais elle est aussi assez moniste – c'est-à-dire que Dieu y est assez lié au monde et l'homme suffisamment en continuité avec le vivant – pour que Dieu connaisse de la vie et que l'homme ne soit pas étranger au monde où il est jeté.

Avec ses conséquences éthiques, ce mythe du Dieu souffrant de l'abnégation qu'il a consentie en créant préfigure le mouvement par lequel dans le *Principe responsabilité*, Jonas s'efforcera de trouver un fondement ontologique de l'éthique[3] : il y a devoir-être parce que l'être lui-même est auto-affirmation et se pose donc comme valeur en soi, valeur dont nous sommes comptables, face à laquelle nous sommes responsables. Ce qu'a manifesté la phénoménologie de la vie, c'est précisément cette auto-affirmation de l'être dans le phénomène du vivant : dans le vivant, l'être se veut; de même aussi que le vivant révèle les linéaments de cette liberté qui s'épanouit dans l'humain et nous rend responsables face à l'être, et responsables des vivants nos semblables. En se donnant à elle-même pour fin sa propre préservation dans le vivant, la vie met au jour ce caractère d'auto-affirmation de l'être :

1. *PhV*, p. 278; 279.

2. Opération qui non seulement abolit la transcendance de Dieu mais, dans une *hybris* inouïe, nie la condition humaine – en transférant l'initiative du penseur à l'être, nous l'avons vu.

3. Sur ce sujet, cf. *infra*, chap. V, p. 137-178.

> dans toute fin l'être se déclare en faveur de lui-même et contre le non-être [...], dira le *Principe responsabilité*. Cela veut dire que le simple fait que l'être ne soit pas indifférent à l'égard de lui-même [ce fait est phénoménologiquement révélé par la vie et symboliquement exposé par le mythe du Dieu souffrant] fait de sa différence avec le non-être la valeur de base de toutes les valeurs, et même le premier « oui » comme tel[1].

L'être se mue ainsi en devoir-être, et pour l'homme en responsabilité qu'il soit, qu'il puisse être encore – responsabilité déjà symboliquement représentée par les traits que dessinent ses actes sur le visage de Dieu.

1. *PR.*, p. 117; 155.

CHAPITRE IV

PHÉNOMÉNOLOGIE DES SENS : *PHÉNOMÈNE DE LA VIE*, VI

> Il n'y a pas d'objectités qui ne nous renvoient des objectités catégoriales aux objectités sensibles [1].

S'interrogeant sur les métaphores sensorielles correspondant aux diverses activités mentales qu'elle distingue et décrit, H. Arendt rappelle à la section 13 de *La vie de l'esprit* que dans la tradition philosophique « on a conçu la pensée en termes visuels ». Elle ajoute que « puisque [la pensée] est l'activité mentale la plus radicale et la plus fondamentale, il est tout à fait vrai qu'on a tendance à faire de "la vue le modèle de la perception en général et, par là même, l'étalon des autres sens" » [2]. Ce faisant, elle cite le chapitre du *Phénomène de la vie* de Hans Jonas consacré à « La noblesse de la vue », étude dont elle indique en note qu'elle « apporte une aide considérable à qui essaie de clarifier l'histoire de la pensée occidentale » [3]. Et l'analyste de la vie de l'esprit souligne encore que dans ce texte « Jonas

1. Edmund Husserl, *Idées directrices pour une phénoménologie et une philosophie phénoménologique pures*. Livre second. *Recherches phénoménologiques pour la constitution*, trad. fr. Éliane Escoubas, Paris, P.U.F., 1982, p. 49.

2. Hannah Arendt, *La vie de l'esprit* I. *La pensée*, trad. fr. Lucienne Lotringer, Paris, P.U.F., 1981, p. 129.

3. *Ibid.*, p. 129, note 84.

énumère les avantages que présente la vue, métaphore directrice et modèle de l'esprit pensant »[1], se montrant ainsi attentive à un enjeu essentiel et explicite de l'essai en cause : il s'agit de savoir « quelles propriétés désignent la vue à ces honneurs philosophiques suprêmes »[2], de comprendre comment le développement de certains concepts tout à fait fondamentaux de la pensée occidentale s'enracine dans des traits spécifiques de la vue et qu'« ainsi l'esprit est allé là où se dirigeait la vision »[3], comme le concluait Jonas. Mais elle fait abstraction de cet autre aspect du texte jonassien, annoncé par son sous-titre : « étude de phénoménologie des sens ».

D'entrée de jeu, il nous faut dire qu'en dépit du ton critique que l'on trouvera sans doute au présent chapitre, il convient de porter au crédit de Jonas son effort pour rendre compte de la continuité de la vie, de la perception et de l'intellection proprement humaine. Cet effort se marque tout particulièrement dans cet essai[4] que visaient les observations d'Arendt rappelées ici et qui vient ainsi confirmer, si besoin était, que Jonas n'est certes pas de ces penseurs qui confinent le vivant à « un être enfermé dans le cercle du besoin », mais qu'il affirme à sa manière que le vivant « est insatisfaction et existe donc sur le mode de l'exploration ». Nous l'avons déjà vu montrer que dès le niveau de l'organisme élémentaire, la vie fait preuve d'ouverture et de relation essentielles au monde extérieur, témoignant que la transcendance appartient à la vie comme telle. L'analyse de la perception, c'est-à-dire du propre de l'animalité, vient conforter cette idée qu'on peut certainement attribuer à Jonas que « le sens de la transcendance s'enracine dans la vie »[5].

1. Hannah Arendt, *La vie de l'esprit* I. *La pensée*, *op. cit.*,p. 131.

2. *PhV*, p. 145 ; 135.

3. *PhV*, p. 160 ; 152.

4. L'essai suivant poursuit cet effort en s'attachant à la spécificité humaine sous le titre : « La production d'image et la liberté humaine », il s'inscrit, avec son appendice « Sur les origines de l'expérience de la vérité », dans la droite ligne de l'argument de l'essai VI que nous allons suivre de plus près.

5. Les citations de ce paragraphe sont tirées d'un texte de Renaud Barbaras avec lequel les réflexions de Jonas nous paraissent en phase (*Le désir et la distance. Introduction à une phénoménologie de la perception*, Paris, Vrin, 1999 ; p. 166). Ainsi encore : « c'est dans la mesure où l'on introduit "le rien dans le texte de la vie" que l'on peut y enraciner véritablement la perception et, par là, rendre compte de la continuité entre l'ordre perceptif et l'ordre cognitif. Ainsi, penser la vie comme désir c'est y enraciner la possibilité du connaître » ; ou : « loin de se réduire à n'être que ce qui suscite une réaction, l'objet est, pour

L'articulation de ces deux visées du texte : contribuer à une phénoménologie des sens et « évaluer » « leur rôle dans les opérations mentales supérieures qui s'appuient sur eux »[1] invite doublement à faire dialoguer Jonas avec le Merleau-Ponty de la *Phénoménologie de la perception*, qu'il semble ignorer.

Par delà leur inspiration husserlienne (et heideggerienne) commune, les projets – indépendammment de l'ampleur à strictement parler incomparable des travaux auxquels ils ont donné naissance – semblent se rejoindre. On peut en effet penser que ce qui anime le livre de Merleau-Ponty est la question de « l'émergence de la conscience philosophique à l'intérieur du monde naturel », comme l'indiquait un commentateur[2]. À partir de la description phénoménologique de l'expérience perceptive primordiale, déterminant l'ouverture et l'accès au monde d'un corps-sujet, il s'agissait bien pour Merleau-Ponty de montrer comment en dérive ce monde objectif dont il entend combattre tout au long le « préjugé », ce monde tout pénétré de théorie et de savoir scientifique ; et il s'agissait plus particulièrement de se demander « [ce] qu'il en est de la conscience

le vivant, ce qui ouvre une profondeur et appelle une approche indéfinie » (*ibid.*) ; Jonas ne dit pas autre chose, pensons-nous, dans *Le phénomène de la vie* et plus spécialement dans l'essai que nous allons commenter.

1. *PhV*, p. 146 ; 136.

2. Bernard Sichère, *Merleau-Ponty ou le corps de la philosophie*, Paris, Grasset, 1982, p. 62. Et ce, même si l'on peut convenir avec d'autres que la *Phénoménologie de la perception* n'est en quelque sorte pas à la mesure de ce projet, que, comme l'indiquait Renaud Barbaras, elle « ne porte pas au premier plan le problème de la réflexion et de la raison » et que son auteur, parce qu'il y reste « dominé par le présupposé du primat d'un ordre réflexif autonome » – il reste prisonnier de l'intellectualisme qu'il critique –, « ne peut caractériser le phénoménal que comme l'irréfléchi même », tandis que ce n'est que par la suite, mais assez vite après la parution de la *Phénoménologie de la perception*, que « mettant en question l'autonomie de l'ordre réflexif » et « interrogeant l'enracinement de la conscience intellectuelle dans la vie perceptive », il serait amené à penser plus radicalement que « si la réflexion doit pouvoir s'enraciner dans l'irréfléchi, c'est que l'irréfléchi n'est pas l'autre de la réflexion mais son lieu de naissance, réflexion inchoative » (cf. Renaud Barbaras, *De l'être du phénomène. Sur l'ontologie de Merleau-Ponty*, « Krisis », Grenoble, Millon, 1991, chap. 1, citations, p. 35). Notons du reste que le fait que nous ferons ici bien souvent jouer la *Phénoménologie de la perception* contre certains dires de Jonas n'entend nullement préjuger des critiques que l'on peut mener du texte de Merleau-Ponty, en tant qu'il ne mettrait pas encore, lui non plus, en question de manière suffisamment radicale la tradition de pensée s'inscrivant dans l'opposition moderne sujet-objet, monde-*cogito*, etc. Nous n'y faisons que très brièvement allusion, l'approfondissement de cette question n'étant pas ici notre enjeu.

philosophique en tant qu'elle est elle-même engendrée à partir de la conscience naturelle première »[1].

Quel sens peut avoir la comparaison? Il serait absurde pour chaque proposition ou énoncé de Jonas de reconstruire l'ensemble des commentaires, des nuances ou des objections que lui a fournis *a priori* et en abondance la *Phénoménologie de la perception*. À l'inverse, on voit mal comment les esquisses de Jonas pourraient sérieusement venir « corriger » les longues et minutieuses descriptions de Merleau-Ponty. Néanmoins, il n'est peut-être pas insensé de tenter d'apercevoir une sorte de complémentarité des deux démarches. Sans les passer sous silence, Merleau-Ponty n'est pas d'abord préoccupé par la distinction des sens et par l'accentuation de ce qui les différencie; à cet égard il se pourrait que Jonas apporte une contribution novatrice, en ce qu'il invite à faire la part de chaque sens dans l'organisation de la coexistence avec les choses du monde, de la co-présence. Par ailleurs, le projet initial de Merleau-Ponty, évoqué plus haut, d'une analyse de la dérivation du « monde objectif » et du discours théorique à partir de l'expérience antéprédicative originaire n'a jamais été mené à terme; peut-être Jonas esquisse-t-il à cet égard des pistes qu'il conviendrait d'explorer plus avant dans cette optique. À l'inverse, la profondeur des descriptions de Merleau-Ponty devrait permettre de préciser ce qui reste sans doute de superficiel et de rapide dans les analyses de Jonas; en relançant de la sorte le débat avec celui-ci, ces descriptions peuvent faire espérer une approche plus précise et plus satisfaisante de certaines questions – telle celle de la causalité, par exemple.

Nous examinerons dans cet esprit les trois caractéristiques qui, aux yeux de Jonas, distinguent la vue parmi les autres sens et lui ont fait reconnaître par la tradition le statut de sens « le plus excellent » : ce sont « 1) la *simultanéité* dans la présentation d'un divers, 2) la *neutralisation* de la causalité de l'affection sensorielle, 3) la *distance* au sens tant spatial que mental »[2].

1. Bernard Sichère, *Merleau-Ponty ou le corps de la philosophie*, *op. cit.*, p. 63. De manière générale, on pourrait voir converger les projets des deux auteurs sur d'autres points : la recherche d'une doctrine de l'existence « incarnée », « vivante », échappant à la double aporie du matérialisme et de l'idéalisme; une certaine insistance sur le primat de la présence; une conception « dialectique » de la liberté...

2. *PhV*, p. 146; 136.

SIMULTANÉITÉ : LE TEMPS DE LA VUE

> La vue est *par excellence* le sens du simultané ou du coordonné et par là de l'étendu. Une vue comprend de nombreuses choses juxtaposées, qui sont autant de parties coexistantes d'un seul champ de vision. Elle le fait en un instant [...]. La vue est déjà unique en ce qu'elle perçoit comme tel un divers simultané, lequel peut être au repos. Tous les autres sens construisent leurs « unités perceptives d'un divers » à partir d'une séquence temporelle de sensations qui sont en elles-mêmes liées au temps et non spatiales. [...] Ainsi le contenu n'est-il jamais simultanément présent comme tout, mais toujours en train de se faire, toujours partiel et incomplet. Ces sens plus temporels n'atteignent par conséquent jamais à ce détachement du *modus essendi* de leur objet par rapport au leur propre [...] [1].

L'argumentation quant à cette temporalité spécifique de la vue est menée par une comparaison qui l'oppose successivement à l'ouïe et au toucher.

Loin d'offrir comme la vue un monde stable d'objets juxtaposés, l'ouïe, « en vertu de la nature du son comme tel », « ne peut "donner" qu'une réalité dynamique et jamais statique » ; « les touts, ajoute Jonas, qu'elle réalise par la synthèse de son divers sont des touts strictement temporels, et [...] l'extension de l'objet et l'extension de sa perception coïncident » [2]. À cet égard, Jonas défend une analyse de l'audition qui peut sembler limitative à qui se souvient qu'en termes husserliens la perception donne la chose en chair et en os ; il écrit en effet :

> ce que le son révèle immédiatement n'est pas un objet [...]. L'objet immédiat de l'ouïe, ce sont les sons eux-mêmes, et c'est ensuite que ceux-ci indiquent quelque chose d'autre, à savoir les actions produisant ces sons ; et c'est seulement en troisième lieu que l'expérience auditive révèle l'agent comme une entité dont l'existence est indépendante des bruits qu'elle fait. [...] Et qu'il y a un agent qui précède et qui survit à l'acte acoustique, je le tiens d'une information *autre* que l'information acoustique [3].

1. *PhV*, p. 146 ; 136-137.
2. *PhV*, p. 147 ; 137.
3. *Ibid.* Nous soulignons.

C'est justement en raison de cette référence lâche à l'objet externe que le son se prêterait à merveille « à la constitution de sa propre "objectivité" immanente »[1]. La synthèse d'un divers sonore est un processus temporel qui en appelle à la mémoire; grâce à celle-ci est saisie l'unité d'un « objet » acoustique, objet qui « n'a pas d'autre dimension que celle du temps »[2].

La « juxtaposition de contenus acoustiques simultanés » ne peut être niée, mais ce n'est que par métaphore, soutient Jonas, qu'on parlerait d'un « espace » acoustique « dans lequel un divers peut coexister »[3]. La « coexistence » dans un tel « espace » est « toujours une coexistence de progression commune dans le temps » et les coexistants, pour être distingués, doivent être qualitativement différents, alors que « l'espace réel est un principe de pluralité discrète, simultanée sans égard pour la différence qualitative ». C'est que les sons sont « événements dynamiques », non « qualités statiques »[4]. C'est cette dynamique qui rend compte d'un autre trait essentiel de l'ouïe : la passivité du sujet. « Celui qui perçoit dépend entièrement de quelque chose se produisant en dehors de son contrôle », écrit Jonas, insistant ainsi sur l'absence de *liberté*, de *choix* qui oppose l'ouïe à la vue : « il ne peut laisser ses oreilles errer, comme le font ses yeux, sur un champ d'objets possibles de perception, déjà présent tel un matériau pour son attention, et les focaliser ensuite sur l'objet choisi, il lui faut simplement attendre qu'un son frappe ses oreilles »[5]. Le son fait intrusion dans la vie de qui entend sans y être invité : « contre cela la liberté de l'attention sélective est extrêmement limitée »[6]. Cette contingence foncière de l'ouïe tient à ce qu'elle est un sens de l'événement, non de l'existence, du devenir, non de l'être; et dès lors, liée qu'elle est à la succession et n'offrant pas le choix de la pluralité simultanée, elle offre bien moins de liberté que la vue.

Quant au toucher, si son appréhension est aussi « successive » que celle de l'ouïe, il opère cependant une synthèse plus proche de celle de la vision en offrant « une présence statique d'objets »[7]. Le toucher est un sens excessivement complexe et diversifié; dans sa forme la plus élémentaire,

1. *PhV*, p. 147; 137.
2. *PhV*, p. 149; 138.
3. *PhV*, p. 148; 138.
4. *PhV*, p. 148; 138-139.
5. *PhV*, p. 148; 139.
6. *Ibid.*
7. *PhV*, p. 149; 140.

c'est « la sensation de contact en laquelle la présence d'un corps contigu est sentie au point d'incidence ». Cette sensation tactile rudimentaire est pauvre en information, car « la *forme*, fait observer Jonas, n'est pas une donnée originale du toucher, mais une construction qui émerge par addition à partir d'une multiplicité sérielle de sensations tactiles isolées ou continûment mêlées, et ceci seulement en conjonction avec des sensations motrices proprioceptives »[1]. Même les qualités tactiles simples : le lisse, le rugueux ne se donnent pas instantanément, elles supposent un minimum de *mouvement*, donc une série de sensations différentes, successives, par pression, friction, etc. Comme pour l'ouïe, la qualité sentie est un processus, une entité temporelle, et suppose un minimum de mémoire à très court terme ou de rétention. Mais le toucher, au contraire de l'ouïe, implique une activité corporelle du sujet, un mouvement, pour l'enregistrement de telles qualités : le toucher, non l'ouïe, peut se hisser « du subir à l'agir » : « en s'accompagnant kinesthésiquement d'un mouvement volontaire, toute la perception est élevée à un ordre supérieur : les qualités tactiles s'agencent dans un schème spatial, elles s'inscrivent dans la structure de la *surface* et deviennent des éléments de *forme* ». À la série temporelle de sensations atomiques de contact, qui constitue la qualité sensible simple, vient se superposer une autre synthèse, *spatiale* cette fois : moyennant plus de temps et donc de mémoire que pour les qualités élémentaires, « les données successivement enregistrées sont entrées dans une matrice de simultanéité statique » et elles signalent une figure[2].

C'est l'aspect *mental* de l'usage fait de l'information, écrit Jonas, « qui fait entrer le toucher dans la dimension de ce qu'accomplit la vue » – il entend faire ici intervenir l'*imaginatio* ou la *phantasia* classiques[3]. C'est ainsi que les aveugles « voient » grâce à leurs mains, car ils sont, dit-il, dotés de cette faculté générale de vision.

Bref, la vue seule présente ses qualités simultanément, tous les autres sens les présentent dans des séquences temporelles. L'ouïe s'en tient à cette seule temporalité : les objets acoustiques conservent ce caractère de succession de l'expérience. Au contraire, une « qualité de coloration n'a pas de référence intrinsèque au temps »[4]. Le toucher est une sorte de mixte : il

1. *Ibid.*
2. *PhV*, p. 150 ; 141.
3. *PhV*, p. 151 ; 141.
4. *PhV*, p. 151 ; 142.

présente une simultanéité, une entité spatiale, mais à travers une succession. L'ordre d'acquisition des données pourrait sans dommage être modifié dans le cas du toucher, alors qu'une telle modification signifierait un changement d'objet dans le cas de l'ouïe. « Mais si nombreuses que soient les données qui peuvent être enregistrées dans la succession et entrées dans le plan de présentation simultanée [obtenue par le toucher], elles ne peuvent jamais remplir un horizon tel celui découvert en un coup d'œil »[1].

La vue a ceci de particulier qu'il suffit d'ouvrir les yeux « et le monde est là, comme il l'a toujours été » ; au contraire des limitations inhérentes au toucher, « dans la vue la sélection par focalisation procède sans s'engager à rien à l'intérieur du champ que la vision totale présente et dans lequel tous les éléments sont simultanément disponibles ». La sélection n'est pas ici un choix exclusif; en offrant la multitude simultanée, la vue offre de « comparer et de relier », elle présente les choses « dans leurs proportions mutuelles » et c'est ainsi, note Jonas, que « l'objectivité émerge de manière prééminente de la vue »[2].

D'un point de vue pragmatique, la simultanéité épargne le temps mis autrement à collecter l'information; mais surtout « elle introduit celui qui perçoit à toute une dimension temporelle qui ne lui serait pas révélée autrement, à savoir le *présent* comme étant quelque chose de plus que l'expérience ponctuelle du *maintenant* éphémère »[3]. Pour les autres sens, le caractère transitoire appartient à l'essence de leur *maintenant*, pris dans le flux d'un processus qui ne peut s'y attarder sous peine que rien ne se donne, ces sens ne présentent que du *devenir*. « Seule la représentation simultanée du champ visuel nous donne la coexistence comme telle, c'est-à-dire la coprésence de choses en un être qui les embrasse toutes comme leur présent commun »[4]. Ce n'est plus un présent ponctuel, c'est une *dimension* où les choses sont liées les unes aux autres. Le temps mis à balayer du regard le paysage n'est pas synonyme de disparition de données dans le flux du devenir, mais *durée*, durée du même, d'une identité : « seule la vue, avec son "présent" étendu d'objets durables, permet la distinction entre le changement et le non-changeant et par conséquent entre devenir et être »[5].

1. *PhV*, p. 152; 143.
2. *PhV*, p. 152-153; 143-144.
3. *PhV*, p. 153; 144.
4. *Ibid.*
5. *PhV*, p. 153-154; 145-146.

C'est ainsi que la vue procure la base sensorielle pour la conception de l'éternel – ce qui ne change jamais et est toujours présent. Le contraste éternité/temporalité est issu du contraste entre le présent de la vue et l'instant éphémère de la succession des autres sens.

Apportant par la simultanéité la présence qui dure, la vue offre aussi la liberté de la sélection, parmi tous ces objets présents, de celui que visera une *action possible*. La vue donne l'idée d'éternité et la liberté d'action.

Le lecteur de Merleau-Ponty ne peut qu'éprouver le sentiment d'une certaine familiarité en même temps que celui d'une certaine distance.

Ainsi dans cette première comparaison de la vue, de l'ouïe et du toucher résonnent des distinctions indiquées par Merleau-Ponty quant aux différents rapports à l'espace des différents sens, quant à l'existence d'un domaine spatial propre à chaque sens, ou encore quant à une spatialité propre du toucher, irréductible à celle de la vue, qui fait que l'unité de l'espace ne se trouve que dans « l'engrenage » l'un sur l'autre des différents domaines sensoriels :

> au lieu d'un espace unique, condition universelle de toutes les qualités, nous avons avec chacune d'elles une manière particulière d'être à l'espace [...] chaque sens constitue un petit monde à l'intérieur du grand [...] les espaces sensoriels deviennent des moments concrets d'une configuration globale qui est l'espace unique [...] le domaine spatial de chaque sens est pour les autres un inconnaissable absolu et limite d'autant leur spatialité [...] jamais le champ tactile n'a l'ampleur du champ visuel, jamais l'objet tactile n'est tout entier présent à chacune de ses parties comme l'objet visuel[1].

Mais les remarques de Merleau-Ponty s'inscrivent dans un tout où l'on peut lire aussi des indications qui rendent problématiques certaines affirmations de Jonas : ainsi ne faut-il pas exacerber l'opposition des sensations *temporelles* de l'ouïe et du toucher et des sensations *spatiales* de la vue, car au fond « toute sensation est spatiale [...] parce que, comme contact primordial avec l'être, comme reprise par le sujet sentant d'une forme d'existence indiquée par le sensible, comme coexistence du sentant et du sensible, elle est elle-même constitutive d'un milieu de coexistence, c'est-à-dire d'un espace »[2] ; ni l'opposition des sensations *ponctuelles* dans

1. Maurice Merleau-Ponty, *Phénoménologie de la perception*, « Bibliothèque des Idées », Paris, Gallimard, 1945, p. 256-259.

2. *Ibid.*, p. 255-256.

le flux de l'instant éphémère et des sensations qui offrent un présent qui dure, car « aucune sensation n'est ponctuelle [et] toute sensorialité suppose un certain champ, donc des coexistences »[1]. Si Jonas rejoint Merleau-Ponty sur la perception tactile de l'espace par les aveugles, et si Merleau-Ponty lui accorderait, comme on vient de le suggérer, que « même la distribution la plus dense de points de détermination collectés et corrélés au cours d'un balayage extensif par le toucher laisse encore des zones à suppléer [...] », il lui refuserait cependant que cette « suppléance » « n'est à strictement parler plus une affaire de toucher mais une sorte de voir par le moyen du matériau hétérogène du toucher »[2]. En effet, la *Phénoménologie de la perception* affirme plutôt que « cette insertion de la perspective tactile dans un être universel n'exprime aucune nécessité extérieure au toucher, elle se produit spontanément dans l'expérience tactile elle-même, selon son mode propre »[3], bien loin donc que cette opération « la plus élevée » du toucher qui accède à la figure « transcende toute simple faculté de sentir, et [fasse] entrer le toucher dans la dimension de ce qu'accomplit la vue [et que ce soit] la faculté de l'image [...] qui [fasse] cet usage des données du toucher »[4]. Ce n'est pas que le toucher atteigne – quel qu'en soit le moyen – à la « dimension de ce qu'accomplit la vue », c'est que « chaque organe des sens interroge l'objet à sa manière », qu'« on ne peut pas refuser au toucher la spatialité au sens de saisie des coexistences » et qu'« il y a un espace si strictement tactile que les articulations n'en sont pas d'abord et n'en seront même jamais avec celles de l'espace visuel dans un rapport de synonymie »[5].

En outre, l'ouïe elle-même ouvre un espace qui peut venir com-pénétrer l'espace visuel :

> Dans la salle de concert, quand je rouvre les yeux, l'espace visible me paraît étroit en regard de cet autre espace où tout à l'heure la musique se déployait, [...] il me semble que la musique n'est pas vraiment contenue dans cet espace précis et mesquin. Elle insinue à travers l'espace visible une nouvelle dimension où elle déferle [...][6].

1. Maurice Merleau-Ponty, *Phénoménologie de la perception*, p. 256.
2. *PhV*, p. 152 ; 143.
3. Maurice Merleau-Ponty, *Phénoménologie de la perception*, p. 256.
4. *PhV*, p. 150-151 ; 141.
5. Maurice Merleau-Ponty, *Phénoménologie de la perception*, p. 258.
6. *Ibid.*, p. 256-257.

Et si

> les sens sont distincts les uns des autres [...] en tant que chacun d'eux apporte avec lui une structure d'être qui n'est jamais exactement transposable [...], les sens communiquent. La musique n'est pas dans l'espace visible, mais elle le mine [...]. Les deux espaces ne se distinguent que sur le fond d'un monde commun et ne peuvent entrer en rivalité que parce qu'ils ont tous deux la même prétention à l'être total[1].

Bref, l'expérience perceptive originaire est une, même si elle est intrinsèquement différenciée et « l'expérience *sensorielle* est instable et elle est étrangère à la *perception naturelle* qui se fait *avec tout notre corps* à la fois et s'ouvre sur un monde intersensoriel. Comme celle de la qualité sensible, l'expérience des "sens" séparés n'a lieu que dans une attitude très particulière et ne peut servir à l'analyse de la conscience directe »[2].

Ce qui suscite le malaise à la lecture de la « phénoménologie des sens » proposée par Jonas, c'est d'une certaine manière qu'il s'agisse précisément *des sens*, comme si la description s'avérait incapable de retrouver cette « couche originaire » du sentir qu'évoque Merleau-Ponty et « qui est antérieure à la division des sens »[3]. Par rapport à l'expérience perceptive première, c'est déjà aux yeux de Merleau-Ponty procéder par abstraction que de prendre les sens un à un, de même que c'est déjà « cesser d'adhérer à mon propre regard » et « dénouer le lien de ma vision et du monde » pour m'interroger sur ma vision que d'isoler la qualité, le *quale* sensible : « Dans cette attitude, en même temps que le monde se pulvérise en qualités sensibles, l'unité naturelle du sujet percevant est brisée [...] »[4]. Jonas ne succombe-t-il pas en ce sens au préjugé du monde, aux réductions classiques, négligeant que

> la perception synesthésique est la règle, et, [que] si nous ne nous en apercevons pas, c'est parce que le savoir scientifique déplace l'expérience et que nous avons désappris de voir, d'entendre et, en général, de sentir, pour déduire de notre organisation corporelle et du monde

1. Maurice Merleau-Ponty, *Phénoménologie de la perception*, p. 260.
2. *Ibid.*, p. 260-261. Nous soulignons.
3. *Ibid.*, p. 262.
4. *Ibid.*

> tel que le conçoit le physicien ce que nous devons voir, entendre et sentir[1].

Ainsi la description par Jonas de la non-donation d'un objet par l'audition mérite-t-elle d'être nuancée ou approfondie, non qu'elle soit à proprement parler fausse, mais qu'elle n'atteigne pas cette couche originaire dont parle Merleau-Ponty et sans doute reste empreinte d'une bonne dose de savoir scientifique de la perception, comme la seconde section de l'essai le confirmera. Jonas écrit en effet :

> Je peux dire que j'entends un chien, mais ce que j'entends c'est son aboiement, un son reconnu comme l'aboiement d'un chien, et par là j'entends le chien aboyer, et par là je perçois d'une certaine manière le chien lui-même. Mais cette manière de le percevoir naît et cesse avec son acte d'aboyer[2].

À quoi Merleau-Ponty opposerait que l'ouïe, comme tout autre sens, « s'ouvre à la structure de la chose », selon son mode propre, auditif, et par là communique avec les autres sens[3] ; ainsi admet-il que « l'on peut douter que l'ouïe nous donne de véritables "choses" » – reconnaissant ainsi *a priori* une certaine justesse à la description de Jonas –, mais c'est pour corriger aussitôt : « il est certain du moins qu'elle nous offre au delà des sons dans l'espace quelque chose qui "bruit" et par là elle communique avec les autres sens »[4]. Et ceci n'équivaut pas, loin s'en faut, à admettre

1. Maurice Merleau-Ponty, *Phénoménologie de la perception*, p. 265.
2. *PhV*, p. 147 ; 137.
3. Maurice Merleau-Ponty, *Phénoménologie de la perception*, p. 265.
4. *Ibid.*, p. 265-266. L'exemple de Jonas pourrait utilement être confronté par ailleurs à certaines analyses husserliennes en vue d'approfondir la question, on y trouverait de quoi nuancer les deux positions que nous opposons ici en forçant peut-être le trait. Cf. par exemple, dans *Ideen II* : « Prenons [...] l'exemple d'un son émis par un violon, en train de retentir. Il peut être saisi comme un son réal émanant d'un violon et par là comme un événement réal dans l'espace. Il demeure alors le même, que je m'éloigne ou que je me rapproche de lui, que la pièce attenante, où il retentit, soit ouverte ou fermée. Une fois qu'on fait abstraction de la réalité matérielle, il peut encore rester un fantôme spatial d'ordre sonore apparaissant dans une orientation déterminée, en provenance d'un certain lieu dans l'espace, retentissant à travers l'espace, etc. Enfin l'appréhension de l'espace peut elle-même ne pas être accomplie et dès lors, au lieu d'un son retentissant dans un espace, le son peut être pris comme un simple "*datum* de sensation". [...] C'est ce que nous pouvons décrire par la confrontation de deux cas possibles : la première possibilité consiste en ce que, à l'arrière-plan de la conscience, un son retentisse qui, déjà reçu comme objet, n'est pourtant pas saisi comme tel ; l'*ego* est, par exemple, tourné vers autre chose. Dans le cas de la

qu'on « tient l'information » quant à l'existence d'un agent « qui précède et qui survit à l'acte acoustique »[1] d'une *autre* source que « l'information acoustique ». Cela revient bien plutôt à insister sur l'unité de l'ouverture première à un monde un, où les choses sont identifiables au travers des profils qu'elles offrent aux différents sens ; c'est insister bien plutôt sur ceci que la séparation des sens est seconde et dérivée par rapport à leur communication foncière, sur ceci que « si la perception réunit nos expériences sensorielles en un monde unique, ce n'est pas comme la colligation scientifique rassemble des objets ou des phénomènes, c'est comme la vision binoculaire saisit un seul objet »[2].

Dans une première approche, on pourrait s'aventurer à dire qu'en vertu d'une absence de radicalité dans sa mise entre parenthèses d'une vision scientifique moderne du monde, Jonas semble ici s'en tenir à un niveau « intermédiaire » de description phénoménologique[3] qu'on pourrait qualifier de description macroscopique, quand la minutie et la profondeur des descriptions relèvent chez Merleau-Ponty de la microscopie. Ainsi par exemple, la distinction de la vue comme seul sens de la « simultanéité », comme sens où tout est donné, la totalité des choses dans le champ de vision, en un coup d'œil, par opposition aux autres sens où les données sensibles ne s'offriraient que dans la succession des instants, dans le temps et requerraient de la mémoire ne résiste guère à un examen plus détaillé et précis : les descriptions ne manquent pas chez Husserl comme chez Merleau-Ponty où protension et rétention interviennent dans la description d'un acte de perception visuelle. Du reste, Jonas lui-même laisse de son côté et dans son propre registre entrevoir le temps *macro*scopique du « balayage » du champ visuel nécessaire à la sélection d'un objet sur lequel focaliser le regard[4].

seconde possibilité, parler du son qui retentit, c'est parler d'un état de sensation qui [...] ne possède pas la propriété d'une conscience d'objet pour laquelle un son qui retentit est conscient en tant qu'objet. » (Edmund Husserl, *Idées directrices pour une phénoménologie et une philosophie phénoménologique pures*. Livre second, *op. cit.*, § 10, p. 47-48).

1. *PhV*, p. 147 ; 137.

2. Maurice Merleau-Ponty, *Phénoménologie de la perception*, p. 266.

3. La question de savoir si cette position est méthodologiquement tenable en phénoménologie est une autre affaire.

4. Chez Merleau-Ponty, par exemple : « Mais la synthèse perceptive est pour nous une synthèse temporelle, la subjectivité, au niveau de la perception, n'est rien d'autre que la temporalité et c'est ce qui nous permet de laisser au sujet de la perception son opacité et son historicité. [...] L'acte du regard est indivisiblement prospectif, puisque l'objet est au terme

De même la prétendue passivité de l'ouïe par opposition à la libre activité de la vue est une question d'*échelle* ou de *degré* : s'il n'y a pas d'équivalent pour l'organe auditif de ce que sont les paupières, il n'est pas à tous égards incontestable qu'on « ne peut laisser ses oreilles errer, comme le font les yeux, sur un champ d'objets possibles de perception »[1], et l'attention auditive peut bien se faire aussi sélective que celle de la vue quand on s'efforce de suivre une conversation et une seule dans le brouhaha général. Plus foncièrement, l'unité de l'objet perçu, son identification comme cet objet et comme objet transcendant à travers les différentes esquisses que les différents modes perceptifs nous en procurent est le fruit de l'*activité* intentionnelle que suppose toute perception, non moins auditive – à ce niveau microscopique – que visuelle !

Ceci conduit provisoirement à une dernière remarque. L'*objectivité* – à ce niveau microscopique encore – n'est plus le privilège de la seule vue : « l'objet perçu s'offre toujours comme transcendant », dit Merleau-Ponty[2] ; c'est toute perception qui a affaire à un monde d'objets coprésents et coexistants et déjà là avant que je ne le perçoive, encore là quand j'ai fini de le percevoir... C'est la sensation comme telle qui se définit « comme coexistence ou comme communion »[3]. Néanmoins et à l'inverse, les indications de Jonas sur le « "présent" étendu d'objets durables », dont il

de mon mouvement de fixation, rétrospectif, puisqu'il va se donner comme antérieur à son apparition, comme le "stimulus", le motif ou le premier moteur de tout le processus depuis son début. La synthèse spatiale et la synthèse de l'objet sont fondées sur ce déploiement du temps. Dans chaque mouvement de fixation, mon corps noue ensemble un présent, un passé et un avenir, [...]. » (Maurice Merleau-Ponty, *Phénoménologie de la perception*, p. 276-277). Chez Husserl, ne serait-ce que ce fameux exemple dans les *Ideen I*, § 41 : « Je vois continuellement cette table [...]. Quant à la perception elle-même, elle est ce qu'elle est, entraînée dans le flux incessant de la conscience et elle-même sans cesse fluante : le maintenant de la perception ne cesse de se convertir en une nouvelle conscience qui s'enchaîne à la précédente, la conscience du vient-*justement*-de-passer [...] ; en même temps s'allume un nouveau maintenant » (Edmund Husserl, *Idées directrices pour une phénoménologie*, trad. fr. Paul Ricœur, « Bibliothèque de philosophie », Paris, Gallimard, 1950, p. 131-132). Ou dans les *Ideen II*, § 9 : « c'est ainsi que sont inclus de façon intentionnelle, dans l'appréhension de la forme d'une chose sous une face, des processus continus d'appréhensions sous d'autres faces de cette même forme » (Edmund Husserl, *Idées directrices pour une phénoménologie et une philosophie phénoménologique pures*. Livre second, *op. cit.*, p. 44).

1. *PhV*, p. 148 ; 139.
2. Maurice Merleau-Ponty, *Phénoménologie de la perception*, p. 269.
3. *Ibid.*, p. 247.

fait un privilège de la vue, pourraient inviter à se demander s'il n'y a pas encore chez Merleau-Ponty des traces de ce privilège traditionnel de la vue et s'il n'attribue pas aux différents modes de perception des caractéristiques issues de la description de l'expérience visuelle, précisément parce que cette dernière demeure *le modèle* de toute perception. Si la piste indiquée par Jonas est pertinente, on comprend mieux le statut théorique traditionnel de la vue, car on entrevoit la naissance dans l'expérience visuelle de certains concepts fondamentaux de la tradition : l'idée d'éternité dans le présent étendu de la vision ; le devenir dans l'instant présent de la donation sensorielle par les autres sens. S'il faut en revanche nuancer les oppositions jonassiennes des différents sens selon les indications de Merleau-Ponty, alors le privilège de la vue ne s'impose plus de la même manière. La confrontation invite en tout cas à un réexamen critique de l'éventuel modèle privilégié de la vue chez Merleau-Ponty [1], mais aussi à une réélaboration plus fine, plus prudente et plus équilibrée des voies ouvertes par Jonas, l'affinement de la question de la source perceptive des grands concepts traditionnels pouvant gagner aux nuances des descriptions merleau-pontyennes. Il faudrait pouvoir répondre à la question de savoir si des remarques comme celles-ci valent tant des autres sens, ou de certains autres, que de la vue :

> Si je considère la maison attentivement [...], elle a un *air d'éternité*, et il émane d'elle une sorte de stupeur. [...] Elle est la même maison que je voyais hier [...]. Même si elle s'effondre demain, il restera vrai pour toujours qu'elle a été aujourd'hui, chaque moment du temps se donne pour témoin tous les autres [...], chaque présent fonde définitivement un point du temps qui sollicite la reconnaissance de tous les autres, l'objet est donc vu de tous temps comme il est vu de toutes parts et par le même moyen, qui est la structure d'horizon. Le présent tient encore dans sa main le passé immédiat

1. Françoise Dastur parle du « privilège exorbitant » que Merleau-Ponty accorde à la vision. S'appuyant sur ce commentaire – « Merleau-Ponty [restaure] le parallélisme entre le voir et le toucher que contestait Husserl » (Françoise Dastur, « Monde, chair, vision », in *Maurice Merleau-Ponty. Le psychique et le corporel*, Paris, Aubier, 1988, p. 137) –, Derrida revient sur ce qui sépare Merleau-Ponty de Husserl quant au rôle du toucher, relevant une certaine tension entre le « privilège » de la vue et le « parallélisme » à restaurer (cf. Jacques Derrida, *Le toucher. Jean-Luc Nancy*, Paris, Galilée, 2000, en particulier p. 226 *sq.*). Sur un « privilège » du toucher chez Husserl, cf. surtout *Ideen II*, sections I et II. Voir aussi Jacques Derrida, *Le toucher*, *op. cit.*, VIII « Tangente II », p. 183-208.

> [...], le temps écoulé est tout entier repris et saisi dans le présent. Il en va de même de l'avenir imminent [...]. Ainsi grâce au double horizon de rétention et de protension, mon présent peut cesser d'être un présent de fait bientôt entraîné et détruit par l'écoulement de la durée et devenir un point fixe et identifiable dans un temps objectif[1].

Les observations qui précèdent valent, croyons-nous, pour l'ensemble de l'essai de Jonas et pour ses précieux compléments dans deux appendices intitulés « Causalité et perception » et « Vue et mouvement »[2]. Cette phénoménologie des sens rejoint globalement la phénoménologie de la perception de Merleau-Ponty, même si cette dernière devrait pouvoir affiner et préciser les intuitions perspicaces de Jonas qui ne dessinent qu'à gros traits rapides l'expérience perceptive. Sur la base d'une telle reprise aiguisée, il se pourrait que les pistes tracées par Jonas quant aux origines perceptives des concepts fondamentaux de la conscience philosophique occidentale mènent à des perspectives très éclairantes venant rencontrer le projet initial de Merleau-Ponty lui-même. Tout ceci a beau demeurer programmatique, un pas dans cette direction serait sans doute accompli, si l'on pouvait mener à son terme le travail de confrontation que nous ne faisons qu'esquisser dans ce chapitre.

Tournons-nous donc à présent vers la deuxième section du texte de Jonas, consacrée à la « neutralisation dynamique ».

NEUTRALITÉ : LE SILENCE CAUSAL DE LA VUE

La liberté de choix qu'assure la vision ne suppose pas seulement la donation simultanée d'une pluralité parmi laquelle pourra s'opérer la sélection, elle dépend aussi, dit Jonas, de ce « qu'en voyant je ne suis pas encore lié par l'objet vu », « le fait que je le vois ne préjuge en rien de l'issue de mes possibles relations avec lui. [...] Il me laisse être comme je

1. Maurice Merleau-Ponty, *Phénoménologie de la perception*, p. 83.

2. « Causalité et perception » est le premier appendice à l'essai I du *Phénomène de la vie* (cf. *PhV*, p. 37-44; 26-33); « Vue et mouvement » est l'appendice à l'essai sur « La noblesse de la vue » que nous commentons (cf. *PhV*, p. 161-165; 152-156).

le laisse être »[1]. Ici encore l'opposition de la vue aux autres sens, et au toucher en particulier, relève d'une non-renonciation au monde objectif de la science et d'une description macroscopique. C'est une analyse à large grille qui fait dire que voir un objet n'est pas encore entrer en relation avec lui : « il peut apparaître sans que le fait de son apparition implique déjà une relation »[2]; Merleau-Ponty aurait pu dire qu'il y a relation dès l'entrée dans le champ perceptif, car le visible qui prend place dans le champ visuel y participe, il prend part à sa structuration qui est affaire de relation de sens entre le percevant et le perçu. Et si cette relation du voyant au vu est comme gommée par Jonas, c'est qu'il choisit une notion très réductrice de relation qui lui permet d'opposer la vue au toucher, une relation très marquée par la causalité efficiente, unique relation retenue comme essentielle par la science moderne : « l'acquisition de l'expérience tactile elle-même n'est rien que l'entrée en relation effective avec l'objet : c'est-à-dire que l'entrée en jeu de ce sens par elle-même change déjà la situation existant entre moi et l'objet »[3]. Comme si la seule relation qui mérite d'être relevée était matérielle au sens le plus restreint qui soit du contact physique direct; ce qui permet sans ambage de conclure : « nous n'avons pas dans le toucher cette claire séparation entre la fonction théorique d'information et la conduite pratique, librement fondée sur elle, que nous avons dans la vision »; ce qui à son tour autorise à faire résider dans la vue, dans sa « constitution » et ses « conditions physiques », la « racine organique » de « la distinction entre théorie et pratique »[4]. Sens théorique par excellence, ou distinguant mieux que tout autre théorie et pratique, la vue est telle que « la présence du divers visuel me laisse encore entièrement libre quant à un commerce effectif, étant donné que je vois sans rien faire et sans que l'objet fasse rien »[5]. C'est passer outre toutes les leçons de la phénoménologie sur l'activité intentionnelle de la perception et le caractère primordial de la *relation* perçu/percevant.

Quant à l'ouïe, s'il doit bien reconnaître que dans son cas non plus rien n'est fait pour qu'on entende, Jonas insiste sur le caractère *événementiel* de l'audition ou plutôt de ce dont elle informe, le son fait *intrusion* dans la vie de l'auditeur : je ne puis que réagir à cette modification dans mon

1. *PhV*, p. 154; 145.
2. *Ibid.*
3. *Ibid.*
4. *PhV*, p. 154; 145-146.
5. *PhV*, p. 154-155; 146.

environnement que signale le son et qui comme telle m'affecte : « j'ai à me tendre vers ce qui peut venir ensuite de ce secteur auquel je suis maintenant lié dans une situation dynamique »[1]. Rien de tel avec la vision, raisonne-t-il, qui signale l'être des choses, non leur devenir : le vu « m'est présent sans m'entraîner dans sa présence »; à l'en croire, le sentant et le senti restent en ce cas inaffectés l'un par l'autre !

La vue se caractériserait de la sorte par une « neutralisation complète du contenu dynamique dans l'objet visuel », par « l'expulsion hors de sa présentation de toute trace d'activité causale »[2].

Les fruits intellectuels et cognitifs de cette particularité de la vue sont considérables : l'*objectivité* au sens du concept de la chose « telle qu'elle est en elle-même en tant qu'elle est distincte de la chose en tant qu'elle m'affecte », l'idée de *theoria* et de « vérité théorique »; puis toute l'*abstraction* nécessaire à toute pensée libre et issue de ce que l'*image* produite par la vue a ce pouvoir d'être « détachée de la présence effective de l'objet » pour être traitée par l'imagination, opération qui donne un sens originaire à la séparation de la *forme* et de la *matière* ou encore de l'*essence* et de l'*existence*[3]. « Seule, écrit Jonas, l'"indifférence" causale particulière de la présence visuelle procure le matériau et engendre l'attitude pour ces actes mentaux »[4].

Le prix à payer pour ces développements conceptuels, c'est « l'élimination de la connexion causale de ce que la vue prend en compte » – la présentation visuelle « ne révèle pas sa propre genèse causale », ce faisant elle élimine aussi « de ses objets tout aspect causal », « puisque leur indépendance vis-à-vis de l'observateur devient en même temps une indépendance mutuelle entre eux »[5]. En rendant possible l'objectivité, la vue interdit à ce regard indépendant de repérer des connexions. La théorie ainsi atteinte est dépourvue du sens de la réalité, cette dernière s'attestant « dans la résistance qui est un ingrédient de l'expérience tactile »[6] : c'est que « le toucher introduit la réalité de son objet dans l'expérience sensible en vertu de ce par quoi elle excède le simple sens, c'est-à-dire la composante de force de sa constitution originelle » – façon de suggérer que comme sens seulement le

1. *PhV*, p. 155; 146.
2. *Ibid.*
3. *PhV*, p. 155; 147.
4. *PhV*, p. 156; 147.
5. *Ibid.*
6. *Ibid.*

toucher lui-même est libre de référence causale, semble-t-il. Le toucher est le test de la réalité et c'est un test où, reconnaît Jonas, « la réalité externe est révélée dans un seul et même acte que la révélation de ma propre réalité »[1].

Voir ne requiert pas le même effort et assure l'indépendance réciproque et mutuelle du sujet et de l'objet, « ainsi la vision assure-t-elle ce recul par rapport à l'agressivité du monde qui libère pour l'observation et ouvre un horizon pour l'attention sélective »[2]. La contrepartie de l'objectivité théorique, c'est « le mutisme causal » des objets vus : « la causalité n'est pas une donnée visuelle » et la pensée conceptuelle qui « mène plus loin » « la liberté fondamentale de la vision et l'élément d'abstraction qui lui est inhérent », pensée qui « hérite » dans son concept et son idée du « modèle ontologique d'objectivité » « d'abord créé par la vision », se voit léguer ce qui devient en elle un problème : l'absence de connexion nécessaire entre les choses si bien relevée par Hume et l'obligation où se trouve la pensée de l'y introduire, avec tout ce que cela comporte de difficulté de légitimation – tant chez Hume que chez Kant[3].

Or ce qu'oublie la pensée théorique en se calquant ainsi sur le modèle de la vue, c'est que celle-ci n'est pas seule, que son témoignage doit être « intégré [...] à un témoignage d'un autre genre »[4], qu'il est toujours déjà

1. *PhV*, p. 156 ; 148. Bien plus que sur l'opposition temporelle entre l'instantanéité de la vue et la succession d'instants nécessaires au toucher, c'est sur cet aspect des choses qu'insistent les *Ideen II*, traitant du caractère primordial du toucher qui lui vaut un certain privilège, au moins une primauté chez Husserl. « Dans le domaine tactile, nous avons *l'objet extérieur* qui se constitue de façon tactile et un deuxième objet, *le corps propre*, qui se constitue de même de façon tactile, par exemple le doigt qui touche ; et nous avons, en outre, des doigts qui touchent le doigt. On trouve donc ici la double appréhension suivante : la même sensation de toucher, appréhendée en tant que trait caractéristique de l'objet "extérieur", et appréhendée en tant que sensation de l'objet-corps propre. [...] Je ne me vois pas moi-même, je ne vois pas mon corps, comme je me touche moi-même. Ce que je nomme un corps propre vu n'est pas un voyant vu, comme mon corps en tant que corps touché est un touchant touché » (Edmund Husserl, *Idées directrices pour une phénoménologie et une philosophie phénoménologique pures*. Livre second, *op. cit.*, § 37, p. 210-211). Derrida s'appuie particulièrement sur ce passage pour inscrire Husserl dans son « histoire de la philosophie, comme histoire aporétique d'une haptologie et d'une (sur-)interprétation du toucher » (Jacques Derrida, *Le toucher. Jean-Luc Nancy*, *op. cit.*, p. 261 ; p. 186 *sq.* pour le commentaire du § 37 des *Ideen II*).

2. *PhV*, p. 157 ; 148.

3. *PhV*, p. 157 ; 149.

4. *PhV*, p. 156 ; 147.

« complété par celui des strates sous-jacentes de l'expérience, en particulier de la motricité et du toucher »[1].

Sur cette impossibilité qu'il y a à isoler une expérience sensorielle au sein de l'expérience perceptive primordiale et une, Merleau-Ponty et Jonas pourraient s'accorder; et Merleau-Ponty acquiescerait à l'affirmation du silence causal de la perception visuelle; mais il est moins sûr, à nouveau, qu'il accepterait en cela d'isoler la vue : « un acte de conscience ne peut avoir aucune *cause* »[2], « une expérience ne peut [...] jamais être rattachée comme à sa cause à certaines conditions de fait »[3]. Or c'est bien ce que semble vouloir faire Jonas quand il décrit l'expérience tactile comme faisant référence à sa propre genèse causale, à quoi il oppose le silence de la vue à ce propos.

Dans l'optique de Merleau-Ponty, cette analyse de Jonas apparaîtrait comme trahissant une incapacité à quitter le préjugé du monde objectif. On pourrait en effet appliquer au Jonas de cette section les remarques suivantes à l'adresse de la physiologie mécaniste :

> [L'objet] n'admet entre ses parties ou entre lui-même et les autres objets que des *relations extérieures et mécaniques* [...] au sens étroit d'un mouvement reçu et transmis [...]. Si l'on voulait insérer l'organisme dans l'univers des objets et fermer cet univers à travers lui, il fallait traduire le fonctionnement du corps dans *le langage de l'en soi* et découvrir sous le comportement la *dépendance linéaire* du stimulus et du récepteur [...][4].

En effet, Jonas s'exprime un peu comme si « le rapport du stimulus et de la perception pouvait rester clair et objectif, [comme si] l'événement psychophysique était du même type que les relations de la causalité "mondaine" »[5]. Son vocabulaire de la causalité, de la genèse causale, de la force aussi, donne à penser qu'il est incapable d'apercevoir que « la "qualité sensible", [...] et même la présence ou l'absence d'une perception *ne sont pas des effets* de la situation de fait hors de l'organisme, mais représentent la manière dont il vient au-devant des stimulations et dont il se réfère à

1. *PhV*, p. 157; 149.
2. Maurice Merleau-Ponty, *Phénoménologie de la perception*, p. 299, en note.
3. *Ibid.*
4. *Ibid.*, p. 87. Nous soulignons.
5. *Ibid.*

elles »[1]. Il semble ne pas saisir que « je ne puis comprendre la fonction du corps vivant qu'en l'accomplissant moi-même et dans la mesure où je suis un corps qui se lève vers le monde »[2].

Et pourtant, dans un lexique peut-être maladroit et égarant, manquant en tout cas de radicalité quant à la distance prise par rapport à ce avec quoi il s'agit de rompre, ce qu'il tente de dire des origines de l'idée de connexion nécessaire et quant au problème classique qu'elle pose à Hume et à Kant, n'est-ce pas en fin de compte assez proche de ce qu'avançait Merleau-Ponty ? À savoir que si la liaison n'est pas donnée dans la perception, toute injection ultérieure sera artificielle et non légitime ? Qu'on ne peut isoler la vue comme source du concept de cause, mais que si l'on doit repérer son origine perceptive, il faut considérer *sans les dissocier* la vue, le toucher, le sentir en général et même l'affectivité et la motricité[3] ? Cette séparation est bien la tentative vaine que Merleau-Ponty reproche à la physiologie :

> Le sentir, ainsi détaché de l'affectivité et de la motricité, devenait la simple réception d'une qualité et la physiologie croyait pouvoir suivre, depuis les récepteurs jusqu'aux centres nerveux, la projection du monde extérieur dans le vivant. Le corps vivant ainsi transformé

1. Maurice Merleau-Ponty, *Phénoménologie de la perception*, p. 89. Nous soulignons. Ne peut-on ranger ici Jonas décrivant l'intervention de l'effort et de la force dans la perception tactile avec « la science [qui] définissait un état théorique des corps qui ne sont soumis à l'action d'aucune force, définissait par là même la force et reconstituait à l'aide de ces composantes idéales les mouvements effectivement observés » (Maurice Merleau-Ponty, *Phénoménologie de la perception*, p. 66) ?

2. Maurice Merleau-Ponty, *Phénoménologie de la perception*, p. 90.

3. « Et aussi longtemps que les données perçues ("impressions" et "idées") ne sont considérées que comme des exemples plus ou moins parfaits du cas modèle des images visuelles, le déni d'information causale que leur opposait Hume doit être maintenu. La vision, néanmoins, n'est pas le cas primaire mais le cas le plus sublime de la perception sensible et repose sur l'infrastructure de fonctions plus élémentaires en lesquelles le commerce avec le monde est entretenu de manière beaucoup plus élémentaire. Un roi sans sujets sur qui régner cesse d'être un roi. Le témoignage de la vue ne falsifie pas la réalité quand il est complété par celui des strates sous-jacentes de l'expérience, en particulier de la motricité et du toucher : quand elle rejette avec arrogance ce témoignage, la vue devient stérile quant à la vérité ». Jonas renvoie lui-même à cet endroit (*PhV*, p. 157 ; 149) à l'ensemble de la discussion menée dans « Causalité et perception » (*PhV*, p. 37-44 ; 26-33). Cf. aussi « Vue et mouvement » (*PhV*, p. 161-165 ; 152-156) et l'essai IV, « Se mouvoir et ressentir. Sur l'âme animale » (*PhV*, p. 111-18 ; 99-107).

> cessait d'être mon corps, l'expression visible d'un Ego concret, pour devenir un objet parmi tous les autres [1].

Les analyses de Jonas quant aux rapports entre causalité et perception ne le mènent-elles pas à affirmer parallèlement que « le gouffre ouvert par l'objectivation perceptive seule aux commandes est partiellement responsable des énigmes du dualisme [...] », que « le déni de causalité conduit directement au solipsisme [...] » [2] et que par conséquent « l'aspect premier de la causalité [est dans] la force et l'influence [et] que celles-ci sont elles-mêmes des contenus originels de l'expérience [...] ; que la source de cette expérience est en fait, non pas la perception sensible, mais notre corps s'exerçant lui-même dans l'action [...] » [3]. Par ailleurs, « Vue et mouvement », qui commence par rappeler que « La noblesse de la vue » a évoqué un besoin, de la part de ce sens, « d'un complément cognitif issu des autres sens et de la sphère de l'action » [4], entend souligner que l'action ou « la motricité de notre corps en général » est elle-même « déjà un facteur dans la constitution même du voir et du monde vu » [5].

S'il ne semble pas avoir perçu la nécessité de quitter absolument le vocabulaire de la science et de l'objectivité pour éclairer le sens profond, l'enracinement existentiel dans l'expérience perceptive primordiale, Jonas semble pourtant avoir compris que « c'est l'explicitation ou la mise au jour de la vie préscientifique de la conscience qui seule donne leur sens complet aux opérations de la science et à laquelle celles-ci renvoient toujours » [6] et avoir tenté à sa manière d'esquisser cette explicitation. C'est ainsi qu'en signalant fort succinctement que dans son exclusive référence à la vue la *theoria* « oublie beaucoup trop souvent » la nécessaire « intégration » des témoignages des différents sens [7], il paraît proche de ce constat par Merleau-Ponty : « la science classique est une perception qui oublie ses origines et se croit achevée » [8] ; et c'est ainsi aussi qu'au sein du projet d'ensemble du *Phénomène de la vie* qui est de redonner à l'organisme, au vivant, sa place entre la matière morte de la *res extensa* cartésienne et l'*ego cogito* dépourvu

1. Maurice Merleau-Ponty, *Phénoménologie de la perception*, p. 68.
2. *PhV*, p. 43 ; 32-33.
3. *PhV*, p. 43-44 ; 33.
4. *PhV*, p. 161 ; 152.
5. *Ibid.*
6. Maurice Merleau-Ponty, *Phénoménologie de la perception*, p. 71.
7. *PhV*, p. 156 ; 147.
8. Maurice Merleau-Ponty, *Phénoménologie de la perception*, p. 69.

de matérialité et de contact avec l'étendue, il ne pourrait qu'acquiescer au projet de

> revenir au monde vécu en deçà du monde objectif, [pour] comprendre le droit comme les limites du monde objectif, de rendre [...] aux organismes leur manière propre de traiter le monde, à la subjectivité son inhérence historique, [...] de réveiller la perception et de déjouer la ruse par laquelle elle se laisse oublier [...] au profit de l'objet qu'elle nous livre et de la tradition rationnelle qu'elle fonde [1].

Dans cette optique, la tentative esquissée par Jonas pour remonter aux sources perceptives de la causalité pourrait se nourrir de nombreux propos tenus par Merleau-Ponty. Celui-ci annonce, comme Jonas le fera, le nécessaire dépassement de la vision kantienne en la matière : si l'on révise la compréhension du sentir dans le sens qu'il indique, alors « l'entendement a besoin, lui aussi, d'être défini de nouveau, puisque la fonction générale de liaison que le kantisme lui attribue finalement est maintenant commune à toute la vie intentionnelle et ne suffit donc plus à le désigner » [2]. C'est que l'origine du concept théorique, scientifique, de causalité est à chercher dans le sens inhérent à l'expérience perceptive comme telle, aux liens, aux renvois qui s'établissent perceptivement sur la base de la relation primordiale des choses perçues au corps percevant. Si la causalité, comme concept d'une liaison extrinsèque d'objets étrangers l'un à l'autre est absente de la perception, les liens de sens qui s'y nouent doivent être la source de la construction intellectuelle de ce concept. Merleau-Ponty le suggère en montrant par exemple comment la physiologie mécanique réduit de tels rapports de sens à des relations causales :

> L'expérience commune trouve une convenance et un rapport de sens entre le geste, le sourire, l'accent d'un homme qui parle. Mais cette relation d'expression réciproque, qui fait apparaître le corps humain comme la manifestation au dehors d'une certaine manière d'être au monde, devait pour une physiologie mécaniste se résoudre en une série de relations causales. Il fallait [...] réduire à des processus en troisième personne cette manière particulière de traiter le monde qu'est un comportement [...] et convertir le corps vivant en une chose sans intérieur [3].

1. *Ibid.*
2. *Ibid.*, p. 65.
3. *Ibid.*, p. 67.

Si au contraire de cette science on prend en compte « les prises de position affectives pratiques du sujet vivant en face du monde »[1], alors on est mieux armé pour reconnaître que les choses vues, pas plus que touchées, n'ont d'emblée la *neutralité* de l'objet théorique et que les liens qui engagent le sujet percevant dans sa relation à la chose vue sont ceux d'un sens qui s'inscrit dans le corps vivant – c'est là qu'il faut chercher la source première des liens « théoriques » entre les « objets » (et l'on devrait être mieux armé pour en dériver un concept de causalité plus riche que celui de cette science réductrice ici évoquée) :

> Une roue de bois posée sur le sol n'est pas *pour la vision* ce qu'est une roue portant un poids. Un corps en repos parce qu'aucune force ne s'exerce sur lui n'est pas pour la vision ce qu'est un corps où des forces contraires se font équilibre. [...] La vision est déjà habitée par un sens qui lui donne une *fonction* dans le spectacle du monde comme dans notre existence. Le pur *quale* ne nous serait donné que si le monde était un spectacle et le *corps propre* un mécanisme dont un esprit impartial prendrait connaissance. Le sentir au contraire investit la qualité *d'une valeur vitale*, la saisit d'abord dans sa signification pour nous, pour cette masse pesante qui est notre corps, et de là vient qu'il comporte *toujours une référence au corps*[2].

Si Jonas insiste, en dépit de son projet phénoménologique, sur la neutralité de la vue, n'est-ce pas qu'il subit encore le joug du discours scientifique ? Qu'il succombe au préjugé du monde et projette sur le champ visuel une neutralité que n'acquiert que le monde objectif pour un regard impartial et désincarné, en troisième personne ?

LA DISTANCE VUE

Peu de commentaires nouveaux sont appelés par cette dernière section qui vient confirmer le caractère phénoménologique du projet dans sa parenté avec l'approche merleau-pontyenne de la perception.

Les deux caractéristiques précédemment envisagées de la vue, commence par dire Jonas, sont tributaires de cette dernière : « la vue est le sens à

1. Maurice Merleau-Ponty, *Phénoménologie de la perception*, p. 67.
2. *Ibid.*, p. 64.

distance idéal »[1] – sans la distance, pas de présentation simultanée, vus de trop près les différents éléments feraient obstacle à la vision les uns des autres ; et la causalité d'un objet empiétant sur ma sphère corporelle ne se laisserait pas ignorer. De tous les sens à distance, la vue se distingue en ceci que « l'avantage [n'y] va pas à la proximité mais à la distance » : la vue exige une distance « appropriée », qui est « un trait positif » « dans la présence phénoménale de l'objet »[2] ; la distance est un plus pour « l'attention scrutatrice ». Il n'en est rien de l'odorat ; ni même de l'ouïe – sauf « dans un voisinage local étroit » où elle aussi peut « souffrir d'une trop grande proximité ». Mais l'ouïe ne connaît, grâce au recul, rien qui soit similaire à l'ouverture de « nouveaux "horizons" » venant compenser « la perte de netteté »[3].

En outre, la vue se distingue par la qualité d'appréhension de la distance qu'elle offre – d'autres sens peuvent signaler qu'un objet est distant, mais ils n'indiquent rien quant à « l'espace intermédiaire ». Au contraire, « dans la vue, l'objet me *fait face à travers* la distance intermédiaire qui, en tous ses "pas" potentiels, est incluse dans la perception », l'objet se présente « comme le terme d'une dimension menant de moi à lui, et cette dimension se trouve ouverte devant moi ». « La distance elle-même [se révèle] comme quelque chose que je suis libre de traverser ; c'est une invitation à un mouvement en avant [...] »[4].

Notons au passage que lorsque Jonas écrit à présent : « la *dynamique* de la profondeur perspective me *relie* au terme projeté », on peut se demander s'il ne tend pas à annihiler par là même les oppositions des premières sections distinguant la *staticité* offerte par la vue de la dynamique inhérente aux objets entendus ou touchés et mettant en exergue la *liaison* causale conservée par le toucher quand la vue *neutralise* le rapport du sujet voyant à l'objet vu pour les laisser indépendants...

Quoi qu'il en soit, par delà même l'objet, la vue lui donne « comme arrière-fond le champ ouvert d'autres présences derrière lui [...]. Cet "etc." indéfini dont est imprégnée la perception visuelle, potentiel toujours prêt à s'actualiser [...] est le lieu de naissance de l'idée d'*infinité*, à laquelle aucun autre sens ne pourrait fournir un fondement dans l'expérience »[5]. Ce qui

1. *PhV*, p. 158 ; 149.
2. *PhV*, p. 158 ; 149-150.
3. *PhV*, p. 158 ; 150.
4. *Ibid.*
5. *PhV*, p. 159 ; 150.

isolerait la vue à cet égard serait « ce mélange continuel de la zone de focalisation à des plans d'arrière-fond de plus en plus distants, et son effacement vers les franges, qui font du "etc." plus qu'une potentialité vide »[1]. On indiquera seulement ici que cette « exclusivité » de la vue en ce domaine est plus affirmée qu'elle n'est montrée, mais Jonas suggère que « le fait que nous puissions regarder dans la profondeur illimitée de l'univers a sûrement été d'immense importance dans la formation de nos idées »[2]. C'est de toute perception sensorielle, soutient – croyons-nous – Merleau-Ponty, qu'il faut dire qu'elle ouvre un champ et que s'en dégage une structure d'horizon tant spatial que temporel...

Enfin, « ce simple élargissement de l'horizon d'information confère un avantage biologique formidable ». Percevoir à distance, c'est gagner en temps de réaction, c'est donc un gain de *liberté* qui va de pair avec la liberté de choix apportée par la simultanéité de présentation. L'union de ces deux libertés étroitement liées « parachève, dit Jonas, la liberté dans la sphère de la faculté de sentir »[3].

La vue, ajoute-t-il encore, laisse le distant à distance et celle-ci peut être assez grande pour que l'objet se trouve « en dehors de la sphère d'interaction possible »[4]. C'est ainsi que la distance propre à la vue « peut se muer en distance mentale et [que] peut émerger le phénomène de contemplation désintéressée », cet autre ingrédient essentiel de l'« objectivité », par ailleurs conditionnée par la neutralité[5].

Merleau-Ponty avait également insisté sur la dimension de la *profondeur* : « elle annonce, disait-il, un certain lien indissoluble entre les choses et moi par lequel je suis situé devant elles »[6]. Et cette relation, comme l'indiquera aussi Jonas, est sur le mode du *pouvoir rejoindre*, de la liberté de traverser la distance qui sépare de l'objet; ce qui signifie aussi que le renvoi d'un arrière-fond à un autre plus lointain, dans cet « etc. » indéfini de l'espace visuel, correspond à un moment ou un autre à l'échappement à la prise possible et donc au désintéressement du regard : « la profondeur [...] peut être comprise comme [...] possibilité d'un sujet

1. *PhV*, p. 159; 151.
2. *Ibid.*
3. *Ibid.*
4. *Ibid.*
5. *PhV*, p. 159-160; 152.
6. Maurice Merleau-Ponty, *Phénoménologie de la perception*, p. 296.

engagé »[1], c'est une question de « prise de notre corps sur le monde » ; « quand nous disons qu'un objet est [...] loin ou près, [...] ce n'est que par rapport à une certaine "portée" de nos gestes, à une certaine "prise" du corps phénoménal sur son entourage »[2] ; « quand je dis que je vois un objet à distance, je veux dire que je le tiens déjà ou que je le tiens encore, [qu']il est dans l'avenir ou dans le passé en même temps que dans l'espace »[3] ; et quand la distance augmente : « il est moins strictement engrené sur mon pouvoir explorateur »[4], « la chose commence à glisse sous la prise de notre regard [...], il l'épouse moins strictement »[5] – parce qu'elle est « ce qui distingue cette prise ébauchée de la prise complète ou proximité », on définit la distance « par la situation de l'objet à l'égard de la puissance de prise »[6]. Cette perception de la distance renvoie ultimement à cette idée husserlienne que « la conscience est originairement non pas un "je pense que", mais un "je peux" »[7] – ce qui est aussi en filigrane tant dans les développements de l'appendice au texte de Jonas liant « Vue et mouvement » que dans la brève indication qu'il donne de « l'avantage biologique » que procure la vision à distance : un temps d'action ou de réaction accru.

> La perception me donne un « champ de présence » au sens large qui s'étend selon deux dimensions, écrivait Merleau-Ponty : la dimension ici-là-bas et la dimension passé-présent-futur[8], ajoutant : la seconde fait comprendre la première. Je « tiens », j'« ai » l'objet distant sans position explicite de la perspective spatiale [...] comme je « tiens encore en main » le passé prochain [...] sans « souvenir » interposé[9].

Ainsi est-il manifeste que la présence à distance de l'objet signifie le temps de l'action pour sa prise ; ou encore : « la perception de la distance [se

1. *Ibid.*, p. 309.
2. Maurice Merleau-Ponty, *Phénoménologie de la perception*, p. 308.
3. *Ibid.*, p. 306, ce qui rejoint certaines considérations sur le présent qui dure.
4. *Ibid.*, p. 302.
5. *Ibid.*
6. *Ibid.*, p. 303.
7. *Phénoménologie de la perception*, p. 160. Cf. dans *Ideen II*, par exemple, § 5, § 38 et § 60 (Edmund Husserl, *Idées directrices pour une phénoménologie et une philosophie phénoménologique pures*. Livre second, *op. cit.*, p. 34, p. 216 et p. 349).
8. Maurice Merleau-Ponty, *Phénoménologie de la perception*, p. 307.
9. *Ibid.*

comprend] comme un *être au lointain* qui le rejoint là où il apparaît »[1], autre manière de dire que la perception à distance, comme le remarquera à sa façon Jonas, suppose la possibilité pour le corps percevant de se mouvoir vers le perçu.

Cette fois encore, on note une parenté entre les propos de Jonas et ceux de Merleau-Ponty. Une fois encore, le décalage s'instaure dans l'isolement par Jonas de la vue, quand Merleau-Ponty entend, semble-t-il, traiter de toute perception. Une fois encore la question est posée de savoir si l'exclusivité de la vue est due à une grille de lecture trop lâche ou si ce ne pourrait pas être le modèle de la vue qui est un peu trop rapidement et sans assez de nuances étendu aux autres modes perceptifs.

Sans doute faut-il tenir à la fois à la justesse de la pénétration, chez Merleau-Ponty, qui lui permet d'accéder à l'expérience perceptive primordiale et unitaire et à la fois à l'intuition éclairante de Jonas qu'il doit y avoir dans l'essence de la vue des raisons qui l'ont fait privilégier et servir de modèle perceptif aux métaphores qui disent ce qu'on appelle théorie. En tout état de cause le débat n'est pas clos et sans doute faudrait-il le reprendre à la lumière de cette mise en question derridienne du sens de ce privilège traditionnellement reconnu à la vue :

> Chez Husserl, comme chez Platon et comme chez tant d'autres, l'autorité de la figure « eidétique » et de l'intuitionnisme optique, la philosophie implicite du regard s'*accomplit* toujours et nécessairement, si paradoxal que cela paraisse, elle s'affermit et se confirme sans cesse dans un remplissement tactile de l'intuition et dans l'hyperbole d'un haptocentrisme continuiste[2].

1. Maurice Merleau-Ponty, *Phénoménologie de la perception*, p. 307.

2. Jacques Derrida, *Le toucher. Jean-Luc Nancy*, *op. cit.*, p. 185-186. Cela signifie aussi que l'affinement de la recherche ne peut faire l'économie des commentaires récents tant de l'œuvre de Merleau-Ponty que de celle de Husserl, dont nous n'avons mentionné que l'un ou l'autre. Ceci ne faisant que souligner le caractère provisoire de l'ébauche ici tracée à partir des seules indications de Jonas et de quelques extraits de la *Phénoménologie de la perception*.

CHAPITRE V

ENTRE NATURE ET ÉTHIQUE : LE CONCEPT DE VALEUR

Nul doute qu'au compte des thèses majeures de la philosophie de Jonas ainsi que des critiques les plus vives qu'elle a suscitées, il faille mettre la théorie du passage de l'être au devoir-être. Cette théorie, quoique très peu explicitée dans son œuvre, et quoique manquant indiscutablement de fondations, est capitale dans l'économie de celle-ci. L'objet du présent chapitre est de relever son importance, de se pencher sur la critique qu'elle peut susciter et de proposer de la reconstituer autour des notions de « possible » et de « valeur ».

UN NATURALISME ÉTHIQUE ?

Pour se convaincre de l'importance de cette théorie, il n'est que de relire le début du chapitre quatrième du *Principe responsabilité*[1] ; quand il écrit d'entrée de jeu que « fonder le "Bien" ou la "Valeur" dans l'être, cela veut dire enjamber le prétendu gouffre entre l'être et le devoir »[2], Jonas prétend croiser le fer avec Hume et disqualifier sa célèbre dénonciation du paralogisme naturaliste. L'impossibilité de tirer un devoir de l'être est à ses yeux ni plus ni moins qu'un des « dogmes les plus endurcis de notre

1. Cf. *PR*, p. 115-186; 153-242 : « Le bien, le devoir et l'être : théorie de la responsabilité » ; la première section de ce chapitre s'intitule « Être et devoir ».

2. *PR*, p. 115; 153.

époque »[1]. Or il est tout à fait remarquable, du point de vue de l'unité de son œuvre, que Jonas rejette au fond la critique du paralogisme naturaliste parce qu'il procède d'une métaphysique dualiste. De même qu'en métaphysique règne le dualisme cartésien que la « biologie philosophique » a pour tâche de surmonter, de même en éthique règne le dualisme de l'être et du devoir. Ainsi « la séparation de l'être et du devoir [...] reflète-t-elle déjà une *métaphysique* déterminée [...] »[2] aux termes de laquelle l'être est définitivement et sans appel pensé comme dénué de valeur; la non-dérivabilité du devoir devient dès lors une tautologie et il suffit de la généraliser pour poser la thèse que ce concept d'être – qui est en fait celui des sciences de la nature – est le seul possible. Précisons que cette thèse, qui est tirée de l'œuvre éthique et donc tardive de Jonas (le *Prinzip Verantwortung* ne paraît qu'en 1979), était déjà présente – quoique dans le cadre d'une argumentation différente dont la cible est le relativisme subjectiviste – dans le *Phenomenon of Life*, qui se concluait en 1966 sur ces mots :

> seule une éthique fondée dans l'ampleur de l'être, non pas seulement dans la singularité ou le caractère sans pareil de l'homme, peut avoir une signification dans l'ordre des choses. [...] Une éthique qui n'est plus fondée sur l'autorité divine doit être fondée sur un principe qu'on puisse découvrir dans la nature des choses, de crainte de tomber victime du subjectivisme ou d'autres formes de relativisme. Si loin, dès lors, que puisse nous avoir menés hors de l'homme la quête ontologique, dans la théorie générale de l'être et de la vie, elle ne nous a pas réellement écartés de l'éthique, elle a cherché sa fondation possible[3].

On ne peut sous-estimer l'audace philosophique et l'originalité qui caractérisent cette critique de la célèbre thèse humienne[4]. Ni son

1. *PR*, p. 70; 92.

2. *PR*, p. 71; 92.

3. *PhV*, p. 282; 284. N. Frogneux a montré que Jonas passe de la thèse d'une finalité présente dans la nature organique défendue dans le *PhV* (1966) à la thèse d'une finalité étendue à *tout* le règne de la nature dans le *PR* (1979) en passant par le moment médiateur d'*Organismus und Freiheit* (1973) dans lequel le philosophe s'emploie à penser le « principe liberté » (cf. Nathalie Frogneux, *Hans Jonas ou la vie dans le monde*, *op. cit.*, p. 309). Ce « passage » peut s'entendre comme un « déploiement ».

4. Selon Birnbacher, auquel nous reviendrons plus loin, Jonas est en fait le seul à mettre véritablement en question la validité de l'argument du paralogisme naturaliste. Cf. Dieter

importance. La largeur du spectre de la réception qu'elle a suscitée ne permet pas d'en douter. Ainsi pour Vittorio Hösle le rejet de la critique du naturalisme est-il le « plus remarquable théorème »[1] de Jonas. Celui-ci, démontre-t-il, sait bien que le fait et la norme ne peuvent coïncider – sans quoi il n'y aurait plus d'éthique... Mais à la vérité, l'auteur du *Principe responsabilité* distinguerait plusieurs concepts de l'être, si bien que l'être ne désigne pas le factuel[2] :

> L'être est pour lui une structure complexe à laquelle appartient nécessairement la vie. Ce qu'il veut dire me semble être ceci : même si l'être et le devoir-être ne sont pas la même chose, c'est quand même à l'intérieur du monde factuel que le devoir-être doit être réalisé ; le sens ultime du devoir-être, c'est d'être réel ; le devoir-être est voué à l'être. Mais l'inverse vaut aussi dans un certain sens : le devoir-être, l'expérience de la loi éthique apparaît à l'intérieur d'un monde réel ; et le monde réel serait plus pauvre si le devoir-être ne s'y manifestait pas. L'être s'accomplit en ce qu'il contient l'exigence du devoir-être. Nous voyons ici la le caractère central d'une philosophie du vivant pour une théorie adaptée du rapport de l'être et du devoir-être (c'est-à-dire : pour la métaphysique) : car avec le vivant, nous avons affaire à un étant qui tend vers un état qui n'est pas encore là, mais qui doit être pour lui[3].

Birnbacher, « Rechte des Menschen oder Rechte der Natur ? Die Stellung der Freiheit in der ökologischen Ethik », in *Studia philosophica*, 49 (1990), p. 61-80.

1. Vittorio Hösle, « Ontologie und Ethik bei Hans Jonas », in *Ethik für die Zukunft. Im Diskurs mit Hans* Jonas, hrsg. Dietrich Böhler, « Ethik im technischen Zeitalter », Munich, Beck, 1994, p. 105-125 ; citation p. 118.

2. Vittorio Hösle partage en fait cette idée avec Karl-Otto Apel qui, lorsqu'il décèle chez Jonas une « lacune caractéristique de toute fondation ontologique », ne songe pas à la dérivation du devoir à partir de l'être au nom du fait que « le concept jonassien de l'*être* est intentionnellement opposé au concept moderne de la facticité axiologiquement neutre de la nature ; par conséquent, la critique *logique* de ce qu'on appelle la "naturalistic fallacy" ne peut lui être [adressée] » (Karl-Otto Apel, « La crise écologique en tant que problème pour l'éthique du discours », in *Hans Jonas. Nature et responsabilité*. Coordination scientifique : G. Hottois et M.-G. Pinsart, *op. cit.*, p. 93-130 ; citation p. 113).

3. Vittorio Hösle, « Ontologie und Ethik bei Hans Jonas », in *Ethik für die Zukunft*, hrsg. Dietrich Böhler, *op. cit.*, p. 120.

En revanche, à l'autre bout de la réception de la thèse fondamentale de Jonas, on peut relever la critique de Bernard Baertschi[1]. Elle a ceci d'exemplaire qu'elle exonère Jonas de tout paralogisme mais pour mieux lui reprocher alors la confusion qu'il entretient entre être et bien – confusion que réfute Vittorio Hösle, comme on vient de le voir. Plutôt que de vouloir montrer que la prétention spéculative de Jonas est illégitime et que l'auteur du *Principe responsabilité* tombe donc bien sous le coup de la dénonciation humienne, Baertschi s'emploie en fait à déplacer le problème : il n'y aurait pas de paralogisme parce qu'il n'y aurait pas de différence entre l'être et le bien. Cette thèse s'inspire d'une distinction proposée par Dieter Birnbacher entre naturalisme éthique et naturalisme métaéthique à l'occasion de laquelle il est montré que seul le dernier est un paralogisme.

Naturalisme éthique et naturalisme métaéthique

La renaissance d'un certain mysticisme de la nature occasionné par les préoccupations écologiques des dernières décennies s'est accompagnée, soutient Birnbacher[2], de la renaissance d'un naturalisme éthique. Globalement, il consiste dans la confusion entre *explication* et *normation* ou dans la connexion étroite entre l'hypothèse descriptive d'une téléologie de la nature et la norme qui consiste à respecter les fins naturelles. Conscient de la puissance de séduction du naturalisme éthique, dont l'agent peut espérer qu'il le décharge de sa responsabilité et qu'il lui permette d'agir en accord avec l'« ordre des choses », Dieter Birnbacher propose alors, pour mieux le critiquer, de distinguer le *naturalisme métaéthique* du *naturalisme éthique* au sens propre du terme. Dans les deux cas, l'homme se voit tenté de se décharger de sa responsabilité et de sa liberté – le passage de l'être au devoir, c'est l'occasion de trouver dans la nature la norme qui doit guider mon action; – mais une différence fondamentale les oppose l'un à l'autre.

> Le naturalisme *métaéthique*, appliqué à l'éthique écologique, affirme que les normes du comportement qu'il faut avoir vis-à-vis de la nature se laissent *déduire* selon une logique contraignante à partir de propo-

1. Bernard Baertschi, « Le pseudo-naturalisme métaéthique de Jonas », in *Nature et descendance. Hans Jonas et le principe « Responsabilité »*, éd. par D. Simon et R. Müller, *op. cit.*, p. 17-29.

2. Cf. pour ce qui suit Dieter Birnbacher, « Rechte des Menschen oder Rechte der Natur? », *op. cit.*, p. 74 *sq.*

sitions descriptives scientifiques ou métaphysiques. Le naturalisme *éthique*, appliqué à l'éthique écologique, affirme que la nature elle-même doit servir de *mesure* quant à la question de savoir comment nous devons nous comporter vis-à-vis de la nature. Si le naturalisme métaéthique énonce une thèse logique, le naturalisme éthique en énonce une normative [1].

Dans ces conditions, seul le naturalisme métaéthique est en mesure de décharger l'homme de sa « métaresponsabilité », c'est-à-dire de la responsabilité à l'égard des normes. Le naturalisme éthique, en effet, en est incapable puisque le fait de se réclamer de la nature comme de la mesure de l'action humaine repose sur une position morale antérieure ; au point que, de manière très conséquente, Birnbacher ne partage pas la critique du paralogisme naturaliste. Ainsi par exemple montre-t-il que le darwinisme social repose en dernière instance sur une position morale et non sur une proposition scientifique : à savoir que la manière dont évolue la nature peut tenir lieu de modèle pour l'homme. C'est alors cette position morale qui pourra faire l'objet d'une critique, bien entendu.

En distinguant à la suite de Dieter Birnbacher le naturalisme éthique du naturalisme métaéthique et en montrant que seul le dernier est un paralogisme [2], Bernard Baertschi démontre que le naturalisme de Jonas est du premier type, c'est-à-dire qu'il consiste à prétendre que la nature est une norme, et que dès lors Jonas

> ne commet pas de paralogisme et se borne à proposer des valeurs écologiques, comme d'autres éthiques proposent d'autres valeurs. Il s'ensuit que le philosophe allemand s'égare quand il croit que, si on ne peut lui reprocher de commettre le paralogisme naturaliste, c'est parce que ce n'est pas un paralogisme ; c'est tout simplement qu'il ne le commet pas [3].

1. *Ibid.*, p. 75.

2. Selon Birnbacher, le paralogisme naturaliste (dériver la norme du fait) est en fait plutôt rare. Ce qui est beaucoup plus fréquent et qu'on retrouve notamment dans les éthiques écologistes, c'est la position d'une valeur *dans* la nature, ou l'affirmation que la nature est une norme. Cette attitude philosophique est qualifiée par Birnbacher de « naturalisme éthique », tandis que le « naturalisme métaéthique » consiste en la dérivation de normes à partir de propositions métaphysiques ou descriptives.

3. Bernard Baertschi, « Le pseudo-naturalisme métaéthique de Jonas », in *Nature et descendance. Hans Jonas et le principe « Responsabilité »*, éd. par D. Simon et R. Müller, *op. cit.*, p. 20.

À suivre cette argumentation, il faudrait alors admettre que le bien ou la norme sont chez Jonas purement et simplement immanents à l'être, ce qui rendrait caduque toute idée d'un *passage* de l'être au devoir-être[1]. Par ailleurs, un fil rouge du *Phénomène de la vie* est assurément la recherche d'une troisième voie entre ce que Jonas lui-même appelle « nihilisme » et « naturalisme moniste »[2]. L'immanence du bien à l'être ne revient-elle pas à un tel monisme et ne ruine-t-elle pas en tout cas la possibilité de penser une véritable liberté en l'homme, celui-là dont l'idée était déjà au cœur des préoccupations philosophiques de Jonas dans le *Phénomène de la vie* ?[3] Enfin, en prétendant que Jonas propose des valeurs écologiques comme d'autres éthiques proposent d'autres valeurs, le critique affirme implicitement qu'elles sont contingentes, voire arbitraires.

Le paradigme moral du nouveau-né démuni : adversaires...

Sur le fond de sa distinction entre naturalisme éthique et naturalisme métaéthique, Dieter Birnbacher entreprend alors une critique de Jonas au cœur de laquelle on retrouve sa célèbre théorie du nouveau-né. Comme on sait, le nouveau-né incapable de subsister sans le secours d'autrui est pour Jonas – avec le chef d'état dont il ne sera pas question ici – le paradigme de l'éthique de la responsabilité qu'il tente de fonder, dans la mesure où son être exprime *eo ipso* un « tu dois » irréfutable. En réalité, ce paradigme mérite qu'on s'y attarde tant il est vrai qu'il procède des exigences conceptuelles les plus strictes d'une éthique de la responsabilité. En effet,

1. Nous suggérons que combler le « prétendu gouffre » entre l'être et le bien ne revient pas à les confondre. C'est ce que nous inspire la mise au point que fait aussitôt après Jonas, lorsqu'il précise que si le bien fait partie de « l'équipement » de l'être, cela ne veut pas dire pour autant qu'il fasse partie de « l'actualité particulière de l'étant » : quelque chose n'est pas une valeur du seul fait qu'il est – fût-ce un organisme vivant – contrairement à ce que semble penser Baertschi avec son « argument du virus » (cf. Bernard Baertschi, « Le pseudo-naturalisme métaéthique de Jonas », in *Nature et descendance. Hans Jonas et le principe « Responsabilité »*, éd. par D. Simon et R. Müller, *op. cit.*, p. 27 ; cf. à ce sujet la critique évidente de N. Frogneux, *Hans Jonas ou la vie dans le monde*, *op. cit.*, p. 307, n. 35).

2. « [La] scission entre l'homme et la réalité totale est à la base du nihilisme. Le caractère illogique de la rupture, autrement dit d'un dualisme sans métaphysique, ne rend pas son fait moins réel, ni plus acceptable l'apparente autre branche de l'alternative : le regard fixé sur l'ipséité isolée à laquelle cette scission condamne l'homme peut souhaiter s'échanger contre un naturalisme moniste qui, en même temps que la rupture, abolirait aussi l'idée d'homme comme homme » (*PhV*, p. 237 ; 234).

3. Cf. la dernière phrase de l'essai IX, *PhV*, p. 237 ; 234.

> le concept de responsabilité implique celui de devoir, pour commencer celui du devoir-être de quelque chose, ensuite celui du devoir-faire de quelqu'un en réponse à ce devoir-être. [...] Il faut donc un paradigme ontique dans lequel le simple « est » factuel coïncide à l'évidence avec un « doit » qui n'admet pas par conséquent le concept d'un « simple est ». Y a-t-il un tel paradigme ?, se demandera le théoricien rigoureux, obligé de faire comme s'il ne le savait pas. La réponse sera oui : ce qui fut le commencement de chacun d'entre nous, alors que nous ne pouvions pas le savoir, mais qui s'offre toujours au regard dès lors que nous pouvons regarder et savoir. Car en réponse à l'injonction : montrez-moi un seul cas [...] où cette coïncidence se produit, on peut renvoyer à ce qui est le plus familier : le nouveau-né dont la simple respiration adresse un « on doit » irréfutable à l'entourage, à savoir : qu'on s'occupe de lui. Vois et tu sauras [1].

Pour montrer combien ce paradigme est évidemment loin d'aller de soi, rien de tel que de citer Peter Singer, le représentant actuel sans doute le plus percutant de l'éthique appliquée d'inspiration utilitariste : « la vie ne commence en un sens moralement significatif que lorsqu'on prend conscience de sa propre existence dans le temps » [2]. Dès lors que la vie d'un nourrisson n'est pas moralement significative, « aucun nourrisson [...] ne peut revendiquer la vie aussi fortement que les êtres capables de se considérer eux-mêmes comme des entités distinctes existant dans le temps » [3]. Dans ces conditions, un humain nouvellement né, qui, selon les critères de l'égale considération des intérêts [4], n'est pas plus une personne qu'un escargot [5], ne saurait exprimer aucune revendication éthique. Une telle argumentation, qui s'inspire du principe d'individuation de Locke et qui procède de la prétention à construire une éthique objective, montre à suffisance que le fondement ultime de l'éthique jonassienne sera toujours susceptible d'une réfutation de la part d'un théoricien défendant une conception logiciste de la philosophie en général et de l'éthique en particulier. Et pour le dire d'un mot, on voit mal comment concilier un

1. *PR*, p. 180 ; 234-235.

2. Peter Singer, *Questions d'éthique pratique,* trad. fr. Max Marcuzzi, « Philosophie », Paris, Bayard, 1997, p. 186. Précisons qu'en écrivant cela, Singer ne se réfère d'aucune manière à Jonas, qui est d'ailleurs absent de l'*index nominum* de son livre.

3. *Ibid.*, p. 177.

4. Tel est le principe qui gouverne la méthodologie de l'éthique de Singer (voir Peter Singer, *Questions d'éthique pratique*, *op. cit.*, chap. 2).

5. Cf. *ibid.*, p. 95.

Jonas qui accorde le primat à l'avenir et un Singer qui refuse de considérer toute potentialité en l'homme. Ainsi par exemple Peter Singer partage-t-il avec Michael Tooley la thèse selon laquelle une personne est toujours distincte du nourrisson qu'elle fut[1] à son origine. Tooley, explique Singer,

> défend la thèse qu'on ne peut parler d'un droit de continuer d'exister, pour un individu, que s'il est dans son intérêt actuel de continuer d'exister. [...] Alors qu'un enfant qui vient de naître ne sera pas capable de se concevoir comme une entité distincte existant dans le temps, nous pensons généralement qu'il peut être dans l'intérêt de l'enfant d'être sauvé de la mort, même si cette mort peut survenir sans aucune souffrance. Rétrospectivement, nous raisonnons certainement de la manière suivante : je pourrais dire, si je savais que j'ai failli mourir lorsque j'étais bébé, que la personne qui a enlevé mon landau de la voie de chemin de fer sur laquelle un train était lancé à toute vitesse est mon plus grand bienfaiteur car, sans sa rapidité d'esprit, je n'aurais jamais joui de la vie heureuse et bien remplie que j'ai maintenant. Mais Tooley dit qu'attribuer rétrospectivement au nourrisson un intérêt pour la vie est une erreur. *Je ne suis pas le nourrisson à partir duquel j'ai grandi*[2].

De surcroît, non seulement une personne est déconnectée de son passé, mais le nourrisson est évidemment sans futur :

> nous commettons [...] une erreur si nous imaginons que le nourrisson a un intérêt pour sa vie future, car, dans les premiers jours qui suivent sa naissance, il n'a pas le concept d'une existence qui perdure[3].

Une telle position est outrancière selon le point de vue jonassien ; elle pose en termes particuliers le problème de l'individuation du fait de l'*abstraction de la temporalité* qui la caractérise (je ne suis pas le nourrisson que j'ai été et je ne suis pas celui que je suis en puissance) et elle montre clairement que la pomme de discorde majeure entre une éthique d'inspiration phénoménologique et une éthique d'inspiration analytique consiste en la conception de la temporalité qui les divise. De ce point de vue, il sera éclairant de lire le texte de Jonas reproduit ci-dessous[4], consacré précisément au problème de l'individuation.

1. Pour peu qu'on puisse dire, selon cette logique, qu'elle *fut* un nourrisson.
2. Peter Singer, *Questions d'éthique pratique*, *op. cit.*, p. 101-102. Nous soulignons.
3. *Ibid.*, p. 102.
4. Cf. *infra*, « Appendice », p. 179-207.

Rappelons que Singer ne se réfère nullement à Jonas – nous ne le citons qu'à titre de représentant le plus exemplaire d'un certain utilitarisme. Le cas de Birnbacher est différent. Selon lui, Jonas n'a pas réussi à déduire le devoir de l'être, et l'argument du nouveau-né est insuffisant :

> Ou bien la respiration du nouveau-né est caractérisée de façon purement descriptive, et alors il ne s'ensuit nullement le prétendu devoir. Ou bien le « caractère d'exigence » psychologique est intégré à la description (phénoménologique) du contenu, par où elle permet la déduction de la conséquence normative, mais alors elle perd pour ça son caractère purement descriptif [1].

... et partisans

La force du paradigme éthique de Jonas tient à l'éclatante « démonstration » qu'il constitue de l'immanence du devoir à l'être. Mais cette démonstration n'est évidemment pas argumentative, elle fait plutôt appel à l'émotion. Est-elle pour autant irrecevable ?

Robert Spaemann, lorsqu'il s'interroge sur ce que doit être le paradigme de l'action bienveillante, retient deux « faits fondamentaux » qui doivent immanquablement s'y retrouver selon lui : la *constitution téléologique de la vie* et la *précarité de la vie*. Ces deux « faits » sont au cœur de la philosophie de Jonas (finalité et vulnérabilité). Aussi Spaemann ne cache-t-il pas sa sympathie vis-à-vis de l'argument du nouveau-né : « c'est à bon droit que Hans Jonas a désigné le comportement de l'homme à l'égard d'un enfant sans défense comme le paradigme fondamental du comportement moral » [2]. Par ailleurs, en fondant l'éthique de la responsabilité sur le paradigme du nouveau-né, Jonas développe selon Spaemann une éthique qui est un défi à l'éthique de la discussion, dans la mesure où le nouveau-né n'est pas un partenaire de discussion, quoique la protection de sa vie soit un devoir – « ou alors il n'y a pas du tout de devoir éthique » [3]. Et dès lors se profile un caractère de l'éthique de la responsabilité qui n'est pas sans évoquer Levinas : l'asymétrie. On ne manquera pas de souligner, à cet égard, que le

1. Dieter Birnbacher, « Rechte des Menschen oder Rechte der Natur ? », *op. cit.*, p. 78.

2. Robert Spaemann, *Bonheur et bienveillance. Essai sur l'éthique*, trad. fr. Stéphane Robillard, « Philosophie morale », Paris, P.U.F., 1997, p. 146.

3. Cf. Robert Spaemann, « Laudatio », in *Friedenspreis des Deutschen Buchhandels. Hans Jonas.* Ansprachen aus Anlaß der Verleihung, Francfort, Verlag der Buchhändler-Vereinigung GmbH, 1987, p. 19-32 ; cf. p. 26 ; citation p. 27.

chapitre II. IV. 1. du *Principe responsabilité* s'intitule précisément « Absence de réciprocité dans l'éthique d'avenir »[1] : l'idée traditionnelle de la réciprocité des droits et devoirs, précise Jonas, ne suffit plus dans le cadre d'une éthique du futur. Seul ce qui existe peut émettre une revendication, or l'éthique que nous recherchons a précisément affaire « à ce qui n'est pas encore » ; dès lors, « *son* principe de responsabilité doit être indépendant aussi bien de toute idée d'un droit que de celui d'une réciprocité [...] »[2].

Vittorio Hösle, quant à lui, se montre plus critique :

> Le problème de la fondation ne peut être résolu que rationnellement, et non pas en faisant appel à des émotions dont il faut justement examiner la légitimité. Mais sitôt qu'on a dit ça, on doit

1. Cf. *PR*, p. 64 ; 84. Jonas s'est exprimé explicitement sur la proximité de sa philosophie avec celle de Levinas. Tout en reconnaissant l'intérêt d'une description phénoménologique des significations éthiques, il affirme l'absolue nécessité d'un impératif pour fonder une éthique de l'asymétrie : la description du regard d'autrui vis-à-vis duquel je suis toujours déjà responsable est une expérience à laquelle on peut se dire étranger. Or pour montrer « qu'il existe une chose devant laquelle je ne peux pas me contenter de dire : "je le reconnais et je l'accepte", une chose qui oblige à dire que celui qui déclare : "cela ne me regarde pas", a tort, qu'il pèche contre quelque chose », il faut l'autorité d'un impératif (« De la gnose au principe responsabilité. Un entretien avec Hans Jonas. [Entretien avec Jean Greisch et Erny Gillen] », *op. cit.*, p. 20). Jonas prenait ses distances par rapport au philosophie français au nom des insuffisances de la description phénoménologique là où est requise l'ontologie et concluait, non sans sécheresse : « Une phénoménologie de la conscience morale comme celle de Levinas : "à la bonne heure". Je lui souhaite tout le succès qu'il mérite » (*Ibid.*, p. 21).

2. *PR*, 64; 84. Au contraire, c'est sur la *réciprocité généralisée* caractéristique de la pragmatique transcendantale que s'appuie Apel pour fonder une éthique de la responsabilité – plus précisément de la co-responsabilité (cf. Karl-Otto Apel, « La crise écologique en tant que problème pour l'éthique du discours », in *Hans Jonas. Nature et responsabilité.* Coordination scientifique : G. Hottois et Marie-Geneviève Pinsart, *op. cit.*, p. 130). Aussi ne juge-t-il pas convaincante la thèse de Jonas selon laquelle le nouveau-né est le paradigme de la responsabilité : plutôt que de montrer que la responsabilité est asymétrique, dit-il, les exemples de Jonas montrent en fait que « la responsabilité de principe des hommes vis-à-vis les uns des autres est une relation potentielle qui ne s'actualise qu'à la mesure d'un avantage factuel en pouvoir. Il en va de même quand on songe à la responsabilité qu'a vis-à-vis des autres tout alpiniste en cordée » (Karl-Otto Apel, *Discussion et responsabilité.* 2. *Contribution à une éthique de la responsabilité*, trad. fr. Christian Bouchindhomme, « Passages », Paris, Cerf, 1998, p. 22-23). Il est clair que cette critique fait l'impasse sur l'originalité de l'argumentation jonassienne puisque le paradigme du nouveau-né signifie qu'*indépendamment* de tout pouvoir, j'ai toujours a priori un devoir à l'égard de celui-ci. Le premier de cordée n'est pas plus responsable selon que la cordée est plus nombreuse; de même je ne suis pas plus responsable selon que le nouveau-né est plus affamé.

> concéder que les sentiments moraux sont indubitablement de toute première importance pour la vie éthique concrète (mais pas pour la fondation de l'éthique). [...] Même si Jonas a le mérite, à une époque beaucoup trop intellectualiste, d'avoir insisté sur le caractère indispensable des sentiments moraux, il n'en reste pas moins que fait défaut, dans *Le principe responsabilité*, une théorie élaborée des sentiments moraux [1].

Vittorio Hösle, pour enthousiaste qu'il soit vis-à-vis de l'œuvre de Jonas [2], n'en dénonce pas moins les insuffisances de la fondation ontologique de son éthique. Afin de les corriger, il suggère de recourir à la voie transcendantale ouverte par Karl-Otto Apel – son second héros philosophique contemporain. S'agissant des rapports entre l'éthique jonassienne et l'éthique de la discussion, Spaemann et Hösle sont donc aux antipodes l'un de l'autre.

Entre la critique sans appel de Bernard Baertschi et les adhésions simple et critique de Robert Spaemann et de Vittorio Hösle quant à la thèse de la fondation du devoir dans l'être, nous proposons dans les pages qui suivent de rechercher des conditions de possibilité d'une fondation ontologique de l'éthique internes à la sphère de réflexion de Jonas en prêtant une attention particulière à la notion de « possible » présente dans son œuvre, interprétée comme le concept médiateur entre l'être et le devoir-être. On pourra voir alors, à la lumière de cette « ontologie du possible », comment peuvent être surmontées les objections formulées et évité le piège de l'immanentisme.

LA POSSIBILITÉ AU FONDEMENT DE L'IDÉE D'HUMANITÉ ET DE LA NOTION DE VALEUR

Que veut-on d'abord évoquer quand on parle du passage de l'être au devoir-être à propos de l'œuvre de Jonas ? S'agit-il de suggérer que sa philosophie recèle une éthique s'appuyant sur une ontologie ? Ou bien veut-on dire que les normes peuvent se déduire du fait ? Ou bien énonce-t-on que l'ontologie et l'éthique ne font qu'un, sans qu'il n'y ait aucune

1. Vittorio Hösle, « Ontologie und Ethik bei Hans Jonas », in *Ethik für die Zukunft*, hrsg. D. Böhler, *op. cit.*, p. 122.

2. « Hans Jonas fut pour moi, avec Karl-Otto Apel, la personnalité philosophique la plus impressionnante à m'avoir appris quelque chose [...] » (*ibid.*, p. 105). Cf. *supra*, p. 139.

forme de primat de l'une sur l'autre ou inversement – être, c'est devoir être, l'être contient son propre devoir de rester « en être » ?

1) Certes Jonas veut fonder son éthique sur une métaphysique : l'éthique doit se fonder dans l'acier plutôt que dans l'ouate, comme il aime à dire[1]. Mais d'abord cette métaphysique reste à écrire[2] ou n'est livrée qu'à l'état embryonnaire dans tel recueil ou tel essai tardifs. Ensuite, autant l'éthique se fonde sur la métaphysique, autant celle-ci se fonde à son tour sur celle-là, dans un mouvement de fondation réciproque au cœur duquel il n'est pas possible d'attribuer quelque primat que ce soit à l'une des deux branches de la philosophie[3]. Sans doute est-ce dans son essai *Sur l'usage pratique de la théorie*[4] – dont il dit qu'il est à l'origine du *Principe responsabilité*[5] – que Jonas montre le mieux comment il aspire à surmonter le dualisme moderne pour revenir à une conception unifiée des raisons théorique et pratique. Dès lors que la métaphysique se fonde aussi sur l'éthique, puisque *la* question n'est plus celle de l'être mais celle du devoir-être[6], il faudrait alors parler tout autant d'un passage du « devoir-être à l'être » que de l'inverse.

2) Il ne semble pas que les normes puissent se déduire du fait puisque l'éthique de Jonas est impérative et postule donc une transcendance humaine[7]. Quand il substitue sa responsabilité à l'utopie d'Ernst Bloch,

1. Cf. *PR*, p. 15 ; 9. Cf. aussi chap. II. 4. 7 : « Nécessité de la métaphysique ».

2. « Avoir *besoin de la métaphysique ne signifie pas encore avoir* aussi la métaphysique en soi, qui demeure plus éloignée que jamais de notre pensée positiviste. Moi non plus je ne la possède pas, inutile de le dire » (« Sur le fondement ontologique d'une éthique du futur », in *Pour une éthique du futur*, *op. cit.*, p. 91 ; *Philosophische Untersuchungen und metaphysische Vermutungen*, *op. cit.*, p. 137).

3. Tel est le sens du renversement de la question leibnizienne en une question éthique : cf. *PR*, p. 74-75 ; 97-99.

4. Repris dans *PhV*, essai VIII, p. 195-215 ; 188-210.

5. Cf. *PR*, p. 16 ; 10.

6. L'insuffisance de la métaphysique saute aux yeux si l'on veut bien considérer que dans la question « pourquoi y a-t-il quelque chose plutôt que rien ? », le pourquoi ne peut renvoyer à la cause précédente dans le cadre d'une métaphysique créationniste : celle-ci, si elle « détient certes la réponse pour le monde en sa totalité, [...] suscite à nouveau la question relativement à l'existence de Dieu lui-même. [...] Car même en supposant l'existence d'un Créateur, [...] le monde auquel notre propos a véritablement affaire soulève de nouveau la question "pourquoi" il l'a créé [...] » (*PR*, p. 74-75 ; 98).

7. Au sens kantien, il n'y a d'impératif que pour un être rationnel, mais dont la volonté n'est pas infailliblement déterminée par la raison. Lorsque Jonas substitue son « tu peux donc tu dois » au « tu dois donc tu peux » kantien, il s'adresse évidemment à une volonté puissante

Jonas défend que l'avenir, incertain, est aussi sans but. Son éthique n'est pas orientée vers un *telos* assignable – sinon l'idée d'humanité. C'est dire qu'il n'y a pas de normes extérieures à l'homme correspondant à un objectif à atteindre ou à réaliser. C'est dire enfin qu'il n'y a à proprement parler devoir-être que parce qu'il y a homme : celui-ci est donc le seul lieu de toute normativité possible.

3) Une indistinction de l'ontologie et de l'éthique ruinerait enfin le projet même d'une ontologie dynamique tel que Jonas le développe, comme le soulignait déjà Vittorio Hösle [1]. Sa philosophie ne peut s'accorder avec une telle interprétation du rapport entre être et devoir, car l'être vivant est existence et existence dialectique, toujours co-pénétrée de *pouvoir* et de *besoin*. La définition du vivant est même la possibilité de sa mort ; tout le dynamisme de l'être qui dit oui à l'être contredit l'idée même d'un quelconque mécanisme nécessaire et pré-déterminé où serait d'office ce qui doit être.

Si l'on veut envisager à présent une inversion des termes et parler d'un passage du devoir-être à l'être, alors serait supposée la pré-existence du devoir-être, ce qui est étant toujours second, dans l'ordre métaphysique, par rapport à une norme transcendante, et dans l'ordre anthropologique, par rapport à un idéal. Soit que le commandement moral me soit adressé par la volonté d'un dieu personnel – ce que récuse Jonas [2] –, soit que l'expression signifie, si l'on renonce à une subjectivité transcendante, que ce qui est est ce qu'il est parce qu'il doit être ainsi et ne peut donc être autrement. C'est l'expression métaphysique de la nécessité absolue, et la figure historique qu'en offre la tradition est celle du panthéisme spinoziste – que Jonas

(c'est pour cela qu'il y a devoir à l'égard du fragile) et libre (il n'y a pas de place pour le devoir dans le règne du déterminisme). C'est en ce sens que nous parlons de transcendance humaine.

1. Cf. *supra*, p. 139.

2. « C'est de l'être des choses même – et non pas d'abord de la volonté d'un dieu créateur personnel à leur égard – que peut provenir un commandement qui *me* touche » (« Sur le fondement ontologique d'une éthique du futur », in *Pour une éthique du futur*, *op. cit.*, p. 79 (trad. modifiée) ; *Philosophische Untersuchungen und metaphysische Vermutungen*, *op. cit.*, p. 131-132). Cette citation doit suffire à réfuter des réductions théologiques telles que celle que l'on trouve sous la plume de Dominique Lecourt : « Hans Jonas en philosophe authentique assume et assure la cohérence de ses positions : il sait parfaitement qu'elles supposent le dessein d'un Dieu créateur et l'immutabilité d'une "essence humaine" donnée » (Dominique Lecourt, *Contre la peur*, *op. cit.*, p. 169).

récuse tout autant[1]. Dans sa cosmogonie tardive, Jonas répétera que dans une telle nature,

> il n'y a [...] aucun début ni aucune fin, aucune réussite ni aucun échec, aucun mieux ni pire, à plus forte raison aucun bien ni mal : ce qui a l'air tel ne l'est que du point de vue du particulier ; l'ensemble – le tout psychophysique – est toujours dans l'état de perfection. Le hasard n'y a aucune place, et la liberté est une illusion[2].

Les deux expressions « de l'être au devoir-être » et « du devoir-être à l'être » sont donc également égarantes. Mais nous pouvons retenir néanmoins le projet d'interpréter la philosophie de Jonas dans les termes d'une ontologie du possible. Mettons donc entre parenthèses les concepts plurivoques d'être et de devoir-être pour nous concentrer sur la notion de possible chez Jonas.

On ne s'étonnera pas que Jonas récuse l'argument ontologique en métaphysique[3]. Mais il est beaucoup plus intéressant de relever le coup de force par lequel il le récupère, hors de sa gangue métaphysique, en remplaçant Dieu par l'idée d'humanité ou la valeur, c'est-à-dire par le possible, si bien qu'on devrait rebaptiser l'argument d'Anselme « argument éthique ». Soit d'abord pour ce qu'il en est de l'idée d'humanité.

> [Avec l'impératif jonassien], nous n'avons pas à rendre des comptes à l'homme à venir, mais à l'*idée* de l'homme qui est telle qu'elle exige la présence de ses incarnations dans le monde[4].

Soit maintenant pour ce qu'il en est de la valeur.

> La valeur ou le « bien », à supposer qu'une telle chose existe, est l'unique chose dont la simple possibilité réclame déjà l'existence

1. Jonas résume cette conception métaphysique comme suit : « Dans le cours des choses, il n'y a pas de résultats meilleurs ou pires – en fait il n'y a ni "bien" ni "mal" dans la nature, mais seulement ce qui doit être et donc est ». (*Philosophical Essays. From Ancient Creed to Technological Man*, Chicago-Londres, The University of Chicago Press, 1980, p. 69).

2. « Matière, esprit et création. Constat cosmologique et hypothèse cosmogonique », in *Évolution et liberté*, *op. cit.*, p. 237 (trad. modifiée) ; *Materie, Geist und Schöpfung. Kosmologischer Befund und kosmogonische Vermutung*, « Suhrkamp Taschenbuch, 1580 », Francfort s./M., Suhrkamp, 1988, p. 46-47.

3. Cf. *PR*, p. 69 ; 91.

4. *Ibid.*

(ou dont l'existence une fois donnée réclame légitimement la continuation de son existence) [...][1].

Dans les deux cas, on a affaire à des concepts qui *exigent* ou *réclament* ; dans le second cas, il est très clair que c'est au nom de sa possibilité que le concept exige ; mieux, c'est la possibilité même du concept qui réclame son existence. S'il reproche donc à l'argument ontologique de vouloir *garantir* l'existence d'un objet à partir de sa seule essence, Jonas n'éprouve aucune gêne à poser des objets dont l'essence réclame l'existence. L'usage fait ici des italiques tend à mettre en évidence que son objection à la preuve ontologique ne vise pas le rapport d'appartenance interne de l'existence à l'essence, mais le fait que la première soit stable, assurée, garantie comme il dit ; – bref qu'elle ne soit pas temporelle, fragile, toujours risquée.

Peut-on montrer que dans le cas de l'homme aussi, c'est la possibilité qui exige l'existence ? On peut répondre à cette question par l'affirmative pour peu qu'on examine de près ce qui apparaît dans la reprise critique que Jonas fait de l'impératif kantien. Selon notre philosophe, la distinction kantienne entre impératif hypothétique et impératif catégorique reste d'application dans une éthique du futur[2]. L'impératif hypothétique commande que *si dans l'avenir il y a des hommes, alors nous avons par anticipation telles et telles obligations* (*comment* exister). Cet impératif hypothétique est au fond le biais privilégié par lequel Jonas est susceptible d'être récupéré dans certains secteurs de l'éthique appliquée – qu'on songe aux questions d'éthique environnementale ou de justice intergénérationnelle : les hommes à venir ont droit à respirer un air sain et nous avons donc des devoirs écologiques à leur égard, ou il nous faut veiller à une justice distributive entre les générations. En revanche, l'impératif catégorique, quant à lui, commande tout simplement *qu'il y ait des hommes* (*que* exister) : « Agis de façon que les effets de ton action soient compatibles avec la permanence d'une vie authentiquement humaine sur terre »[3] ou, sous une forme négative qui met en évidence le primat éthique du possible : « Agis de façon que les effets de ton action ne soient pas destructeurs pour la possibilité future d'une telle vie »[4] ; – le conflit entre

1. *PR*, p. 76 ; 100.

2. « La distinction kantienne d'un impératif catégorique et d'un impératif hypothétique [...] s'applique également à l'éthique qui est cherchée ici » (*PR*, p. 70 ; 91).

3. *PR*, p. 30 ; 36.

4. *PR*, p. 31 ; 36.

les deux impératifs est patent si l'on considère par exemple l'argument de moralistes qui, se réclamant de Jonas, arguent de la nécessité de freiner, voire d'interrompre le processus de reproduction humaine dans certaines contrées au nom de la qualité de vie des hommes de demain et d'aujourd'hui, c'est-à-dire au nom du *comment* : – l'impératif catégorique jonassien est tout à fait étranger à cet argument. À vrai dire, l'impératif catégorique jonassien est tout aussi formel que l'impératif catégorique kantien, car *ce qu'*il faut faire pour exécuter cet impératif ne fait l'objet d'aucune déduction ou nomenclature de la part du philosophe : encourager une politique nataliste au nom de l'impératif catégorique jonassien, par exemple, serait une absurdité puisque cela pourrait à terme contribuer à la disparition de l'homme… Autant le devoir kantien est-il vis-à-vis d'une *loi*, autant le devoir jonassien est-il à l'égard d'une *idée*.

Le corollaire de cette distinction entre l'impératif hypothétique et l'impératif catégorique, c'est donc que dans le cas de ce dernier, nous avons affaire à des concepts ou des idées. Dans le cas de l'homme en effet, l'objet du commandement moral est l'*idée* ontologique d'humanité[1] ; tandis que dans le cas de la valeur, l'objet du commandement est le *concept* de valeur : « Tout se concentre ainsi sur la question de savoir s'*il y a* seulement quelque chose de tel que "la valeur", non comme ce qui est réel ici ou là, mais comme quelque chose qui est possible en vertu de son concept »[2]. L'éthique de Jonas doit donc s'entendre sur un plan *ontologique*. Interpréter la responsabilité jonassienne comme un devoir d'accueil ou de secours à l'égard de tous ceux autour de nous qui, devant être, n'en risquent pas moins de n'être plus si je ne m'en soucie pas serait donc une dérive qui n'est pas sans rappeler celle que constitue par exemple la tentation d'une lecture personnaliste de Levinas : – ni l'autre ni l'idée d'humanité ne sont un *alter ego*.

Selon Jonas donc, « qu'il y ait des hommes » est le seul impératif « auquel s'applique vraiment la détermination kantienne du catégorique, autrement dit de l'inconditionnel »[3].

> Or comme son principe n'est pas, comme dans le cas de l'impératif kantien, l'accord avec soi-même de la raison qui se donne des lois de l'agir, c'est-à-dire une idée du *faire* […] mais l'idée d'*acteurs possibles* en tant que telle, exigeant l'existence de son contenu,

1. Cf. *PR*, p. 69 ; 91.
2. *PR*, p. 76 ; 101.
3. *PR*, p. 70 ; 92.

> une idée qui est en ce sens une idée ontologique, une idée de l'*être*, il s'ensuit que le premier principe d'une « éthique du futur » ne se trouve pas lui-même dans l'*éthique* en tant que doctrine du faire [...], mais dans la *métaphysique* en tant que doctrine de l'être, dont l'idée de l'homme forme une partie [1].

D'aucuns objecteront que l'existence de l'humanité n'est pas une fin en soi, que si l'homme devient radicalement mauvais, si tout humanisme est devenu impossible, si Auschwitz à lui seul n'autorise plus aucune forme d'espoir concernant l'homme, alors peut-être serait-ce sagesse de laisser s'éteindre cette espèce unique capable d'auto-destruction ? Loin s'en faut, et une fois encore au nom de la possibilité :

> L'existence de l'homme a toujours la priorité, peu importe qu'il la mérite au vu de ce qui a été fait jusqu'ici *et* au vu de sa continuation probable : c'est la *possibilité*, comportant sa propre exigence, toujours transcendante, qui doit être maintenue ouverte par l'existence [2].

Nos investigations nous conduisent ainsi à conclure qu'aussi bien dans le cas de la valeur que dans le cas de l'idée d'humanité, c'est la possibilité qui fonde et même exprime l'exigence d'être [3].

1. *Ibid.* Mise en italiques modifiée.

2. *PR*, p. 142; 186.

3. Ceci ne veut pas dire pour autant que la survie de l'humanité soit une fin absolue qui justifierait n'importe quel moyen – l'impératif catégorique n'est justement pas hypothétique – : il faut distinguer l'humanité existante et l'« idée ontologique » d'humanité. C'est ainsi que lorsque R. Spaemann voulut mettre Jonas au défi en lui demandant si, dans l'hypothèse où un homme serait maître de la survie de l'humanité à condition de pouvoir torturer un enfant, il opterait en faveur du genre humain ou en faveur de l'individu, Jonas lui répondit évidemment qu'il ne permettrait pas la torture de l'innocent : ce prix pour la survie de l'humanité serait trop élevé. (Propos rapportés par Robert Spaemann à l'auteur de ces lignes au cours d'une conversation tenue à Louvain-la-Neuve le 21 mars 2002; nous remercions vivement R. Spaemann d'en avoir autorisé la reproduction ici). Si nous rapportons ces propos, ce n'est pas pour le plaisir de l'anecdote. C'est parce qu'ils réfutent la critique selon laquelle l'impératif catégorique jonassien pourrait s'accorder avec une solution violente des problèmes de surpopulation. Ainsi pensons-nous qu'Apel a tort lorsqu'il écrit, à propos de cet impératif catégorique : « les formulations qu'il propose [...] peuvent seulement commander que la vie, et particulièrement l'humanité, doit continuer à exister; mais ceci n'exclut pas qu'une solution raciste du problème (par exemple, une solution dont le prix serait de priver les gens du tiers-monde de nourriture) pourrait être considérée comme une réponse à la demande ». Et Apel de citer dans la foulée l'économiste von Hayek qui suggérait que la famine pouvait apporter une solution aux problèmes de surpopulation.

QUE LE POSSIBLE N'EST PAS ENCORE UNE VALEUR

> Un appel muet qu'on préserve son intégrité semble émaner de la plénitude du monde de la vie, là où elle est menacée. Devons-nous l'entendre, devons-nous reconnaître la légitimité de sa prétention, sanctionnée par la nature des choses ou devons-nous y voir simplement un sentiment de notre part, auquel nous pouvons céder quand nous le voulons et dans la mesure où nous pouvons nous le permettre ? Prise au sérieux dans ses implications théoriques la première thèse nous obligerait à élargir considérablement la conversion de la pensée mentionnée au-delà de la doctrine de l'agir, c'est-à-dire l'éthique, vers la doctrine de l'être, c'est-à-dire la métaphysique, dans laquelle en dernière instance toute éthique doit être fondée [1].

On ne se penchera pas ici sur la métaphore de l'« appel » et sur la critique d'une subjectivation de la nature qu'elle a suscitée[2]. Ce qui importe plutôt, c'est que, comme on sait, le monde de la vie est susceptible de ne pas subsister dans son intégrité. La question n'est pas encore de savoir si le monde de la vie doit être ou pas – cela fera l'objet de la deuxième phrase. La question est ici seulement que, au cours de l'histoire du monde, *l'être est devenu possibilité avec l'intrusion du non-être.*

> Avec ce double aspect du métabolisme – sa puissance et son besoin –, le non-être a fait son apparition dans le monde comme l'autre possibilité incarnée dans l'être lui-même [...]. Ainsi au lieu d'un état donné l'être même est-il devenu une possibilité constante [...] [3].

Avec la vie entre donc la possibilité dans le monde.

S'il en est bien ainsi, nous pouvons dès lors comprendre en quoi le possible doit être. Fragilisée par l'intrusion du non-être (c'est-à-dire elle-même !) dans l'histoire du monde, la vie *n'est plus* au sens éléatique du terme, et donc elle *doit être* sous peine de n'être plus. Jonas, pour articuler cette dialectique de l'être et du non-être, s'appuie sur la distinction entre être et exister : menacé de l'intérieur par le non-être, l'être doit s'affirmer, ce

(Karl-Otto Apel, « La crise écologique en tant que problème pour l'éthique du discours », *Hans Jonas. Nature et responsabilité*. Coordination scientifique : G. Hottois et M.-G. Pinsart, *op. cit.*, p. 114).

1. *PR*, p. 27 ; 30.
2. Cf. *supra*, chap. I, p. 27 *sq.*
3. *PhV*, p. 16 ; 4.

qui veut dire qu'il est *existence* en tant que demande. Il est donc *possibilité*[1]. Un tel raisonnement suggère évidemment que la vie serait une valeur en soi. Or

> mesurés à l'aune de la simple sécurité biologique, les avantages de la vie animale par rapport à la vie végétale sont hautement problématiques et, en tout cas, chèrement payés. Mais la mesure à l'aune de la survie est en soi insuffisante dans l'évaluation de la vie. S'il ne s'agissait que de l'assurance de durer, la vie n'aurait même pas dû commencer. Elle est par essence être précaire et passager, aventure en mortalité, et aucune de ses formes possibles ne lui donne autant d'assurance de durer que n'en possède le corps inorganique. La question ici n'est pas la continuation en tant que telle, mais la « continuation de quoi ? ». Autrement dit, les « moyens » de la survie tels que perception et sentir ne doivent jamais être jugés seulement comme des moyens, mais aussi comme des qualités mêmes de la vie à conserver, et par conséquent comme des aspects de la finalité que constitue la conservation. Un des paradoxes de la vie est qu'elle emploie des moyens qui modifient la fin et deviennent eux-mêmes partie de cette dernière. Sentir, perception, mobilité sont des biens vitaux voulus en même temps que la conservation de soi qu'ils servent – la conservation justement d'un « soi » qui participe d'eux ; et l'on peut aussi bien dire que le métabolisme est là pour eux, ou qu'ils sont là pour lui : sans ces facultés, il y aurait beaucoup moins à conserver, et ce moins dans ce qui est à conserver coïncide avec le moins dans ce qui sert à le conserver[2].

Tout laisse donc penser que la possibilité (ou la potentialité[3]) est elle-même sa propre fin ou plutôt que la réalisation du possible est une fin en soi. La philosophie de Jonas pourrait alors facilement se réduire à un vitalisme classique aux termes duquel tout ce qui est en germe a nature à être et où la nature et le Bien se confondraient purement et simplement. Or il n'en est rien. « La simple potentialité d'une chose n'est pas encore une aptitude positive pour cette chose, qui soit susceptible d'orienter vers elle

1. Cf. « Évolution et liberté », in *Évolution et liberté*, *op. cit.*, p. 30 ; *Philosophische Untersuchungen und metaphysische Vermutungen*, *op. cit.*, p. 14.

2. *Ibid.*, p. 55-56 ; *Philosophische Untersuchungen und metaphysische Vermutungen*, *op. cit.*, p. 32-33.

3. Cf. *PR*, p. 141 ; 186.

le processus du devenir »[1]. Jonas émet cette réserve après avoir établi que la matière, dans son long cortège évolutif d'étapes successives depuis le Big Bang, est caractérisée par la *possibilité* (c'est Jonas qui souligne) d'une intériorité éventuelle. Cette réserve nouvelle par rapport à ce que nous savions jusqu'à présent de la possibilité peut se comprendre comme suit.

1) La doctrine jonassienne de la possibilité ne signifie pas un immanentisme. Le « don originaire [de] la possibilité d'une intériorité éventuelle » ne signifie pas, en effet, le don *de* l'intériorité. Et c'est ici que Jonas croise cette fois le fer avec Whitehead. L'auteur de *Process and Reality*, en effet, postule pour sa part le don de l'intériorité « pour *toute* "entité actuelle", donc déjà pour la particule élémentaire »[2]. Ce que Jonas refuse dès lors – et qu'on appelle ici « immanentisme » –, c'est que tout soit donné « dès le départ » : pour lui, il n'y a de traces de subjectivité « que dans les compositions organiques de rang supérieur »[3].

2) « Le don originaire de la *possibilité* d'une intériorité éventuelle » n'est pas non plus un « don *pour* l'intériorité au sens d'une disposition »[4]. La possibilité de Jonas n'est donc pas de l'ordre de la puissance aristotélicienne naturellement destinée à l'actualité à la façon dont le chêne est en puissance dans le gland.

C'est cette double distance de Jonas par rapport à l'immanentisme et à l'hylémorphisme qui le conduit, dans *Matière, esprit et création*, à des considérations d'ordre cosmogonique et théosophique, dès lors que se posent les questions suivantes : qui ou quoi dota ainsi la matière ; quelle part ce don prend-il dans le cours de l'univers ?

Venons-en à présent à la question de la valeur. Nous avons vu en effet que la question du devoir-être doit s'entendre d'abord comme la question de la possibilité. Nous avons vu ensuite que la possibilité n'est pas à elle seule susceptible d'appeler le processus du devenir. Or maintenant, prenons en considération que « la faculté de valeur est elle-même une valeur »[5], ce qui constitue une sérieuse différence avec la seule possibilité !

1. « Matière, esprit et création », in *Évolution et liberté*, *op. cit.*, p. 208-209 ; *Materie, Geist und Schöpfung*, *op. cit.*, p. 21.

2. *Ibid.*, p. 208, n. 1 ; *Materie, Geist und Schöpfung*, *op. cit.*, p. 72, n. 4.

3. *Ibid.*

4. « Matière, esprit et création », in *Évolution et liberté*, *op. cit.*, p. 208 ; *Materie, Geist und Schöpfung*, *op. cit.*, p. 14.

5. *PR*, p. 76 ; 100.

La différence fondamentale semble être qu'au contraire de la possibilité, la valeur « fonde une revendication d'être, un *devoir-être* »[1]. *Le possible ne doit donc être que lorsqu'il est valeur.* Il n'y a devoir-être que s'il y a valeur, et même que s'il y a possibilité d'une valeur. Même si la valeur est, en effet, il n'en reste pas moins qu'elle est mortelle puisque avec l'apparition du non-être disparaît l'être éléatique. En d'autres termes, même si elle *est*, une valeur reste *possible* au sens où elle n'est pas *nécessaire*, c'est-à-dire immortelle ! Ce n'est pas « d'abord la valeur hypothétique, mais la possibilité de la valeur comme telle, formant elle-même déjà une valeur [qui] a droit à l'être »[2].

Cohérent avec lui-même, Jonas s'en tient au niveau ontologique auquel il s'est placé dès le début. C'est ainsi qu'il évite d'asseoir sa théorie de la valeur sur des fondations utilitaristes, anthropologiques ou comportementales : le fait qu'il y a des désirs, des attirances, des espoirs ou des jouissances ainsi que des dégoûts, des répulsions, des craintes ou des souffrances ne suffit pas à une théorie – rien de cela ne suffit à garantir une teneur ontologique de la valeur.

On sait comment Jonas démontre dans sa philosophie de la nature l'existence de fins naturelles[3]. Mais il précise qu'une fin n'est pas encore une valeur[4]. Le néo-finalisme de Jonas est donc loin d'être le dernier mot de sa philosophie ! Ce qui paraît fondamental dans cette distinction, c'est qu'elle permet à Jonas d'échapper à toute accusation de naturalisme tout en l'éloignant aussi de l'harmonie préétablie. Car si la fin n'est pas une valeur, c'est parce que la *reconnaissance* d'une fin poursuivie par un artefact (marteau) ou par un être naturel (le prédateur qui poursuit sa proie) ne signifie pas que je porte un quelconque jugement de valeur sur cette fin : je peux désapprouver la loi de la jungle – mais ce n'est pas possible dans un cadre métaphysique dominé par l'harmonie préétablie.

En prouvant l'universalité de la finalité, en prouvant qu'il existe déjà des fins dans la nature, a-t-on accordé son statut ontologique à la valeur? A-t-on démontré la validité objective de la valeur, et que donc elle doit devenir fin ? C'est ici qu'on touche aux plus sérieuses difficultés. Car force est de reconnaître que l'auteur du *Principe responsabilité* se permet

1. *PR*, p. 76 ; 100.
2. *Ibid.*
3. Cf. *PR*, chap. III.
4. Cf. *PR*, p. 79 ; 105.

quelque légèreté quand, venant de poser la question qui vient d'être résumée, il écrit, quelques lignes plus bas : « Que le monde ait des valeurs, cela découle certes directement du fait qu'il a des fins (et en ce sens, [...] on ne peut parler d'une nature libre-de-toute-valeur »[1]. Si Jonas escamote ainsi la question pourtant posée du passage de la fin à la valeur, il maintient néanmoins la question de savoir si l'homme doit reconnaître cette valeur : « Je n'ai pas besoin de partager ses [de la nature] "jugements de valeur" et je peux même estimer "voilà pourquoi mieux vaudrait que rien ne naisse" »[2] (allusion au *Faust* de Goethe). Ce qui revient en fait à appliquer la distinction « descriptif-normatif » à la distinction « fin-valeur ». En réalité, Jonas veut insister d'abord sur le caractère secondaire de la valeur par rapport à la fin. Une fois que j'ai décrit une fin et que je l'ai reconnue comme telle, je peux ensuite, « en épousant pour ainsi dire le "point de vue" des objets eux-mêmes »[3] passer de cette reconnaissance à une appréciation de l'aptitude de ces objets à réaliser ces fins : il s'agit de jugements de valeur (ce marteau-ci est un meilleur marteau que ce marteau-là).

Ensuite, Jonas veut insister sur le fait que ces jugements de valeur ne sont pas subjectifs : ils « ne reposent pas sur des décisions de valeurs ou des fixations de fins de ma part »[4]. – Ce qui revient à affirmer l'objectivité de la valeur. Le jugement de valeur est un jugement que *je* porte à partir des *objets eux-mêmes*. Et nous pouvons former un concept de « bien » à propos des objets mêmes du fait que nous percevons des fins dans la nature des choses. « C'est le "bien" dans la mesure de son aptitude à une fin (dont le fait d'être bien lui-même n'est pas objet de jugement) – donc une valeur relative en vue de quelque chose »[5].

JONAS ET LE PRINCIPE ANTHROPIQUE

Nous en venons à des considérations sur les liens qui unissent la philosophie de Jonas et le principe anthropique. L'adjectif « anthropique » est fréquent sous sa plume même si, autant que nous sachions, il ne parle jamais du « principe anthropique » comme tel, bien connu en cosmologie.

1. *PR*, p. 111 ; 148.
2. *Ibid.*
3. *Ibid.*, p. 79 ; 105.
4. *Ibid.*, p. 80 ; 106.
5. *Ibid.*

Ce principe, dont la publication par Brandon Carter remonte à 1974 – et est donc bien antérieure à celle de *Materie, Geist und Schöpfung* (1988), où l'on trouve des analyses qui l'évoquent – a été énoncé sous sa « forme forte » dans les termes qu'on a vus plus haut[1] : « la présence d'observateurs dans l'univers impose des contraintes [...] sur l'ensemble des propriétés de l'univers ». Cette formule peut parfaitement se lire a posteriori : attendu que l'homme existe, non seulement l'univers doit avoir un certain âge (forme faible), mais de surcroît, des propriétés telles que son apparition fût possible. Or voici un autre énoncé de la forme forte : « l'univers (et donc les paramètres fondamentaux dont celui-ci dépend) doit être tel qu'il permette la naissance d'observateurs en son sein, à un certain stade de son développement »[2]. Cet autre énoncé du principe antrhropique introduit évidemment une explication finaliste de l'univers qui ne s'imposait pas jusqu'ici et suggère surtout une interprétation a priori des conditions initiales de l'univers : pour que l'homme pût y apparaître, il fallait que les conditions initiales de l'univers fusssent telles qu'elles ont été.

Nul doute que ce sont ces relents de néo-finalisme dans la cosmologie contemporaine qui sont à l'origine des vives réactions négatives que le principe anthropique a provoquées dans le monde des savants[3]. Or l'explication finaliste « n'était certainement pas la position de Carter dans son article original : ce qu'il désirait réellement, c'était en effet de proposer une explication scientifique authentique de l'ensemble des caractéristiques de l'univers »[4].

La critique du néo-finalisme jonassien

C'est sur le fond de ces précisions qu'il convient d'apprécier la critique, sévère et sans appel, que Gilbert Hottois a adressée au néo-finalisme de Jonas[5]. Car elle est pour une bonne part articulée autour d'une conception de la finalité inspirée du principe anthropique. Selon Hottois, l'auteur du *Phénomène de la vie* négligerait la nature extra-terrestre, qui pour sa part

1. Cf. *supra*, chap. I, p. 40 *sq.*
2. Jacques Demaret et Dominique Lambert, *Le principe anthropique*, *op. cit.*, p. 145.
3. Pour illustrer ce débat, cf. *ibid.*, p. VIII-IX.
4. Jacques Demaret et Dominique Lambert, *Le principe anthropique*, *op. cit.*, p. 146.
5. Cf. Gilbert Hottois, « Une analyse critique du néo-finalisme dans la philosophie de H. Jonas », in *Hans Jonas. Nature et responsabilité.* Coordination scientifique : G. Hottois et M.-G. Pinsart, *op. cit.*, p. 17-36.

n'est pas menacée par l'homme; il occulterait le fait que l'évolution n'est pas achevée; il éviterait de considérer que l'univers va encore durer des milliards d'années et que l'homme n'est pas non plus achevé – Jonas oublierait donc qu'il reste à la nature au moins autant de temps qu'il lui en a fallu « "pour" produire l'homme, sa prétendue finalité ultime »[1]. Bref, et pour paradoxal[2] que cela soit, il faudrait convenir que notre philosophe pèche par anthropocentrisme, alors que dans un univers auquel il reste encore tellement de temps à vivre, « tout finalisme anthropocentré apparaît comme dérisoire, absurde »[3].

Cette lecture du finalisme de Jonas est tout à fait caractéristique d'une certaine interprétation du principe anthropique selon laquelle l'homme, fin ultime de l'évolution universelle, mettrait un terme, avec son apparition, à la libre aventure cosmique de la matière.

> Ce qui fait problème pour l'argumentation finaliste de H. Jonas, c'est que la fin des temps n'est pas pour bientôt et qu'il reste à l'homme – au cosmos – des milliards d'années d'évolution, de liberté, d'aventure... Le principe anthropique de H. Jonas qui finalise en l'homme toute l'évolution ne sait que faire de cet abîme temporel ouvert devant lui et au cours duquel la tâche essentielle de l'humanité devrait être de se préserver sans s'altérer. H. Jonas et son principe anthropique sont en manque d'apocalypse prochaine[4].

Mais cette lecture ne rend justice ni au principe anthropique, dont nul n'a jamais pensé, comme on l'a vu plus haut, qu'il devait servir à verrouiller l'évolution, ni à Jonas lui-même :

> Jonas n'affirme pas que l'évolution dessine une montée constante et orthogénique de la liberté : son constat se borne à affirmer a posteriori qu'une liberté s'est imposée par tâtonnements successifs, ratés multiples et prises de risques mesurés, utilisant parfois des détours nombreux et probablement inévitables. Aussi le foisonnement du vivant ne devrait-il pas se comprendre comme un énorme gâchis, mais comme un ensemble de tentatives plus timides

1. *Ibid.*, p. 30.

2. Nous disons « paradoxal » eu égard au fait qu'un trait caractéristique de toute l'éthique traditionnelle est l'anthropocentrisme : cf. *supra*, p. 20, n. 1.

3. Gilbert Hottois, « Une analyse critique du néo-finalisme dans la philosophie de H. Jonas », in *Hans Jonas. Nature et responsabilité.* Coordination scientifique : G. Hottois et M.-G. Pinsart, *op. cit.*, p. 30.

4. *Ibid.*

de réaliser une existence libre. Sur ce point, Jonas ne contredirait pas la thèse de l'évolution bricoleuse de François Jacob par opposition à la visée rectiligne de l'ingénieur – et il oppose d'ailleurs les tâtonnements de la nature aux grands pas orientés de l'ingénierie technologique [1].

Enfin, s'agissant du thème de la transformation de l'homme cher à G. Hottois, convenons que Jonas n'attendait pas de la technique qu'elle améliorât l'homme – raison pour laquelle grief lui est fait de vouloir « clore la question "Qu'est-ce que l'homme ?" » [2]. Dans son fameux entretien à *Esprit*, le philosophe évoquait en effet en des termes dénués d'ambiguïté ce que peut signifier l'idée d'homme :

> L'homme n'a pas besoin d'être amélioré. Certes on peut parler d'une amélioration de ses conditions de vie, éventuellement de son comportement, de ses habitudes dans ses relations avec son prochain et son voisin. Mais dans son essence, dans sa substance, l'homme tel qu'il a été créé, tel qu'il est issu soit de la volonté créatrice divine ou du hasard de l'évolution, n'a pas besoin d'être amélioré. Chacun peut développer les possibilités les plus profondes de son être. Mais il n'a pas à chercher à dépasser cela, car l'homme est indépassable. [...] Faudrait-il qu'il y ait de meilleurs Michel-Ange, de meilleurs Beethoven et de meilleurs François d'Assise [3] ?

Ces propos confirment qu'il est important de distinguer l'existence et l'essence de l'homme comme nous l'avions fait plus haut dans notre analyse de l'impératif catégorique jonassien. Ils justifient aussi ce commentaire : « Il est devenu temps [...] de prendre conscience qu'aucun progrès technologique (ni politique) ne peut améliorer la nature humaine. On comprendra que ce qui peut être amélioré, c'est l'existence et non pas l'essence de l'homme » [4]. La thèse selon laquelle l'homme est indépassable est un prérequis éthique ; ce n'est pas une thèse sujette à démonstration, et nous touchons ici aux limites d'un dialogue possible entre Jonas et tout

1. Nathalie Frogneux, *Hans Jonas ou la vie dans le monde, op. cit.*, p. 173.

2. Gilbert Hottois, « Une analyse critique du néo-finalisme dans la philosophie de H. Jonas », in *Hans Jonas. Nature et responsabilité.* Coordination scientifique : G. Hottois et M.-G. Pinsart, *op. cit.*, p. 31.

3. « De la gnose au principe responsabilité. Un entretien avec Hans Jonas. [Entretien avec Jean Greisch et Erny Gillen] », in *Esprit*, 54 (mai 1991), p. 18-19.

4. Thierry Lievens, « La peur comme boussole », *op. cit.*, p. 137.

philosophe qui attend de la technoscience une amélioration de l'homme. Et commentant cette citation, Dominique Janicaud soulignait avec pertinence le lien intrinsèque qui unit dans l'œuvre de Jonas la responsabilité et la finitude humaines, tout en soulignant la précellence de l'essence de l'homme :

> L'apprentissage d'une éthique de la responsabilité passe par l'acceptation fondamentale de la condition humaine en sa finitude et en sa fragilité. Et, de fait, comment travailler à la survie d'une vie humaine sur la terre, si les caractères spécifiques de cette vie humaine sont méconnus [1] ?

Anthropisme, anthropomorphisme et finalisme

Pour conclure cette section, nous proposons dans les lignes qui suivent une interprétation du rapport entre la philosophie de Jonas et le principe anthropique qui s'inspire des trois hypothèses suivantes. 1) Au cœur du principe anthropique, il y a la question de la *possibilité* de notre univers. 2) Le principe anthropique peut être une grille de lecture permettant de rendre compte de l'anthropomorphisme de Jonas. 3) Sous sa forme forte, le principe anthropique requiert une explication proprement *finaliste* de l'univers (« les propriétés de l'univers devaient être ce qu'elles sont pour que la vie pût en émerger »).

1) Dans l'esprit de Jonas, la question cosmologique est bien une question de *possibilité* [2]. On l'a vu, le point de départ du principe anthropique, c'est le constat fait par la cosmologie que les conditions initiales de notre univers sont statistiquement très peu probables – et pourtant cet univers s'est réalisé. Encore une fois sans qu'il évoque explicitement l'hypothèse cosmologique, Jonas se montre très sensible à ses arguments lorsqu'il fait remarquer par exemple que la vie qui est la nôtre se situe dans une fourchette de températures très étroite en regard de l'énorme spectre des températures qui est celui de la matière cosmique et que si la distance de la

1. Dominique Janicaud, « L'adieu critique aux utopies », in *Aux fondements d'une éthique contemporaine*. Direction scientifique et présentation par Gilbert Hottois, *op. cit.*, p. 101.

2. Cf. « Matière, esprit et création », in *Évolution et liberté*, *op. cit.*, p. 233 ; *Philosophische Untersuchungen und metaphysische Vermutungen*, *op. cit.*, p. 43 : « la question cosmologique, c'est : comment comprendre que la matière primitive soit dotée de la possibilité de l'esprit ? ».

terre au soleil était supérieure de 1 % ou inférieure de 5 % seulement, il en résulterait respectivement une glaciation ou une ébullition qui rendraient impossible la vie sur la planète [1].

2) Jonas n'hésite pas à revendiquer un certain anthropomorphisme dont une des justifications peut se formuler ainsi :

> Mais à partir de quoi devons-nous donc extrapoler? À partir du bétail et des chouettes, des serpents et des singes ? Tout cela a déjà été fait, comme on le sait, mais le Dieu d'Israël, qui confesse sa ressemblance à l'homme en disant qu'il veut créer celui-ci à sa propre image, représente une conception supérieure. Évidemment, il nous faut partir du plus élevé qui se montre en l'être pour nous forger un concept du divin, et l'esprit en nous *est* bien le plus élevé qui nous soit connu dans l'univers [...] [2].

L'argument est utilisé ici pour clarifier la question cosmogonique des causes de l'univers. Certes le principe anthropique ne franchit pas ce pas théologique – encore que de nombreuses voix critiques lui en fassent le reproche [3]. Mais l'argument de Jonas vaut déjà pour déduire les propriétés de la matière à partir de ce vivant qu'est l'homme. Au demeurant, la question de Dieu n'est pas capitale chez Jonas puisqu'il refuse un dieu métaphysique ; aussi n'importe-t-il guère qu'il y ait un créateur ou pas dès lors que Jonas refuse l'idée d'un dieu d'ingérence, puisque justement le sien se dépouille de sa puissance [4]. Ainsi est-ce encore un argument anthropique qui rend compte de la divergence énorme entre les ordres de grandeur cosmologique et anthropologique :

> L'argument accablant de la quantité contre l'importance de l'esprit (donc de nous-mêmes) – argument tiré du rapport de grandeur entre l'immensité d'un univers mort et l'extrême petitesse de la vie et de l'esprit au sein de ce dernier – se renverse plutôt en une explication : seul un gigantesque univers spatio-temporel offrait, d'après

1. Cf. *ibid.*, p. 210, n. 1 ; *Philosophische Untersuchungen und metaphysische Vermutungen*, *op. cit.*, p. 72, n. 5. On lit plus loin : « La matière se formant lors du big bang primitif devait déjà comporter la possibilité de la subjectivité » (« Matière, esprit et création », in *Évolution et liberté*, *op. cit.*, p. 225 ; *Philosophische Untersuchungen und metaphysische Vermutungen*, *op. cit.*, p. 36).

2. « Matière, esprit et création », in *Évolution et liberté*, *op. cit.*, p. 231 ; *Philosophische Untersuchungen und metaphysische Vermutungen*, *op. cit.*, p. 41.

3. Cf. Jacques Demaret et Dominique Lambert, *Le principe anthropique*, *op. cit.*, p. IX.

4. Cf. à ce sujet *Le concept de Dieu après Auschwitz*, *op. cit.* et *supra*, chap. III, p. 103 *sq.*

> le règne des pures probabilités, sans ingérence de la puissance divine, quelque chance pour l'émergence de l'esprit, à quelque moment ou en quelque endroit qu'elle survienne; et si cela, la mise à l'épreuve de l'esprit par lui-même dans la finitude, était vraiment l'intention du Créateur, il devait précisément créer un gigantesque univers, et laisser au fini son propre cours au sein de ce dernier [1].

3) Quelle est alors en définitive la forme de finalisme qui parcourt l'œuvre de Jonas ? Ce n'est pas un néo-finalisme aristotélicien – au nom de *l'imprévisible*, il faut admettre que le possible n'est pas de l'ordre de la *dynamis*. Ce n'est pas un finalisme régi par une harmonie préétablie – au nom de la *liberté* cette fois, l'histoire de la vie en particulier et du monde en général n'est pas l'exécution nécessaire d'un plan divin initial. On serait plutôt tenté de parler alors d'un finalisme existentiel, tant il est vrai que la vie est pensée par Jonas selon les catégories de l'existence. Plus précisément, on se demandera si cette pensée aurait pu se développer sans l'héritage que Heidegger laissa à son élève : Jonas aurait-il pu penser l'être de la vie comme possible et bâtir son éthique sur la possibilité de l'homme sans avoir appris, à travers l'analytique du *Dasein*, que celui-ci se définit comme être-possible et que sa possibilité est sa détermination ontologique la plus propre ? Comme chez Jonas en effet, la possibilité est placée chez Heidegger au-dessus de la réalité [2]. Chez Aristote au contraire, l'acte est toujours antérieur à la puissance, aussi bien logiquement que temporellement et substantiellement [3].

DASEIN ET *DASOLLEN*

Pour soutenir que l'analytique du *Dasein* n'a pas été sans exercer d'influence sur Jonas, il n'est que de se reporter à sa conférence de Munich

1. « Matière, esprit et création », in *Évolution et liberté*, *op. cit.*, p. 247; *Philosophische Untersuchungen und metaphysische Vermutungen*, *op. cit.*, p. 56-57.

2. « Plus haute que la réalité se tient la possibilité » (Heidegger, *Sein und Zeit*, § 7. Ceci n'empêche évidemment pas que *Le phénomène de la vie* soit traversé par une critique serrée de *Sein und Zeit* comme l'a récemment montré Jacques Taminiaux, *Sillages phénoménologiques. Auditeurs et lecteurs de Heidegger*, *op. cit.*, 2002, p. 133-152). Nous partageons sa thèse selon laquelle Jonas est en « dette » de Heidegger, mais sans être « en position de disciple » (p. 135).

3. Cf. Aristote, *Métaphysique*, Θ 8.

évoquée ici même, dès le début de nos réflexions[1]. On s'en souviendra, sa critique de la phénoménologie husserlienne amenait Jonas à soutenir qu'avec l'existence de notre corps, « il y va de l'être et du non-être du sujet lui-même »[2]. Ceci ne revient-il pas à dire qu'avec le *corps*, il s'agit pour cet étant de l'être de cet étant ? On suggérera en effet ici que le rapport de Jonas à Heidegger est marqué par la substitution d'une philosophie du corps à celle du *Dasein*. Et pour ce faire, on suggèrera d'abord comment l'auteur du *Phénomène de la vie* a réintégré l'analytique existentiale du maître de Fribourg dans sa phénoménologie de l'organisme.

Mais trois remarques s'imposent avant tout.

1) Il faudra garder à l'esprit l'apparente contradiction suivante. C'est cette interrogation sur *notre* corps qui est à l'origine tout à la fois de la critique de la méthode phénoménologique par Jonas et de sa fondation d'une métaphysique de la vie – c'est-à-dire de *tout* corps *vivant*.

2) Cette critique de la méthode est bel et bien une critique de la méthode phénoménologique telle qu'elle fut fondée par Husserl ; en aucun cas on ne saurait la réduire à une critique de Heidegger.

3) Toujours à suivre la critique de notre auteur, il apparaît que les insuffisances de la phénoménologie font l'objet d'une critique d'ordre essentiellement éthique et non pas d'abord ontologique ou même seulement gnoséologique. Car la question de notre corps, la question même que semble évacuer toute philosophie de la conscience, c'est la question : « Pourquoi faut-il manger ? » – à cette question de la nécessité répond la biologie ; c'est ensuite la question : « Combien faut-il manger ? » – question d'ordre quantitatif que l'intuition eidétique, strictement qualitative, ne peut même pas poser, mais qui est néanmoins posée par « la grandeur réelle, tout à fait empirique de nos corps »[3] ; c'est enfin, quand on a répondu à cette question, les questions « aussi peu philosophiques que celle de savoir s'il y a assez et comment on se le procure »[4]. Tant et si bien, poursuit Jonas, que le marxisme était ici en avance sur la phénoménologie, puisque celle-ci devait par principe se tenir à l'écart de questions touchant à la juste ou

1. Cf. *supra*, p. 17-18.

2. « Philosophie. Regard en arrière et regard en avant à la fin du siècle », in *Pour une éthique du futur*, *op. cit.*, p. 29 ; *Philosophie. Rückschau und Vorschau am Ende des Jahrhunderts*, *op. cit.*, p. 13.

3. *Ibid.*, p. 30 ; *Philosophie. Rückschau und Vorschau am Ende des Jahrhunderts*, *op. cit.*, p. 14.

4. *Ibid.*

injuste répartition des biens de consommation, à l'ordre social bon ou mauvais, etc.

Les impasses de la phénoménologie, toutefois, Jonas ne les surmontera pas aux côtés de Marx, mais bien de Heidegger. Le « tremblement de terre » philosophique du XXe siècle n'eut pas lieu en 1900, avec la parution des *Recherches logiques,* mais en 1927, avec celle d'*Être et temps*, c'est-à-dire avec la naissance de la « philosophie de l'existence » de Heidegger. À la conscience principalement cognitive de Husserl, Heidegger substitue un « je qui veut, qui s'efforce, nécessiteux et mortel »[1].

Jonas lecteur de Sein und Zeit

Or pourquoi qualifier l'œuvre de 1927 de « tremblement de terre philosophique » ?

La première caractéristique d'*Être et temps* que relève Jonas est le langage nouveau dans lequel s'exprime l'œuvre : à des substantifs, Heidegger préfère des verbes qui jouent le rôle de substantifs (*In-der-Welt-sein*, *Geworfensein*, *Miteinandersein*, etc.). Bref, « le modèle de la substance disparaît, tout est pour ainsi dire "en cours" »[2]. *Sein und Zeit*, donc, signe l'acte de décès de tout substantialisme statique.

Mais, transformation des philosophies substantialistes, *Sein und Zeit* est aussi une transformation des philosophies subjectivistes. Car « sujet », désormais, se dit en termes d'être : « être-là ». Or l'être-là est cet étant privilégié dont on sait que pour lui, il s'agit de quelque chose (*es geht ihm um etwas*). « Ce n'est vraiment plus la conscience transcendantale de l'idéalisme », interprète Jonas[3].

Le mode d'être propre du *Dasein* est d'exister « à dessein de soi » *(um seiner willen)* selon Heidegger. La caractérisation *um seiner willen* du *Dasein* signifie, parallèlement à la substitution d'une ontologie dynamique à un substantialisme statique, la réhabilitation d'une finalité immanente à l'être. Il n'est pas inutile de souligner ici l'importance de l'exégèse que Jonas fait d'*Être et temps* pour la suite de son œuvre. Songeons en effet

1. *Ibid.*, p. 32 ; *Philosophie. Rückschau und Vorschau am Ende des Jahrhunderts*, *op. cit.*, p. 15.
2. *Ibid.*, p. 34 ; *Philosophie. Rückschau und Vorschau am Ende des Jahrhunderts*, *op. cit.*, p. 16.
3. *Ibid.*, p. 34 ; *Philosophie. Rückschau und Vorschau am Ende des Jahrhunderts*, *op. cit.*, p. 17.

à la place centrale qu'occupe la finalité dans la philosophie de la nature de Jonas, et partant à la médiation qu'elle exerce entre celle-ci et l'éthique (la fin est la première des valeurs, et poursuivant des fins, la nature est un objet d'éthique qui s'impose à la responsabilité de l'homme). « Il s'agit de quelque chose pour lui » signifie, aux yeux de Jonas, que l'homme est « essentiellement tourné vers une fin, et sa première fin, c'est lui-même ».

De Husserl à Heidegger, la transformation majeure qui s'opère, aux yeux de Jonas, c'est la substitution d'une volonté intéressée à une intentionnalité axiologiquement neutre.

> Le *um seiner willen* domine tous les rapports du *Dasein* au monde. L'« intentionnalité » de la conscience, qui chez Husserl désigne de manière tout à fait neutre le fait d'avoir-un-objet en tant que tel, se montre maintenant toute pénétrée d'intérêt ; la volonté l'emporte sur l'intuition, et le monde est en tout premier lieu pratiquement « là » pour l'être-là [1].

Et Jonas de poursuivre son interprétation volontariste de l'analytique du *Dasein* jusqu'à déceler chez Heidegger une certaine parenté avec l'utilitarisme et le pragmatisme anglo-saxons !

Le grand projet de Jonas fut de poser les jalons d'une « biologie philosophique ». Par ailleurs, Le *Principe responsabilité* s'emploie à définir les tâches d'une « nouvelle éthique » dont Jonas montre qu'elle doit s'appuyer sur une métaphysique qui à son tour s'enracine, selon une circularité herméneutique, dans cette même éthique. Enfin, ce qui nous apparaît ici, c'est que la métaphysique de la vie qu'esquisse la biologie philosophique s'enracine dans une réinterprétation du *Dasein* heideggerien rendue possible par une interprétation « utilitariste » du *um seiner willen*.

S'interrogeant en effet sur la question de savoir pourquoi la définition du *Dasein* est « qu'il s'agit de lui-même », Jonas répond :

> Parce que sans cela il périrait, parce qu'il est constamment exposé au néant. Ainsi, avec le final, avec l'avoir-une-fin s'exprime dans la définition en même temps le précaire, l'aspect menacé de l'être-là : parce qu'il est *mortel*, il faut qu'il y aille pour lui de l'existence en tant que telle. Celle-ci doit être à chaque fois gagnée sur l'immi-

1. *Ibid.*, p. 35 (trad. modifiée) ; *Philosophie. Rückschau und Vorschau am Ende des Jahrhunderts*, *op. cit.*, p. 17-18.

> nence permanente de la mort. C'est pourquoi le mode fondamental de l'être-là est le « souci »[1].

Entendu en ces termes, le souci est donc le souci de rester en vie, un souci « désontologisé » et finalisé. Finalisé, le *Dasein* poursuit des fins qui sont autant de conditions à sa survie parce qu'il est constamment exposé à la mort : c'est en ces termes qu'il faut entendre que son mode d'être fondamental est le souci.

Or une telle lecture se caractérise pour l'essentiel par la substitution d'une interprétation biologique à l'analytique existentiale du *Dasein*. Pour preuve, on se contentera de faire valoir que le souci heideggerien réinterprété en termes d'un besoin vital n'est plus du tout le propre du *Dasein*, mais plutôt du vivant comme tel : l'animal et tout organisme vivant en général sont aussi bien *zum Tode* que l'homme ! De Heidegger à Jonas, on passe ainsi d'une ontologie du *Dasein* à une ontologie du vivant, par le biais d'une extension des existentiaux à la sphère de la vie[2].

Une métaphysique de la vie fondée sur les existentiaux

Il est tout à fait caractéristique que ce soit précisément la question de l'individuation – celle qui est au cœur de la définition du *Dasein* comme un étant *um seiner willen* – que Jonas retrouve lorsqu'il s'emploie à définir en termes métaphysiques le surgissement de la vie.

Par ailleurs, en même temps qu'il reprend en termes métaphysiques la question de l'individuation, Jonas conserve les existentiaux tels que la temporalité et le monde. Car premièrement, la spécificité de la forme vivante, c'est qu'elle est temporelle – sans cela elle n'est pas identique. Et ensuite, le métabolisme propre à l'organisme vivant signe son mode d'être essentiel qu'est son échange permanent avec un monde dans lequel il est actif : pas d'ipséité sans altérité du monde.

1. « Philosophie. Regard en arrière et regard en avant à la fin du siècle », in *Pour une éthique du futur*, *op. cit.*, p. 35-36 ; *Philosophie. Rückschau und Vorschau am Ende des Jahrhunderts*, *op. cit.*, p. 18.

2. Même si « celui qui détermina sa pensée n'était pas d'abord l'auteur de *Sein und Zeit* mais le maître qui, à Fribourg puis à Marbourg, préparait la genèse de cet ouvrage à même des leçons qui pour l'essentiel proposaient une lecture phénoménologique d'écrits de Platon et d'Aristote, parmi lesquels figurait le *De Anima*, traité [...] que Jonas [...] tenait pour un exemple toujours valable de biologie philosophique » (Jacques Taminiaux, *Sillages phénoménologiques*, *op. cit.*, p. 137).

On peut illustrer le recours de Jonas à la métaphysique en observant qu'il définit la vie ou caractérise son surgissement au sein de la nature par le recours au vieux couple conceptuel de l'hylémorphisme : matière et forme[1]. La différence hylémorphique est fondamentale en ceci que pour le non-vivant, elle n'est qu'une *abstraction*, tandis que dans le cas du vivant, cette différence devient une *différence réelle*. Toujours en termes aristotéliciens, cette différence hylémorphique se double d'une différence substantialiste qui marque un renversement ontologique : dans le cas du vivant, la forme est devenue l'essence et la matière n'est qu'accident : avec l'apparition de l'organisme, le matériel cesse d'être la substance pour n'être plus que le substrat.

C'est ici que se joue la théorie jonassienne de l'individuation, articulée autour des notions d'autonomie et de temporalité. Car le mode d'être de la forme, c'est l'autonomie, ce qui ne signifie pas pour autant séparation puisqu'il y a toujours unité de forme et de matière dans les étants naturels. Dans le cas du vivant, la réalité est dans la *durée*. Seule la durée est la concrétion de l'unité de l'organisme, et cette unité est un accomplissement productif. La temporalité est le *medium* de la totalité formelle du vivant. Loin d'être une extériorité indifférente, la temporalité est l'élément qualitatif de la présentation de la forme elle-même, le moyen par lequel la forme s'unit à la pluralité de ses substrats. Cette liaison dans son procès dynamique : voilà ce qu'on appelle la vie.

Qu'en est-il maintenant de l'identité ?

C'est parce qu'elle est temporelle que la forme vivante est identique. Dans le cas du non-vivant, l'identité n'est qu'un attribut logique se limitant à la tautologie du A = A. Dans le cas du vivant, en revanche, l'identité a un caractère plus riche sur le plan ontologique, toujours plus performant par rapport à l'altérité matérielle. La spécificité de la forme vivante, en effet, c'est qu'elle n'a pas *une fois pour toutes* sa permanence matérielle (souvenons-nous que le mérite de Heidegger, selon Jonas, fut de substituer une dynamique à une statique !) : la forme vivante est en échange permanent avec le monde, et c'est en cela qu'elle subsiste – c'est le principe d'un concept cher à Jonas : le métabolisme. Telle est donc l'indépendance – que Jonas n'hésite pas à appeler liberté – de la forme par rapport à la matière dans le cas du vivant : la forme est *active*, c'est elle qui est le *réel* dans la relation hylémorphique, c'est elle qui attire à soi et rejette de soi la matière qu'elle assimile.

1. Cf. *PhV*, p. 90 *sq.* ; 80 *sq.*

Le problème de l'identité ne peut dès lors plus se comprendre que dans les termes d'une relation du tout aux parties. Il ne peut y avoir d'identité atomique ou monadique. Seule la durée, c'est-à-dire le changement, garantit l'identité, tandis que l'auto-identité d'une particule de matière n'est qu'une égalité vide.

C'est dans sa métaphysique de la vie que Jonas retrouve la question de l'individuation, traitée sur les fondations d'un double couple conceptuel métaphysique traditionnel : l'hylémorphisme et le couple substance-accident. La question de l'individuation se résolvant dans l'ipséité du *Dasein* défini comme *um seiner willen* chez Heidegger, elle se résout dans l'autonomie du vivant, totalité une et formelle de parties multiples et matérielles chez Jonas.

De la différence ontologique à la différence éthique

Si le site de l'ipséité n'est plus le *Dasein* mais le *Leib*, faut-il pour autant conclure qu'il n'y a plus de différence qualitative entre l'homme et l'animal ? Non, mais ce saut est éthique et non plus ontologique. La définition de l'homme est donc au-delà de l'être chez Jonas.

Qu'en est-il dès lors du *Dasein* ? Est-il perdu, dès lors que les existentiaux ne sont plus son propre mais le propre de tout vivant ? Certes non, mais le lieu de sa transcendance s'est déplacé : du niveau ontologique où elle siégeait dans le *um seiner willen*, la transcendance s'est déplacée au niveau éthique pour siéger dans la *responsabilité*.

En dépit de sa volonté affirmée de fonder son éthique sur une métaphysique, en dépit de sa métaphysique de la vie, force est de constater que Jonas, sur ce même terrain, fait œuvre nouvelle à la suite de son maître de Fribourg en réfutant toute métaphysique de la *présence*, toute métaphysique *dualiste*, et enfin en repensant à nouveaux frais la *subjectivité*[1]. En effet, le vivant n'est pas sur le mode de la présence mais, se définissant par sa temporalité, il existe sur un mode extatique. Deuxièmement, le vivant est intrinsèquement non dualiste. Enfin, son identité n'a rien de subjectiviste, puisqu'elle se définit par un *Umzu*.

1. Cf. les trois caractéristiques de la métaphysique selon Franco Volpi, « Wittgenstein et Heidegger : le "dépassement" de la métaphysique entre philosophie analytique et philosophie continentale », in *La métaphysique. Son histoire, sa critique, ses enjeux*, éd. par Jean-Marc Narbonne, Luc Langlois, « Zêtêsis », Paris, Vrin ; Québec, PUL, 1999, p. 61-89.

Dans un dernier temps de cette geste critique à l'égard de la phénoménologie heideggerienne, Jonas récupère enfin la transcendance de l'homme par rapport aux vivants au niveau éthique et non plus ontologique : si l'homme n'est plus un *Dasein*, peut-être devrait-on alors l'appeler *Dasollen*[1]...

UNE FONDATION PHÉNOMÉNOLOGIQUE DE L'ÉTHIQUE JONASSIENNE ?

L'éthique fondée sur la valeur telle que nous avons essayé de la reconstruire dans les pages qui précèdent n'est pas sans évoquer le courant de l'éthique phénoménologique des valeurs inauguré par Max Scheler et par delà, sa source brentanienne.

C'est à Brentano en effet que remonte un axiome éthique fondamental : l'existence d'une valeur est déjà une valeur[2]. On sait comment Scheler, dans son *Formalisme*, s'appuiera sur cet axiome pour élaborer son éthique des valeurs[3]. Or si la reconstruction de l'éthique de Jonas qui précède est défendable, il est évidemment tentant de voir au cœur de celle-ci une « relève » de l'axiome brentanien où l'existence le cède à la possibilité, ou plus précisément à la faculté : « la faculté de valeur est elle-même déjà une valeur »[4], avions-nous vu plus haut[5].

Que Jonas n'est pas personnaliste

Sur le fond, l'hypothèse d'une proximité philosophique entre l'éthique de la valeur de Jonas et l'éthique des valeurs de Scheler – qui reste avant tout un personnalisme des valeurs – semble cependant très aventureuse. De l'analyse que nous avons faite plus haut[6] du rôle de l'impératif catégorique chez Jonas, il ressortait en effet que la philosophie de celui-ci ne peut en aucun cas s'entendre comme un personnalisme. Certes la désignation du

1. C'est pourquoi Jonas soutient que toute prescription morale ne puise en dernière instance sa validité que dans un « devoir "ontologique" » (*PR*, p. 180; 234).

2. *PR*, p. 76; 100.

3. Cf. Max Scheler, *Le formalisme en éthique et l'éthique matériale des valeurs*, trad. fr. Maurice de Gandillac, 2e éd., Paris, Gallimard, 1955, p. 103.

4. *PR*, p. 76; 100.

5. Cf. *supra*, p. 156.

6. Cf. *supra*, p. 151 *sq*.

nouveau-né comme archétype de la responsabilité prête le flanc à cette lecture. Aussi bien celle-ci a-t-elle été tentée. Ainsi par exemple Josef Seifert croit-il pouvoir voir dans la responsabilité « une dimension personnaliste de son éthique, qui évoque à plusieurs égards l'école polonaise du personnalisme »[1]. Pour Robert Spaemann aussi, on l'a vu, l'archétype de la responsabilité revêt suffisamment d'importance pour qu'il voie dans l'éthique de Jonas une riposte à l'éthique de la discussion : le nouveau-né ne saurait être un partenaire de discussion, mais il est le paradigme de notre responsabilité[2].

Au demeurant, tout donne à penser qu'une telle piste d'investigation ne puisse conduire qu'à l'impasse. Une des seules occurrences du nom de Scheler se trouve dans un contexte critique et ironique à l'égard du projet husserlien d'une science philosophique rigoureuse, dans lequel l'auteur du *Formalismus* se voit réduit à bien peu de choses :

> Quelqu'un – d'extérieur à la phénoménologie – demanda un jour à Husserl lui-même si la phénoménologie avait aussi son mot à dire à propos de Dieu. La réponse aurait été la suivante : « Si nous le rencontrons comme une donnée de la conscience, eh bien nous le décrirons ». Cela paraît presque frivole; mais c'est un fait que pour certains la phénoménologie de Husserl a été un chemin menant à Dieu, surtout dans la direction catholique. Rappelons les noms d'Edith Stein ainsi que de Max Scheler[3].

Bien loin que quelque proximité puisse donc être établie entre l'éthique de la valeur de Jonas et l'éthique des valeurs de Scheler, d'aucuns recourent en fait à celui-ci pour dénoncer le déontologisme de celui-là ! C'est ce qu'a entrepris une fois encore B. Baertschi. Dans une perspective résolument anti-kantienne, il s'interroge sur les raisons pour lesquelles l'erreur est si fréquemment commise en philosophie morale de donner la priorité au devoir. C'est ainsi qu'il en arrive à déclarer :

1. Josef Seifert, « Der entfesselte Prometheus und eine Ethik der Verantwortung – Gegen den Strom. Vortrag zum Tod des Philosophen und Religionswissenschaftlers Hans Jonas (1903-1993) », *in* Rocco Buttiglione, Radim Palouš, Josef Seifert, *Die Verantwortung des Menschen in einem globalen Weltzeitalter. Radim Palouš' und Hans Jonas' Entwürfe einer Ethik für ein neues Zeitalter*, Heidelberg, Winter Verlag, 1996, p. 29-65, citation p. 46.

2. Cf. *supra*, p. 142 *sq*.

3. « Philosophie. Regard en arrière et regard en avant à la fin du siècle », in *Pour une éthique du futur*, *op. cit.*, p. 27-28 (trad. modifiée); *Philosophie. Rückschau und Vorschau am Ende des Jahrhunderts*, p. 12.

> Ce qui est constitutif de la moralité, dans son principe et dans sa pratique, ce sont donc bien des visées de valeurs et les vertus qu'elles engendrent ; on comprend maintenant que l'axiologie commande l'éthique et qu'elle soit en amont d'une doctrine des devoirs, des droits et des normes. Ainsi, si l'homicide est répréhensible, ce n'est pas d'abord parce qu'il existe une loi qui dit : « Tu ne tueras pas ! » et qu'il est interdit de la transgresser, mais parce que la vie humaine est un bien très important ; c'est donc le mépris de sa valeur qui qualifie ultimement l'homicide de mauvais. C'est pourquoi, même si l'on peut dire qu'il existe des devoirs naturels, il reste qu'ils ne sont jamais primitifs, mais toujours *dérivés* par rapport aux valeurs : les jugements normatifs se fondent toujours sur des jugements évaluatifs [1].

C'est donc la perception d'une valeur et non pas le devoir qui est le premier *impetus* de la vie morale selon Baertschi. Or si le devoir reçoit si souvent par erreur une place privilégiée en morale, c'est, toujours selon cet auteur, pour une raison majeure, qui tient à la confusion entre le devoir-être idéal et le devoir-être comme tâche. Scheler pourtant avait précautionneusement distingué l'*ideales Seinsollen* et le *Tunsollen*. Certes, concède B. Baertschi après l'auteur du *Formalisme*, toute valeur contient bien l'exigence d'un devoir-être, mais cela ne veut pas encore dire qu'il en résulte un devoir au sens d'une obligation, c'est-à-dire d'un devoir-comme-tâche. À ses yeux, Jonas est tombé dans le piège du déontologisme, qui confond devoir-être idéal et devoir-comme-tâche et réduit même l'idéal à la tâche. Pour preuve, conclut B. Baertschi, cette citation exemplaire : « La valeur [...] fonde donc une revendication d'être, un *devoir-être* [...] qui en fait une obligation [...] » [2].

À recevoir cette critique donc, l'éthique de Jonas serait un déontologisme plus qu'une éthique de la valeur et tout rapprochement avec

1. Bernard Baertschi, *La valeur de la vie humaine et l'intégrité de la personne*, « Philosophie morale », Paris, P. U.F., 1995, p. 33-34. Cette critique ne nous semble pas pouvoir s'accorder avec le texte même de Jonas. À propos du fameux dilemme casuistique (dont il dit qu'il est « pervers ») de la maison en feu dont on ne peut retirer qu'un enfant ou la *Madone Sixtine* de Raphaël, Jonas fait remarquer qu'il montre bien « que le concept de valeur ne peut pas servir de base à une doctrine des obligations » (*PR*, p. 144, n. 10 ; 400-401). Jonas montre dans cette note fondamentale autant que difficile que la vie de l'enfant n'est pas une valeur comme l'est une œuvre d'art, quoique je sois plus responsable de l'enfant que de l'œuvre (je dois pouvoir répondre à l'un mais pas à l'autre). Quand on parle de la « *valeur* d'une vie singulière », on évoque en fait le *droit* de celle-ci à être une fin en soi.

2. *PR*, p. 76 ; 100.

l'éthique des valeurs de Scheler ne pourrait procéder que d'un contresens. Et de fait on sait par ailleurs que Jonas n'a jamais étudié ni Brentano ni Scheler : à la question de savoir si de tels rapports philosophiques peuvent être établis, Madame Jonas répond ce qui suit.

> Il n'y a jamais eu une édition de Scheler parmi ses [de mon mari] livres. Il n'a jamais étudié Brentano non plus. Ça, j'en suis sûre. Il y eut bien des histoires sur Scheler, qu'il entendit de Dietrich von Hildebrand, mais cela n'était que des potins philosophiques. Hildebrand, qui enseigna un an à New Rochelle, fut un hôte de notre maison [1].

Sitôt qu'on renonce à la piste de Scheler, notre enquête nous oriente donc dans la direction de son élève Hildebrand, que Jonas connut et fréquenta personnellement. Or on retrouve dans son *Ethik* la thèse d'un fondement ontologique dans la valeur, à travers la catégorie de signification. Pour soutenir l'idée d'une communion de pensée entre Hildebrand et l'auteur du *Principe responsabilité*, qu'il suffise de rappeler en quels termes Jonas explique pourquoi la question du devoir-être doit précéder la question de l'être.

> Pour en revenir encore une fois au *pourquoi* dans la célèbre question fondamentale, « pourquoi il y a quelque chose », nous avions trouvé que le comprendre au sens de la provenance causale rend la question insensée pour l'être en sa totalité, mais le comprendre au sens d'une norme justificatrice (« cela vaut-il la peine d'être ? ») lui confère un sens et en même temps le détache de tout rapport à un auteur, c'est-à-dire à la foi. Le sens de la question pourquoi *il y a* quelque chose et non rien, doit donc être celui-ci : pourquoi quelque chose *doit* être de préférence au rien, quelle que soit la cause qui fait qu'elle advient. La seule chose qui importe, c'est le sens de ce « doit » [2].

La priorité du devoir-être sur l'être, ou le primat de l'éthique sur l'ontologie, est donc une question de *sens*. Or c'est précisément la même catégorie (*Bedeutsamkeit*[3]) qui a la préséance dans le questionnement philosophique chez Hildebrand. Dans le cinquième chapitre de son *Ethik* en effet, Hildebrand s'occupe, avant de détailler les diverses formes de signification, de déterminer quel est le type de signification qui peut

1. Lettre de Lore Jonas à Olivier Depré du 27 mai 2001.
2. *PhV*, p. 99 ; 75-76.
3. Il n'y pas lieu ici de faire de distinction entre *Sinn* et *Bedeutung*.

prétendre à une ultime et inconditionnelle validité. Et c'est dans ce chapitre, intitulé « Le primat des valeurs », qu'il pose cette question métaphysique :

> Quel est le sens [*Sinn*], quelle est la signification [*Bedeutung*] d'un étant ? Si nous savons seulement que quelque chose *est* ou existe, nous ne sommes pas encore parvenus à la pleine réponse qui s'impose objectivement et dont notre esprit est essentiellement assoiffé. L'existence d'une chose appelle nécessairement la question de son sens, de sa signification [1].

Hartmann et le devoir-être actuel

Mais enfin, après Scheler et Hildebrand, il faut mentionner Nicolai Hartmann ; une attention soutenue portée à ce philosophe permet, nous semble-t-il, de contourner la critique de Baertschi concernant la confusion entre devoir-être idéal et devoir-être comme tâche. On sait que Jonas, qui a suivi l'enseignement de Hartmann à Marbourg, l'a lu, voire étudié. Les Archives-Jonas de Constance [2] contiennent en effet un bref manuscrit non daté mais remontant indiscutablement à la période 1926-1933 qui consiste en un extrait du chapitre 39 de l'*Ethik* de Hartmann intitulé « Das Gute » [3]. Comme on sait, la question de l'être de la valeur est au centre de l'éthique de Hartmann ; elle est aussi au cœur de la critique que Scheler adressera à Hartmann, et elle est aussi présente dans sa métaphysique, à propos de la distinction entre *Dasein* et *Sosein* [4]. Dans ces conditions, il peut être instructif pour notre propos de voir de plus près comment Hartmann se dégageait de Scheler avec sa catégorie de « devoir-être actuel » (*aktuales Seinsollen*).

Dans l'important chapitre 18 de son *Ethik* (« Das Verhältnis von Wert und Sollen »), Hartmann répète après Scheler qu'un devoir-être idéal

1. Dietrich von Hildebrand, *Gesammelte Werke*, hrsg. v. der Dietrich von Hildebrand Gesellschaft II. *Ethik*, Stuttgart, Kohlhammer, 1959, p. 78.

2. Sur l'histoire des archives de Hans Jonas, cf. Brigitte Uhlemann, « Le *Nachlaß* de Hans Jonas aux Archives philosophiques de l'Université de Constance », in *Études phénoménologiques*, 33-34 (2001), p. 155-162.

3. [HJ 2-17-4].

4. Cf. là-dessus Robert Spaemann, « Daseinsrelativität der Werte », in *Person und* Wert, hrsg. von Christian Bermes, Wolfhart Henckmann u. Heinz Leonardy, Fribourg-Munich, Alber, 2000, p. 29-46.

(*ideales Seinsollen*) n'est pas un devoir-faire (*Tunsollen*), lequel ne concerne jamais qu'un sujet doté de volonté. Mais Hartmann d'ajouter que je devrais réaliser un devoir-être *dès lors que celui-ci dépendrait de moi*, dès lors « qu'il serait sous la coupe de mon pouvoir »[1]. Deuxièmement, le devoir-être actuel « intervient là où [le devoir-être idéal] se trouve en opposition à la réalité, là où des valeurs en soi sont irréelles »[2]. Et troisièmement, le devoir-être actuel, qui n'est pas encore un devoir-faire, requiert un point d'ancrage : il doit y avoir un « point de contact pour le devoir dans l'étant »[3] ; – ce point d'ancrage du devoir-être actuel, c'est le sujet.

La théorie du devoir-être actuel que propose Hartmann répond donc au besoin d'une médiation entre devoir-être idéal et devoir-faire. Si l'on recherche quelque parenté catégorielle entre Jonas et Hartmann, la première remarque qui s'impose est que le passage du devoir-être au devoir-faire est requis lorsque *ce qui doit être dépend de mon pouvoir*. Or c'est la même thèse qui constitue le noyau de l'éthique jonassienne si l'on veut bien avoir à l'esprit que celle-ci repose intégralement sur le couple conceptuel puissance-responsabilité. Pour la première fois dans l'histoire de l'humanité, l'être dépend aujourd'hui de la puissance inégalée et démesurée de l'homme, de telle sorte que celle-ci constitue une menace pour les valeurs qui, par leur nature, doivent être, mais qui néanmoins pourraient n'être pas précisément à cause de ma puissance : « Jamais une époque n'a disposé d'une telle *puissance* – de surcroît constamment et nécessairement active –, ni porté une telle *responsabilité* »[4]. L'interprétation que Jonas donne de la puissance humaine est donc celle d'une *perturbation ontologique* dans l'ordre ontologique – pour le dire dans les mots de Spaemann, du fait de la

1. Nicolai Hartmann, *Ethik*, Berlin, De Gruyter, 1962, p. 171.

2. Peter Singer, *Questions d'éthique pratique*, *op. cit.*, p. 186. Précisons qu'en écrivant cela, Singer ne se réfère d'aucune manière à Jonas, qui est d'ailleurs absent de l'*index nominum* de son livre. On trouvera une sévère critique de Singer dans Hans Jonas, *Une éthique pour la nature*. Édité par Wolfgang Schneider. Traduction à partir de l'allemand, avant-propos et notes de Sylvie Courtine-Denamy, « Midrash essais », Paris, Desclée de Brouwer, 2000, p. 91 *sq*.

3. Nicolai Hartmann, *Ethik*, *op. cit.*, p. 177.

4. « Sur le fondement ontologique d'une éthique du futur », in *Pour une éthique du futur*, *op. cit.*, p. 70 ; *Philosophische Untersuchungen und metaphysische Vermutungen*, *op. cit.*, p. 128.

puissance de l'homme, il n'y a plus de normalité[1]; de même chez Hartmann, le devoir-être actuel est une catégorie requise par les situations où l'ordre ontologique dépend d'une puissance humaine.

La seconde remarque qu'on formulera au sujet d'une parenté philosophique entre Hartmann et Jonas, c'est que la position médiane entre devoir et réalité est occupée chez l'un comme chez l'autre par le sujet : l'homme est « l'instance médiatrice dans le réel »[2], dit Hartmann. Certes il faut se garder d'accorder une importance excessive à l'extrait de l'*Éthique* qu'a recopié Jonas. Mais on ne se gardera pas de faire remarquer que cet extrait – qui n'est pas l'équivalent d'une photocopie, mais qui consiste plutôt en la sélection de quelques passages – reproduit sur la fin les mots suivants : « Gerade die höchste Potenz ist zugl. die höchste Gefahr. Zum Wesen des Menschen gehört es, in dieser Gefahr zu stehen »[3]. Et reprenons maintenant la citation de Jonas incriminée par Bernard Baertschi : « La valeur [...] fonde donc une revendication d'être, un *devoir-être* et qui en fait une obligation [...] »[4]. Or la suite de la citation, escamotée par Baertschi, est éclairante sur fond de l'éthique de Hartmann : « La valeur [...] fonde donc une revendication d'être, un *devoir-être* et qui en fait une obligation *là où l'être dépend d'un agir impliquant un choix libre* »[5]. Exactement comme chez Hartmann donc, c'est la menace du devoir-être par une puissance libre qui fonde le passage du devoir-être au devoir-faire.

La troisième parenté philosophique qu'on relèvera entre les deux philosophes concerne le rapport de l'homme au monde. Selon Hartmann, le sujet éthique est « l'administrateur du devoir dans le monde de l'être

1. L'interprétation que R. Spaemann a proposée de la philosophie de Jonas lors de la remise à celui-ci du Prix des libraires en 1987 s'appuie sur l'idée que *la normalité a aujourd'hui disparu* : « *Le principe responsabilité* attire l'attention sur la crise dans laquelle entre la normalité de la vie. L'éthique traditionnelle est une éthique de la normalité. La meilleure formulation de son principe est peut-être à trouver chez Goethe : "fais ce qui est droit pour les affaires qui te concernent, le reste se fera de lui-même". Or ceci n'est plus vrai » (Robert Spaemann, « Laudatio », in *Friedenspreis des Deutschen Buchhandels*, *op. cit.*, p. 22).

2. Nicolai Hartmann, *Ethik*, *op. cit.*, p. 179.

3. « La puissance la plus haute est justement aussi le danger le plus élevé. Il appartient à l'essence de l'homme de se tenir dans ce danger ». Jonas cite mot pour mot Hartmann, *op. cit.*, p. 381. Quelques lignes plus bas, Hartmann écrit aussi : « L'homme porte son danger en lui-même – dans la puissance qu'il est » (*ibid.*).

4. *PR*, p. 76 ; 100.

5. *Ibid.* Nous soulignons la fin de la citation.

réel »[1], mais ce sujet n'est malheureusement pas toujours fidèle. Il ne percevra pas nécessairement le devoir-être actuel comme un devoir-faire qui s'impose à lui, il dépendra toujours de lui qu'il investisse ou non sa capacité d'action. Le dernier mot revient ainsi à la liberté, qui, en réaction au devoir qui se rend à lui perceptible, pourra toujours répondre ou non à la « requête » (*Anforderung*) de celui-ci[2]. Dans les termes de Jonas, cette requête est « l'appel muet » émanant du monde de la vie en raison de sa vulnérabilité et demandant qu'on préserve son intégrité : « devons-nous l'entendre, devons-nous reconnaître la légitimité de sa prétention [...] ? »[3] s'interrogeait le philosophe. Si l'homme est le gérant de la nature, c'est donc en raison du trio conceptuel que constituent le pouvoir, la responsabilité et la liberté qui le caractérisent. Tant et si bien que dans une célèbre conférence, Jonas allait jusqu'à rendre l'homme responsable, non seulement de la création, mais de la « question de Dieu » elle-même[4].

On objectera les mots de Madame Jonas elle-même : « Nicolai Hartmann n'a pas joué de rôle particulier dans [la] pensée [de mon mari]. Ainsi par exemple, les livres de Nicolai Hartmann ne se trouvaient pas dans sa bibliothèque [...] »[5]. Rappelons seulement qu'il n'a nullement été question d'établir ici de filiation directe; encore moins voudrait-on diminuer en quoi que ce soit l'originalité incontestable de la pensée de Jonas. Il s'agissait seulement de dégager les conditions crédibles d'une interprétation phénoménologique de son éthique.

1. Nicolai Hartmann, *Ethik*, *op. cit.*, p. 181.
2. Cf. *ibid.*
3. *PR*, p. 27; 29.
4. *Le concept de Dieu après Auschwitz*, *op. cit.*, p. 20 (trad. modifiée). Philippe Ivernel traduit *göttliche Sache* par « cause divine »; *Philosophische Untersuchungen und metaphysische Vermutungen*, p. 196.
5. Lettre de Lore Jonas à Olivier Depré du 2 mai 2002.

APPENDICE

LES FONDEMENTS BIOLOGIQUES DE L'INDIVIDUALITÉ*

par HANS JONAS

I

Dans la tradition philosophique, le concept de l'individu fut longtemps régi par le concept de singularité numérique. La question posée était : qu'est-ce qui fait que deux choses par ailleurs entièrement les mêmes diffèrent en nombre ? « Par ailleurs les mêmes » signifiait : les mêmes quant au genre ; et puisque « genre » comprend tout ce qui est prédicable et donc commun, la seule différence en nombre doit signifier une différence en quelque chose d'inexprimable. Cet inexprimable, soutenait-on, est la « matière », l'irréductible support de l'essence dans le monde du fait (« Tout ce

* Le texte qui suit est la traduction française de « Biological Foundations of Individuality », chapitre IX des *Philosophical Essays. From Ancient Creed To Technological Man* de Hans Jonas (Chicago-Londres, University of Chicago Press, 1980, p. 185-205) ; ce texte avait paru une première fois dans *International Philosophical Quarterly*, 8 (juin 1968). La présente traduction française a été publiée d'abord par les *Études phénoménologiques*, 23-24 (1996), p. 99-130. Nous la reprenons dans le présent volume avec l'aimable autorisation de cette revue et celle de Madame Lore Jonas, que nous tenons tout particulièrement à remercier ici (N.d.T.).

qui est multiple en nombre a de la matière », Arist., *Met.*, XII, 8*). La matière jointe à la forme est ce qui fait d'un particulier, par delà ses déterminations générales, un particulier; et c'est grâce à la « division » de la matière qu'il existe maints particuliers de la même forme : *Individuorum multitudo fit omnis per divisionem materiae* (Avicenne, *In Met.*, XI, 1)**. Aussi la matière était-elle considérée comme le *principium individuationis*. Mais comment la matière, qui est l'indéterminé lui-même, la simple puissance de forme, peut-elle être le principe de la détermination ultime ? À cette question Thomas d'Aquin répondit que ce n'était pas la *materia prima*, la matière indéterminée, mais la *materia signata*, la matière préstructurée « par la quantité » selon « certaines dimensions » qui procure l'individuation. La matière individue la forme à travers ses propres déterminations *spatiales*. En un sens, dès lors, la matière elle-même est individuée en tant que tout par la structure quantitative (*quantitas dimensiva*), avant d'individuer quelque forme particulière[1]. Ceci mène tout droit à l'idée (encore soutenue par Schopenhauer) que les principes d'individuation sont « l'espace et le temps » : le *hic et nunc*, l'« ici et maintenant », détermine chaque existence comme individuée. Ceci revient à dire que quelque chose de formel et de relationnel individue la forme ; et cela fait clairement de l'individualité une simple question de référence externe, une fonction du lieu dans un médium neutre. Une chose est individuée, non en vertu de ce qu'elle est mais en conséquence du lieu et du moment où elle est.

Pourtant nous sentons que par delà les relations externes, l'individualité doit avoir une attache dans l'entité même à laquelle elle est attribuée – qu'elle est quelque chose que cette entité possède de façon interne et qui est inséparable de son idée. Ce sentiment trouve son expression dans un autre courant de la pensée traditionnelle concernant l'individu qui souligne l'unicité de chaque chose en tant

* Dans la traduction de Tricot (Paris, Vrin, 1953) : « Tout ce qui est numériquement multiple renferme de la matière », 1074 a 33-34 (N.d.T.).

** Toute multiplicité des individus se fait par la division de la matière (N.d.T.).

1. Thomas d'Aquin, *De ente et essentia*, c. 2 ; *Summa theol.* III, 77, 2.

qu'elle est fondée dans son essence plutôt que dans l'accident de sa localisation ou la contrainte de sa matière. Duns Scot réclame pour chaque individu sa propre « forme », et même une « forme d'individualité » en tant que composante nécessaire de son essence concrète : l'*haecceitas* (« eccéité ») complète la *quidditas* (« quiddité »); la *Socratitas* complète l'*humanitas*. Leibniz fait encore un pas de plus lorsqu'il individualise complètement l'« essence » comme telle : il n'*est* que des essences individuelles, chacune étant la loi d'une unique carrière (*career*) d'être implicite dans la monade qui représente cette seule essence. La nécessaire différence de contenu de deux monades qui autrement seraient une – et c'est dans le cas de Leibniz une différence de contenu *subjectif* – signifie l'individualité *essentielle* de chacune, une individualité s'autoréalisant dans la totalité de son histoire autonome dont l'essence est la loi génératrice[1].

Aucune de ces deux manières traditionnelles de rendre compte de l'individualité ne nous satisfait. L'une la rend trop extrinsèque, relationnelle et fortuite, l'autre la fait trop immanente, se suffisant à elle-même et absolue ; et les deux en font une possession universelle de toutes les entités concrètes, coextensive à l'existence particulière comme telle. En somme, la théorie traditionnelle envisage l'individu de l'extérieur, comme un objet de connaissance, en notant les traits par lesquels, pour le spectateur, il excède son concept général. Par contraste, je souhaite adopter ici un point de vue « intérieur », en demandant ce que c'est que d'*être* un individu – pour l'individu lui-même ; et j'essaierai d'exposer un concept qui fait de l'individualité la prérogative d'un mode d'existence spécifique et par là le propre d'êtres dotés de ce mode d'exister. Le critère que je propose comme préalable est le suivant.

1. À strictement parler, cette individualité aussi est fonction du tout de l'univers : il ne peut y avoir réduplication d'un individu dans le même univers, mais il serait réitéré dans une répétition de cet univers et devrait être réitéré d'innombrables fois dans une répétition éternelle de toutes choses (l'« *ewige Wiederkunft* » de Nietzsche [l'éternel retour (N.d.T.)]) – et en ce sens l'essence devient à nouveau universelle.

Seules sont des individus ces entités dont l'être est leur propre faire (et ainsi, en un sens, leur tâche) : ces entités, en d'autres termes, qui sont livrées à leur être pour leur être, de sorte que leur être leur est confié et qu'elles sont chargées d'entretenir cet être par des actes toujours renouvelés de celui-ci. Des entités, par conséquent, qui dans leur être sont exposées à l'éventualité du non-être, comme potentiellement imminente, et qui accomplissent l'être en réponse à cette imminence constante ; entités, par conséquent, qui sont temporelles dans leur nature la plus intime, qui n'ont l'être qu'en toujours-devenant, chaque moment posant une nouvelle question dans leur histoire ; dont l'*identité* à travers le temps est ainsi, non pas l'identité inerte d'un substrat permanent, mais l'identité autocréée de l'accomplissement continu ; entités, enfin, dont la *différence* avec l'*Autre*, avec le reste des choses, ne leur est pas adventice et indifférente, mais est un attribut dynamique de leur être, en ceci que la tension de cette différence est le médium même du maintien de soi par chacun dans son ipséité grâce à la tenue à l'écart de l'Autre en même temps qu'à la communion avec lui.

Voilà les conditions ontologiques que nous posons comme requises pour l'individualité. Il est manifeste que ce sont toutes des descriptions « de l'intérieur ». Mais les traits internes ainsi décrits doivent, bien sûr, être d'abord approchés par leurs signes dans le témoignage « externe », le registre purement physique – que nous sommes équipés pour « lire », c'est-à-dire pour reconnaître *comme* signes d'individualité, parce que nous sommes nous-mêmes des individus. Et il faut montrer que les structures-d'être ainsi révélées représentent effectivement les conditions de l'individualité comme mode d'être distinct et non comme un attribut indifférent de tout étant. S'il se trouvait qu'à notre insu toutes les entités réelles satisfassent ces conditions en quelque mesure – possibilité qui n'est pas inconcevable –, alors toutes les entités posséderaient dans cette mesure l'individualité. Si, d'autre part, comme il peut sembler à première vue, seuls les êtres de l'ordre de la « personne » les remplissaient, alors le champ de l'individualité serait restreint à la sphère humaine. Ma thèse sera que, selon les témoignages dont nous disposons, les conditions avancées sont manifestées par les organismes et par les organismes seulement, mais dans une certaine mesure par *tous* les organismes : qu'elles sont partie intégrante de l'être organique comme tel ; et que par conséquent le domaine de l'individualité, dans tous ses degrés, est coextensif au domaine biologique dans son ensemble. La thèse est, en bref, que l'individualité, prise en n'importe quel sens sérieux et non dans le sens simplement formel de la singularité numérique, à savoir l'individualité en tant que qualité substantielle, est un phénomène organique et seulement organique, et que pour l'organisme c'est un phénomène essentiel. Dans ce qui suit, j'essaierai de montrer comment l'individualité est fondée dans le mode d'être de l'organisme, et d'illustrer la manière dont ses degrés les plus prononcés émergent comme des élaborations du canevas (*groundwork*) originel offert par ce mode d'être à son niveau primitif.

II

Abordons la question de l'individualité à partir de celle de l'*identité* et demandons : de quelle manière une entité possède-t-elle l'identité ? Si nous prenons l'exemple classique d'individualité ultime, l'*atomon* des anciens Atomistes, nous devrions nous attendre à trouver là le fin fond de l'identité comme telle. Mais que signifie ici identité ? Pour formuler la question différemment : si je pose que l'atome à l'instant *A* est égal à l'atome à l'instant *B*, quel droit ai-je de poser cette égalité ? Sur quelle base repose l'affirmation d'identité ? Ontologiquement parlant, elle repose sur l'inertie ou la constance présumées de la matière ; épistémologiquement, sur la confiance que j'ai que sur demande, je peux vérifier, par une observation continue, que l'atome a été « présent » à chaque instant intermédiaire entre *A* et *B* et n'a manqué à aucun moment[1]. Du point

1. Pour le concept de temps qui sous-tend ce concept d'identité, à savoir le temps comme dimension composée de parties extérieures les unes aux autres, cf. Principe XXI, Partie I des *Principes de la philosophie* de Descartes, éd. Adam et Tannery, Paris, Vrin, t. IX/2, p. 34.

de vue ontologique, donc, l'Atomiste classique pense à l'identité à soi immédiate, fixée, mais vide, qui équivaut à l'immunité au temps, c'est-à-dire au fait que le résidu final de toute réduction se trouve « une fois pour toutes » en chacun de ses éléments et que ces éléments sont extérieurs les uns aux autres une fois pour toutes. La particule irréductible singulière est donc simplement et de manière inerte ce qu'elle est, immédiatement identique à elle-même, sans besoin d'entretenir cette identité à soi comme un acte de son existence. Sa durée est une simple persistance, non une réassertion d'être ; et en persistant elle est « identique » dans la succession grâce à la continuité homogène des dimensions – espace et temps – dans lesquelles la série de « ses » états prend place. Du même coup, elle est identifiable pour la connaissance. Elle est maintenant celle-ci et non celle-là, parce que celle-ci est maintenant ici et celle-là maintenant là : elle « reste » celle-ci, c'est-à-dire qu'elle est « la même » en un point différent (ultérieur) de l'espace-temps, parce que de sa position présente à sa nouvelle position il y a la série continue de toutes les positions intermédiaires qui, pour ainsi dire, la transmettent de l'une à la suivante sans jamais la laisser sortir de leur chaîne. Une telle série constitue le « chemin » (*path*) de l'élément, et pour l'attribution de l'identité il est essentiel que ce chemin n'ait en fait pas de brèches, même s'il en a dans l'observation : en principe au moins, la continuité spatio-temporelle de la particule doit être vérifiable d'un bout à l'autre. L'*identité* d'une particule dans sa carrière temporelle est la *continuité* de son chemin spatio-temporel, que nous pouvons retracer. S'il y avait des brèches, si le chemin était en fait discontinu, s'il y avait des « sauts » dans la séquence réelle et que ce soit même sa forme normale, alors nous n'aurions aucun moyen d'identifier des « présences » successives, aucune garantie même pour appliquer jamais le concept d'identité – à moins de doter l'élémentaire d'une « intériorité » qui par une sorte de mémoire jetterait des ponts par-dessus la discontinuité des présences réelles. Ce faisant, nous rendons les atomes « historiques ». Une autre possibilité est de substituer à la continuité des individus celle de l'échelle de probabilités ou du « champ » dans lequel de telles présences intermittentes prennent place, sauvant ainsi un sens descriptif de l'« identité » sur un plan plus global. Dans ce cas, naturellement, nous recourons à nouveau au continuum spatio-temporel comme à un déterminant logique. La première voie – l'historicisation des entités simples et de leurs connexions – fut choisie par Whitehead qui de façon significative appela sa théorie générale de l'être une « philosophie de l'organisme » : elle résout le problème de l'identité *physique* en étendant à celle-ci un principe de l'identité *organique*, c'est-à-dire biologique. Mais faute de pareille conjecture métaphysique, selon les termes plus orthodoxes de la théorie physique – qu'ils soutiennent le principe de la « localisation simple » et des entités compactes permanentes ou le remplacent par celui du « champ » et des transactions dynamiques –, l'identité physique repose sur la continuité des *principia individuationis*, l'espace et le temps, c'est-à-dire sur la forme déterminable du réceptacle commun et est ainsi une affaire de *référence externe*. C'est en quoi consiste la stérile équation de l'« individualité » avec la singularité numérique. Concernant l'élément simple de la durée, par exemple le « corpuscule », la présence constante repérable dans le continuum est la seule signification opératoire de l'« identité » et le « chemin » retracé en est la vérification complète ; aucune prétention évidente à un principe interne d'identité, comme une intériorité historique ou une impulsion à l'« auto »-perpétuation, ne ressort de son type de permanence inerte. Nous pouvons naturellement, si nous le souhaitons, lire dans le fait de sa durée une ténacité conative à exister, une prise sur l'être sans cesse réitérée, mais comme rien ne suggère une *menace* sur son existence, ce souhait ne s'appuie sur rien.

L'identité distributive, dès lors, qui est par conséquent tout ce qui revient aux corps complexes, aux agrégats, est représentée par le « faisceau » de « chemins » individuels, se déroulant pour ainsi dire en parallèle et présentant le même modèle ou des variations continues de celui-ci, dans des coupes successives de temps – ce qu'ils font aussi longtemps qu'ils se déroulent, plus ou moins, en « parallèle ». L'identité d'un objet matériel est ainsi l'ensemble des identités de tous les éléments simultanés qui le composent tant qu'ils voyagent ensemble dans l'espace-temps.

C'est pourquoi, souhaitant s'assurer qu'un corps est demeuré « le même » entre deux observations, le physicien devrait idéalement poser des marques d'identification sur chacun de ses atomes et vérifier la fois suivante s'il se compose encore de tous les atomes marqués et d'aucun autre. Sauf preuve du contraire, on tient ceci pour acquis et on estime que peser la masse est un contrôle suffisant. La supposition générale est que, laissée à elle-même, et quel que soit le laps de temps, une substance offrira à une inspection répétée le même inventaire de parties. C'est là ce qui, à strictement parler, est signifié par la mêmeté de la chose.

III

Tournons-nous à présent vers le cas de l'organisme. Supposons que parmi un certain nombre d'amibes l'une ait été « marquée » en vue d'une identification lors des examens suivants. Et supposons qu'en outre chacune de ses parties atomiques à ce moment ait également été marquée individuellement. Lors d'un examen ultérieur, on constate que l'organisme, identifié par sa marque, se trouve toujours là, mais que – la somme étant en gros inchangée – il se compose en partie seulement d'éléments marqués et en partie d'éléments non marqués ; et lors d'un examen encore ultérieur, on trouvera que, bien que la marque « collective » soit demeurée, il ne reste aucun des éléments individuels sous l'étiquette commune : à savoir que l'assemblage, portant encore en tant que tout l'étiquette originale, ayant la même forme et comportant la même quantité, se compose à présent totalement de nouveaux membres et n'a pas un seul élément en commun avec l'objet de l'examen initial. Qu'est-ce qui est vrai, le témoignage de l'« étiquette » ou celui des « éléments » ? Selon le témoignage des éléments, c'est-à-dire physiquement parlant, l'objet de l'examen ultérieur est une entité entièrement différente. Pourtant aucun biologiste n'admettrait que cette preuve signifie qu'il n'a pas affaire au même individu organique. Au contraire, il considérerait toute autre preuve comme incompatible avec la mêmeté d'une entité *vivante en tant que* vivante : si on avait affaire au même « inventaire » de parties après un intervalle suffisamment long, il jugerait que le corps en question a entretemps (et très rapidement après le premier examen) cessé d'être en vie et que, de ce point de vue décisif, il n'est plus « le même ». En d'autres termes, la persistance de l'« étiquette » collective en dépit de la non-persistance des étiquettes composantes n'est pas pour lui une illusion mais la vérité. Et à ses yeux comme à ceux de tout observateur doué d'une compréhension de bon sens de la vie, ce n'est pas simple affaire de choix, de point de vue ou de commodité que de parler ou non ici du « même ». La mêmeté en question ici, nous le sentons, est possédée par l'« individu » lui-même, et ne lui est pas attribuée *en tant qu'*objet ; elle a son origine dans sa propre activité d'échange, non dans la catégorisation de notre esprit ou dans le caractère rudimentaire de notre perception. Bref, c'est un caractère réel et non idéal de l'individu. Le témoignage de l'« étiquette » est vrai précisément *en conjonction* avec celui des « éléments », car ce dernier dit l'*histoire* de l'identité que proclame le premier. Ainsi sommes-nous confrontés au fait ontologique (non pas seulement épistémologique) d'une identité totalement différente de l'identité physique, quoique fondée dans des transactions entre substrats d'identité physique. Nous devons prendre la mesure de ce fait ontologique très surprenant.

Il semble y avoir là une situation assez paradoxale. D'une part, l'être vivant *est* un composé de matière, et à chaque instant sa réalité coïncide totalement avec son matériau contemporain – c'est-à-dire avec une multiplicité définie de composants individuels. D'autre part, il n'est identique ni à celle-ci, ni à aucune somme simultanée semblable, et sa réalité n'est pas liée à l'assemblage qui le façonne maintenant, dans la mesure où celui-ci sans cesse s'efface en aval dans le flux de l'échange ; à cet égard, l'être vivant est différent de son matériau et n'en est pas la somme. Nous avons ainsi affaire au cas d'une entité substantielle jouissant d'une sorte de *liberté* eu égard à sa propre substance, d'une indépendance par rapport à la matière même en laquelle elle consiste néanmoins tout entière. Cependant, bien qu'elle soit indépendante de la mêmeté de cette matière, elle dépend du changement de celle-ci, de son progrès permanent et suffisant, et il n'y a pas de liberté en cela. Ainsi l'exercice de la liberté dont jouit la chose vivante est plutôt une rigoureuse *nécessité*. Cette nécessité, nous l'appelons « besoin », lequel n'a cours que là où l'existence n'est pas assurée et où l'identité est une tâche continue.

Encore une fois, nous ne pouvons résoudre le problème de l'identité en disant que le sujet de la vie est identique à la *somme* des états constituants à travers lesquels il se meut *dans le temps*. Car l'état-présent singulier dans la séquence des états, le présent sur le point de faire place à un autre présent, ne peut être considéré comme une fraction de l'individu unique de telle sorte que la totalité de celui-ci serait le résultat d'une addition progressive d'états ultérieurs aux états passés : l'individu est un tout et il est son soi complet en chacune de ses « matérialisations » successives *aussi longtemps que se prolonge la succession*. Si une créature est tuée à mi-chemin de son temps de vie normal, c'est le tout qui est tué et non la moitié de ce tout.

Ceci approfondit le paradoxe. L'individu vivant existe à n'importe quel instant dans une seule composition simultanée de matériau, mais ne lui est pas identique – parce que, tout en coïncidant avec cette composition, il est déjà en train de passer par-delà celle-ci. Dès lors, tout le temps de sa vie, il existe en une succession de telles compositions matérielles à travers lesquelles il passe, mais il n'est identique ni à la succession, ni à sa somme complète – parce qu'il est tout entier en chacune de ces compositions. Aussi son identité n'est-elle ni l'identité momentanée de ses parties spatiales con-temporaines – auquel cas, il aurait autant d'identités que d'instants successifs, c'est-à-dire aucune –, ni l'agrégat de la série de ses parties temporelles, c'est-à-dire de tous ses ensembles successivement con-temporains pris à la fois – auquel cas il ne serait jamais qu'une fraction de lui-même. Étant ainsi différent de la somme de son propre matériau, considéré à la fois dans les ensembles con-temporains pris un à un et dans leur série temporelle totale, qu'est-ce qu'il est ?

IV

Ce serait simple si nous pouvions dire que le porteur de l'identité dans ce changement continuel est l'« âme », posée comme une entité à part. Dans ce cas, le changement corporel serait à ce sujet persistant comme un changement de vêtement est à celui qui le porte; et l'image est complétée par ceci que l'on fait aussi de son porteur le tisserand* du vêtement[1]. Cependant, ce serait là esquiver le problème par une substitution métaphysique. Cela revient à dire que ce qui est vivant n'est pas le corps mais quelque chose d'autre: le corps « vivant » ne serait alors rien de mieux qu'une marionnette. Or le problème réside précisément dans la manière d'être de l'organisme lui-même, que celui-ci soit en outre le « vêtement » de quelque chose d'autre ou non. Les activités dans lesquelles il est engagé sont les siennes propres ou il n'est pas vivant. L'identité sur laquelle nous enquêtons ne peut en être dissociée et assignée à un autre porteur. La séparation du « tisserand » et du « tissu », empruntée à la manipulation humaine de matériaux sans vie, détruit en réalité l'objet de l'enquête. Quelles autres analogies de l'expérience, dès lors, pourraient-elles éclairer l'énigme de l'identité organique?

Il est clair qu'en quelque manière nous avons affaire à la relation entre matière et forme. Car au moins une des choses qui sont préservées dans le changement des éléments composants, ou un aspect de la mêmeté préservée dans le changement, est assurément la « forme » du tout organique, et ce non pas seulement au sens de la figure visible, mais de tout l'ordre structurel et dynamique d'une diversité. Un exemple classique d'une telle préservation de l'identité

* Le jeu de mots anglais entre *wearer*, le « porteur » du vêtement et *weaver*, le tisserand, ne peut guère être rendu en français.

1. Cf. l'argumentation tentée par Cébès dans le *Phédon* de Platon, 87d: « Mettons que chaque âme use de nombreux corps, particulièrement quand la vie dure nombre d'années (car on peut supposer que, le corps étant un courant qui se perd tandis que l'homme continue de vivre, l'âme au contraire ne cesse de retisser ce qui s'est usé) [...]. » [Jonas cite la traduction anglaise de Jowett, nous suivons celle de Léon Robin, Paris, Belles Lettres, 1952 (N.d.T.)].

à travers celle de la forme est le célèbre vaisseau de la Cité athénienne qui depuis des temps immémoriaux accomplissait le voyage annuel au sanctuaire de Délos : réparé à maintes reprises grâce au remplacement des parties usées, il ne contenait plus en fin de compte aucune planche, aucun cordage, aucune voile d'origine et pourtant on le tenait encore pour le même vénérable vaisseau de toujours. Sur quoi repose ici la prétention à l'identité ? D'abord, bien sûr, sur la mêmeté de la forme. Mais c'est trop peu : une réplique exacte serait un individu du même genre, mais non le même individu. En même temps, c'est trop, car même certains changements de forme, l'ajout ou le retrait d'une structure, laisseraient un vaisseau être le même « individu ». Outre la similitude continuée de la forme, il doit y avoir une continuité spatio-temporelle dans sa représentation matérielle, c'est-à-dire dans l'existence du composé physique qui est son porteur : une suite ininterrompue de présence physique telle qu'elle constitue l'histoire d'un sujet. Or quant à l'échange réel de parties, cela peut seulement signifier que dans chaque changement de ce genre la masse du composé est héritée de l'étape précédente ; en d'autres termes que l'échange est graduel et se fait par petites portions. Dans ce cas, nous pouvons considérer les quelques éléments neufs introduits à chaque fois comme absorbés dans l'ancienne identité et comme étant désormais de légitimes héritiers de l'histoire de l'objet d'origine. En conséquence, lors de la révision suivante, ils sont déjà comptés dans la masse dont la préservation assure l'identité du tout dans ses grandes lignes, par-delà les nouveaux remplacements, et ainsi de suite. Ainsi ce sont la similitude de forme et l'unité de l'histoire qui ensemble constituent la mêmeté de l'objet par rapport à l'échange complet du matériel et, le cas échéant, au changement partiel de forme.

Jusqu'où va l'analogie en ce qui concerne le problème de l'identité organique ? Tous les traits observés sont aussi manifestés par l'histoire de l'organisme, mais nous notons immédiatement certaines différences importantes. En premier lieu, dans le vaisseau les changements sont effectués du dehors, c'est-à-dire par des agents qui sont autres que l'entité elle-même : elle en est seulement l'objet passif. Dans l'organisme, les changements – tant la dégradation que le remplacement – s'effectuent de l'intérieur : il est l'agent de son propre changement.

En deuxième lieu, la nécessité même du remplacement ne survient dans le cas du vaisseau que par accident : il peut être plus ou moins chanceux dans ses voyages, et, abrité, il peut ne subir aucune usure. Dans l'organisme, le besoin va autant de pair avec l'acte d'exister (parce qu'il en naît) que ne le fait sa satisfaction : son être même consiste dans l'interaction qui se renouvelle sans cesse entre les deux. Et tandis qu'on considérerait comme une marque d'excellence pour le vaisseau de résister à l'usage sans avoir besoin de réparation, pour l'organisme, ce n'est pas l'immunité à l'usure qui est la marque d'excellence, mais l'efficacité de la réparation – qui plus est, la variété et l'ampleur mêmes des *besoins* qui sont engendrés par son existence comme telle. Car son existence *est* un accomplissement, tandis que pour le vaisseau exister et accomplir sont deux choses différentes.

Mais l'observation décisive est bien sûr qu'à l'artefact l'identité est *concédée* ; et, dans la mesure où ceci requiert une continuité de mémoire et de tradition dans le chef de ceux qui l'accordent, l'identité est fonction d'une autre identité, à savoir celle qui est établie dans la mémoire, individuelle et sociale. Cette identité originaire du sujet cognitif est un prérequis pour l'identité concédée à l'objet. Mais cette identité d'origine, étant celle d'êtres vivants, est justement un cas de ce sur quoi nous enquêtons, et si elle est requise pour expliquer l'analogue présumé, alors l'analogie elle-même échoue et nous en revenons à la question de l'identité organique elle-même. Celle-ci, nous avons reconnu qu'elle est possédée par son sujet, et non prêtée à celui-ci.

Enfin, l'observation sur l'identité en tant que « simplement concédée » doit s'élargir jusqu'à admettre que la *finalité* extérieure qui insiste pour considérer le vaisseau comme « encore le même » après toutes ses réparations est celle-là même qui a entrepris de *faire* les réparations et de faire tout d'abord le vaisseau lui-même : du point de vue de l'action comme du point de vue cognitif, l'identité est fonction d'une *téléologie* extérieure à l'objet. C'est pour cette téléologie du fabricant, de l'usager et du spectateur que la matière est accidentelle et la forme essentielle. Nous ne pouvons pas créditer le vaisseau lui-même d'une téléologie de ce genre : en termes aristotéliciens, ce n'est pas une « entéléchie ». Ce n'est dès lors pas non plus un véritable individu et, la série d'états successifs mise à part, il n'a ainsi en réalité aucune identité unitaire à n'importe quel instant donné, mais seulement l'assemblage de toutes les identités de ses parties. Par conséquent, la question de « son » identité dans le changement ne se pose pas vraiment.

V

Revenons donc à l'interrogation de l'organisme. Dans la continuité métabolique précaire de la forme organique, avec le perpétuel renouvellement de ses composantes, l'identité ne peut dériver du substrat. Et la seule perpétuation du modèle (*pattern*) à travers la somme des transactions ne suffirait pas à produire l'identité. D'un côté, elle ne peut être rien d'autre que le résultat neutre des transactions collectives. De l'autre, un modèle est un universel susceptible de se présenter dans n'importe quel nombre de cas individuels. Ainsi la ressemblance (à son maximum, la mêmeté) de forme diffère de l'identité d'être ; et le fait que la même forme est de façon continue manifestée dans une suite de situations physiques ne fait pas par lui-même de cette présence en série celle d'un individu identique. Sinon la flamme d'une chandelle, avec sa constance de forme se maintenant tout le temps que se consume peu à peu le combustible qu'elle absorbe et dégage successivement, serait un cas d'identité individuelle. Et nous sommes intuitivement certains que la flamme n'est pas un individu. Ainsi ni la matière, ni la forme, ni leur conjonction – le *synholon* qui chez Aristote définit la substance individuelle – ne répondent à la question de l'identité dans le cas de l'organisme.

Afin dès lors de comprendre l'individualité de l'organisme, nous devons aller au-delà de l'aspect de la simple forme : si nous avons auparavant noté la mêmeté de la forme se soutenant librement « soi-même » par l'échange de sa matière, nous avons maintenant à prendre au sérieux le pronom réfléchi « soi-même », c'est-à-dire à localiser l'identité dans quelque chose qui exerce cette liberté et en jouit – ce que ne peut faire la forme abstraite comme telle. Bref, l'individu ontologique requiert, derrière la continuité de la forme, une identité *interne* comme sujet de son exister *in actu*. La « forme » elle-même, c'est-à-dire la structure même qui assure dynamiquement sa propre conservation – et avec elle toute aptitude de l'organisation à cet effet, ce qui formellement est le cercle vicieux d'une aptitude à conserver l'aptitude – doit être considérée comme étant au *service* de cette identité auto-référée.

C'est l'aspect du « besoin » qui nous porte par delà l'indifférence de la simple relation forme-matière. Nous avons dit auparavant que la « liberté » dont jouit l'entité vivante, c'est-à-dire métabolisant, par rapport à la matière va de pair avec la nécessité d'exercer cette liberté. Cette nécessité est son besoin, à savoir le besoin d'un auto-renouvellement constant, et par là le besoin de la matière requise par ce renouvellement, et par là le besoin du « monde ».

Le besoin, l'indigence, l'insuffisance, ne sont pas moins un trait distinctif de la vie que ne l'est son pouvoir, dont ils ne sont que l'autre face. C'est là qu'a tort la monadologie de Leibniz, ainsi, pour autant que je puisse voir, que le concept whiteheadien d'« entité actuelle », qui a lui aussi, à la manière d'une monade, quelque chose de fermé. Pour ce dernier, je n'en suis pas entièrement sûr, mais la monade de Leibniz, fermée sur elle-même, s'actualisant elle-même, invulnérable, exemplifie assurément le concept classique de substance indépendante qui, comme le dit la définition, « ne requiert rien d'autre pour exister ». Mais une telle auto-suffisance, si elle s'applique jamais, s'applique à la matière inerte. D'une particule de matière nous pouvons au moins imaginer qu'elle n'a « besoin » de rien en dehors d'elle pour exister. Elle est ce qu'elle est, qu'il y ait d'autres choses autour d'elle ou non. Nous pouvons imaginer que le reste du monde soit annihilé et qu'il y ait encore le même atome isolé; et la continuation de son existence est supposée découler entièrement du fait qu'un jour il fut là. S'il est entouré par d'autres, il interagira avec eux : mais son action et ce qu'il subit sont des accidents dont la substance est le sujet invariant. Cette indépendance, cependant, n'a rien à voir avec la liberté ; au contraire, elle l'exclut. L'existence de la particule est donnée, ce n'est pas une tâche à accomplir ; aussi a-t-elle une nécessité, mais pas de besoin. Son autarcie même est un signe de la pure nécessité de son être [1].

L'insuffisance de la vie, d'autre part, est à la fois un signe et la mesure même de la liberté à laquelle l'organisme est livré eu égard à sa propre concrétion. Le métabolisme inclut essentiellement ces deux versants, ce qui signifie que la liberté de la vie est elle-même sa nécessité spécifique. Son être, possibilité en suspens, est à actualiser par l'*usage* du monde. Le pouvoir d'user du monde, cette prérogative unique de la vie, a son exact revers dans la nécessité d'avoir à en user. Pour l'organisme, exister c'*est*, en fait, user et continuer à user de « quelque chose d'autre » – et par conséquent en avoir besoin. La dépendance ici en vigueur est le coût encouru par la substance primitive pour s'aventurer dans la voie de l'identité organique, c'est-à-dire auto-constituante, au lieu de la simple permanence inerte. En raison du mode métabolique de cette identité, le besoin appartient à son essence même et l'accompagne donc dès le départ. Mais les *moyens* mêmes mis en jeu au service de ce besoin, tels la perception, la locomotion, le désir, ajoutent de nouveaux genres de besoins au besoin métabolique de base – et par là de nouveaux genres de satisfaction. Cette dialectique aussi appartient à l'essence de la vie. L'éventail des besoins qui appartiennent à un organisme mesure le degré de sa liberté et de son individualité.

1. Cf. Karl Marx, *La sainte famille* : « les membres de la société civile ne sont pas des *atomes*. L'atome a pour propriété caractéristique de ne pas avoir de propriétés et de ne pas avoir, par conséquent, de relation, en raison de sa propre nécessité naturelle, avec d'autres êtres extérieurs à lui. L'atome *n'a pas de besoins*, il *se suffit à lui-même* ; le monde, en dehors de lui, est le vide absolu, c'est-à-dire qu'il est sans contenu, sans signification, sans langage, justement parce que l'atome possède *en lui-même toute plénitude* ». [Jonas cite et donne comme référence *The Economic and Philosophical Manuscripts of 1844*, trad. de M. Milligan, New York, International Publishers, 1964, p. 162. Nous reproduisons la traduction française de M. Rubel, « La sainte famille, ou critique de la critique critique. Contre Bruno Bauer et consorts », *in* Karl Marx, *Œuvres*. III. *Philosophie*, « Pléiade », Paris, Gallimard, 1982, p. 559. À noter que la traduction anglaise citée dit « toute *sa* plénitude en lui-même » (N.d.T.)].

VI

Ce qui vient d'être esquissé revient à dire que le simple phénomène du *métabolisme*, qu'on tient souvent pour n'être rien d'autre que le niveau élémentaire qui sous-tend les fonctions toutes différentes et plus élevées de la vie (telles que la perception, la locomotion, et le désir) et leur procure de l'énergie, contient en fait, dans sa propre constitution primitive, pour ainsi dire le canevas (*groundwork*) de toutes ces fonctions, qui peuvent se développer ou non sur cette base. Il les préfigure en faisant jouer *à l'intérieur de lui-même* les polarités cardinales que ces fonctions étendront et dilateront avec leurs relations plus déterminées : la *polarité de l'être et du non-être, du soi et du monde, de la liberté et de la nécessité.*

L'introduction du terme « soi », inévitable dans toute description du cas le plus élémentaire de vie, indique l'émergence, avec la vie comme telle, de l'identité interne – et par conséquent aussi, ne faisant qu'un avec cette émergence, son auto-isolation de tout le reste de la réalité. Une unicité et une hétérogénéité profondes à l'intérieur d'un univers d'existence en interrelation homogène marquent l'ipséité de l'organisme. Une identité qui d'instant en instant se réaffirme, s'accomplit et défie les forces égalisatrices de la mêmeté physique tout autour d'elle, qui est vraiment opposée au reste des choses. Dans la polarisation hasardeuse à laquelle se risque ainsi la vie qui émerge, ce qui n'est pas « soi-même » et délimite de l'extérieur le domaine de l'identité interne prend d'un seul coup pour l'individu vivant le caractère de l'altérité absolue. Le défi de l'« ipséité » qualifie toute chose se trouvant au delà des frontières de l'organisme d'étranger et en quelque manière opposé : la qualifie de « monde », dans lequel, par lequel et contre lequel il est engagé à se maintenir. Sans cette contre-partie universelle d'« altérité », il n'y aurait pas de « soi ».

Or cette polarité du soi et du monde se tient, pour le soi, sous le signe de la polarité de l'être et du non-être, c'est-à-dire sous *l'alternative* « être ou ne pas être » à laquelle l'organisme est constitutionnellement confronté. « Être » est son but intrinsèque. La *téléologie* apparaît là où l'identité continue de l'être n'est pas assurée par la simple persistance inerte d'une substance, mais est sans cesse exécutée par un *acte*, et par quelque chose qu'il *faut* faire afin de demeurer tout simplement : c'est une question d'être-ou-ne-pas-être que celle de savoir si ce qu'il faut faire *est* fait. Or à une entité qui poursuit son existence au moyen d'une activité régénératrice constante, nous imputons le *souci*. Le souci minimal est d'être, c'est-à-dire de continuer à être – ce que Spinoza a appelé le *conatus* à persister dans l'existence. Mais Spinoza, avec les connaissances de son temps, ne s'est pas aperçu que le *conatus* à persévérer dans l'être ne peut opérer que comme un mouvement qui va sans cesse *par delà* l'état de choses donné. Ce qui, dans son effet total, paraît être le maintien de la situation donnée est en fait accompli au moyen d'un mouvement continu par delà la situation donnée. Il y a une ouverture, un horizon, intrinsèque à l'existence même de l'individu organique. Concerné par son être, engagé dans l'affaire de son être, il doit *par égard pour* (*for the sake of*) cet être abandonner quelque chose de cet être tel qu'il est à présent de manière à avoir prise sur lui tel qu'il sera. Sa continuation est toujours davantage que sa simple conservation. L'individualité organique s'accomplit face à l'altérité, comme son propre but toujours en défi, et est donc téléologique.

La téléologie est concomitante du manque (ou *vice versa*). L'organisme est fondamentalement « en manque », aussi manque-t-il toujours de quelque chose. La réflexion *animale* de ce manque est le « désir ». De quoi ? Dans le schéma classique, le désir est désir du bien, et le bien est ce qui complète ou parfait un être. Mais peut-il y avoir complétude et perfection pour un être vivant ? Cela voudrait dire la cessation du manque, par là de l'être lui-même, qui *est* la dynamique du manque et de la satisfaction. Ainsi le *telos* de l'individu organique, la téléologie de l'individualité comme telle, est-il le jeu de la tension même des polarités qui constituent son être, et ainsi le *processus* de son existence comme telle.

Telles sont quelques-unes des catégories avec lesquelles nous pouvons articuler un concept ontologiquement pertinent de l'individualité. Leur concrétion n'apparaît pleinement que dans la *centralisation* de l'individualité *animale*, qui se manifeste dans la motricité, la perception et l'émotion. La suite du présent essai traitera de la première d'entre elles.

VII

Être fonctionnellement « centré » est un trait originel de l'organisme, déjà manifesté dans l'organisation nucléaire de la cellule unique. Chez le protozoaire, le noyau cellulaire (lui-même une structure organisée) exerce des fonctions de contrôle quelque peu analogues à celles d'un centre nerveux dans des organisations largement plus complexes. Avec la petitesse et la relative « simplicité » du système, le contrôle peut pour sa communication se dispenser de canaux spéciaux, tels que vaisseaux et nerfs, et travaille (probablement) par diffusion chimique directe. Si « rudimentaire » que soit ce type de centralisation, il est significatif quant à la nature de la vie non seulement en ce qui concerne sa technique de fonctionnement, mais en tant que signe morphologique de son individualité essentielle.

C'est un fait étrange que, dans l'évolution vers la vie métazoaire, ce degré d'individuation se perd temporairement – pour ne se retrouver, à un niveau plus élevé, que dans les étapes ultérieures, et seulement dans l'évolution *animale*. L'association de nombreuses cellules dans certains types d'agrégats présente une situation dans laquelle les cellules singulières ont en partie renoncé à leur existence individuée en faveur de l'entité collective, mais sans que cette dernière leur superpose une individualité comparable qui lui serait propre et qui se révélerait structurellement en une centralisation comparable. Ainsi, l'aventure de l'organisme multicellulaire, qui a fini par produire le type d'individuation le plus élevé, commença par l'oblitération partielle du degré d'individualité qui avait déjà été accompli dans les éléments originels, protozoaires, de la vie. Cette individualité d'origine n'est pas récupérée dans le règne *végétal*, en dépit de la forte intégration et de la grande différenciation fonctionnelle manifestées par les végétaux les plus grands : l'individualité *morphologique* la plus prononcée d'un arbre n'est pas assortie d'une individualité interne, comme celle qui est évidente déjà dans la centralisation de l'amibe solitaire.

C'est seulement dans la vie animale que l'agrégat récupère, à un niveau plus élevé, l'individualité à laquelle avaient renoncé les parties composantes. Par conséquent, si nous adoptons la distinction la plus reçue et la plus populaire, mais néanmoins pertinente, entre l'animal et le végétal, à savoir que l'un se meut tandis que l'autre est enraciné en son lieu, nous avons en fait dans cette distinction naïve un symbole pour toutes les distinctions plus subtiles concernant la sensibilité, la centralisation, l'individualité et la liberté qui occupent l'analyse philosophique. Le végétal statique ne pourrait pas davantage profiter de la centralisation et de l'individualité que l'animal mobile ne pourrait être sans elles. Nous voyons dès lors que la *centralisation* n'est pas la même chose que l'*unité* organique du tout complexe et n'accompagne pas toujours cette unité, mais est un fait nouveau dans l'évolution des organismes métazoaires (multicellulaires), restreint à la vie animale et coïncidant avec l'évolution de la sensibilité et de la motricité.

Afin d'établir cela quant à la sensibilité, il suffit d'épeler le truisme selon lequel la fonction d'un organe des sens n'est évidemment pas de jouir de sa propre nature sensitive, mais de « faire rapport » au centre commun de toute sensibilité : ce n'est pas l'œil qui voit, pour lui-même, mais nous qui voyons avec nos yeux. Le soi qui voit est supposé en possession d'un organe tel que l'œil, comme le soi qui entend est en possession d'oreilles ; et en outre, l'identité de l'individu qui-entend-et-qui-voit (etc.), bref de l'individu sensible, est impliquée dans la possession de ces multiples organes par un seul organisme ; et finalement, l'identité du sujet de la sensibilité avec celui de la motricité est impliquée dans l'organisation animale comme telle.

La *motricité* animale démontre avec plus de force encore que la sensibilité le fait de la centralisation, parce que là cela signifie le *contrôle* de l'action ; et la motricité lie la centralisation au fait le plus fondamental de la nature animale, à savoir la forme spéciale de son *métabolisme*, au service duquel se trouve la motricité. Le mode animal de nutrition en tant que déterminé par l'absence de photosynthèse – l'ingestion d'aliments solides plutôt que la simple absorption osmotique de nourriture dissoute par les végétaux – implique une modification importante dans la dynamique de cette relation dedans-dehors qui incombe à toutes les choses vivantes : il faut que s'interpose une étape auxiliaire, « mécanique », avant l'étape chimique, directe, de l'appropriation métabolique. Cette médiation mécanique, dont le travail intra-organique du métabolisme est rendu entièrement dépendant, consiste dans les activités externes de locomotion et de manipulation, confiées à des structures motrices distinctes qui ne servent pas d'autre fin organique. Même au niveau des protozoaires, où l'on trouve déjà la condition métabolique de base de l'animalité, les flagelles et les cils préfigurent fonctionnellement les membres des vrais animaux métazoaires[1].

1. Il est un type encore plus primitif de motricité animale. Chez l'amibe, la moins « mécanisée » (c'est-à-dire structurellement définie) des formes animales, la motricité opère, sans bénéficier d'un équipement moteur spécial, au niveau protoplasmique lui-même. L'incidence de quelque chose d'externe sur la surface sensible provoque une réaction, qui peut prendre la forme soit d'un mouvement de recul, soit d'un mouvement en avant, dont l'exécution implique finalement tout le cytoplasme de l'individu. Nous pouvons admettre qu'en ce cas, comme probablement dans tous les cas antérieurs à l'émergence de l'appareil nerveux, le « sentir (*sensing*) » consiste en réalité *dans* le réagir ou que le ressentir (*feeling*) et le mouvement de réaction sont un seul et même événement. Pareille fusion complète de la stimulation et de la réaction, et par là de toutes « sensibilité » et « motricité » qui soient présentes, est suggérée par la situation unicellulaire comme telle ; et chez l'amibe en particulier, où ne se trouvent pas d'organes spécialisés ni pour les fonctions sensorielles ni pour les fonctions motrices, la totalité de la surface corporelle, sinon la totalité du cytoplasme, semble également disposée pour les deux en tout point que peut élire le hasard du stimulus externe. Des projections protoplasmiques temporaires se produisent, les « pseudopodes » jaillissent sous une forme indéfinie, floue, de n'importe quelle partie du corps cellulaire, pour servir à la fois à la locomotion et à la captation d'aliments. Ce mode « amiboïdal » du mouvement, si l'on considère son caractère primitif et la plasticité indifférenciée sur laquelle il repose, peut bien représenter le plus vieux mode du mouvement animal.

Mais dans toutes les autres classes de protozoaires (à l'exception des formes parasites, secondaires), la motricité a déjà des structures spéciales sous ses ordres : les flagelles ou les cils, à savoir des extensions permanentes, et ressemblant à un fouet ou à un cheveu, du protoplasme (« ectoplasme »), dotées d'une contractilité spéciale et utilisées dans un mouvement énergique pour la locomotion et la saisie d'aliments. Dans certains cas, leur usage est aussi tactile (comme peut l'être aussi celui des pseudopodes). Avec ces organes efficaces, qui au niveau unicellulaire préfigurent certaines réalisations de l'organisation métazoaire, le taux de mouvement – comme on le voit par exemple dans le coup de fouet violent du flagelle – se trouve considérablement accru par rapport au paresseux mode amiboïdal. (Même chez les amibes, la place des pseudopodes informes est, dans certaines espèces, prise par des ensembles de tentacules temporaires et semblables à des cheveux, se mouvant de concert de façon à faire progresser le corps dans l'eau comme à la rame). On sait peu de choses du mécanisme d'activation et de contrôle qui par exemple dans le cas de la vibration combinée de nombreux cils, entraîne la coordination définie. Il est probable qu'en

Les membres au sens propre sont des structures complexes destinées au commerce mécanique, c'est-à-dire ni métabolique ni sensoriel, avec le monde extérieur, et leur évolution signifie la mécanisation croissante dans la macroconstitution de l'organisme lui-même. Les membres articulés, en plusieurs parties, des animaux soutenus par un squelette représentent un stade avancé de la « mécanisation » à laquelle la vie animale est adaptée par son mode *médiat* d'alimentation. Un membre composite est un arrangement mécanique de parties mobiles, en connexion, chacune avec une certaine définition de ses mouvements en vue du fonctionnement combiné du tout, mais aussi – pour faire face aux conditions variables de vie et éviter le besoin de multiplier les structures – avec des degrés de liberté qui excèdent ceux qui seraient en général permis dans une machine. Un tel système requiert pour son bon fonctionnement une coordination continue des fonctions partielles, et qui plus est une adaptation continue aux conditions externes de son action. Les éléments du mécanisme sont privés du statut de parties corporelles sensibles et capables de réaction de manière indépendante et sont soumis au contrôle commun.

L'élément du contrôle est décisif. La véritable activité motrice signifie le mouvement contrôlé en tant qu'il se distingue du simple fonctionnement local stimulus-réponse des ordres inférieurs. Le contrôle doit être exercé depuis un niveau supérieur ou plus englobant que celui du membre particulier de manière à assurer non seulement la corrélation mutuelle des fonctions partielles, mais aussi la corrélation de sa fonction totale avec celle de l'organisme en tant que

l'absence d'appareil nerveux, l'action est régie par la sensibilité locale de sorte que, même indépendamment de la fonction tactile, ces « protomembres » sont porteurs tout à la fois d'une motricité et d'une sensibilité renforcées. (Cependant, certains flagellés semblent avoir un genre de contrôle central de l'appareil moteur dans ce qu'on appelle le noyau « cinétique », compagnon plus petit du noyau principal). Et au niveau des protozoaires en entier, avec certaines rares exceptions possibles, comme des points de pigmentation sensibles à la lumière dans certains flagellés, on doit admettre que le ressentir et l'agir résident dans le même substrat et constituent un seul fait indivisible. La séparation des deux, à savoir la dissociation du mouvement et de la sensation, avec entre eux la médiation neurale, apparaît au stade des métazoaires.

tout. Ici nous rencontrons le principe de subordination et de superordination. En d'autres termes, le mouvement contrôlé requiert, outre la structure mécanique du membre, un système *nerveux* pénétrant toute la diversité du corps. C'est en soi un trait entièrement nouveau et sa présence doit être postulée sur la simple preuve externe des membres articulés. Le système nerveux, en tant que système d'intercommunication réparti à travers tout le corps, peut être dit constituer le « niveau plus élevé » que nous avons indiqué, et dans ce rôle, il procure une première réponse à la question de savoir qui, ou ce qui, est la source du contrôle : ce serait l'organisme en tant que tout, fonctionnellement intégré par son système nerveux. Dans ce cas, « plus élevé » veut dire « plus englobant ». Mais l'intégration réellement efficace de la motricité requiert davantage que la simple coordination mutuelle, pour ainsi dire s'auto-équilibrant, des parties du corps – donc davantage que la simple intercommunication distributive : elle requiert un centre qui unifie en tant que siège de contrôle. Par sa présence, la question de la source ou de l'agent du contrôle reçoit une réponse par la référence à ce centre, tandis que les nerfs qui émanent de ce centre sont les canaux du contrôle comme aussi de l'information nécessaire au contrôle.

VIII

Or ce fait de la centralisation dont l'émergence va de pair avec celui de la sensibilité et de la motricité et en est réellement inséparable, élève l'unité et l'individualité de l'organisme à un niveau entièrement nouveau. Presque tout ce qui a été dit auparavant sur l'individualité et la liberté dans l'existence organique ne s'applique pleinement qu'à ce niveau. La centralisation est aussi essentielle à la perception qu'elle l'est à la motricité contrôlée. Les organes sensoriels spécifiques en témoignent autant que le font les organes moteurs spécialisés. Tout comme la sensibilité et la motricité s'impliquent l'une l'autre, de même chacune et les deux ensemble impliquent la centralisation : et cette dernière fonctionne essentiellement dans ces deux directions.

Ce n'est dès lors qu'une question de choix, et non pas de priorité intrinsèque, si dans les pages qui suivent nous traitons de la motricité plutôt que de la perception. L'avantage est simplement que la première relève plus du domaine public, physique; et grâce à l'*embarras de richesse** du sujet, nous pouvons nous permettre de ménager l'allergie scientifique à l'endroit du domaine de la « subjectivité ». Pour les mêmes raisons, nous passons sur le caractère volitif du mouvement animal et sur le fait qu'il va en général de pair avec l'émotion[1]. Même sans ces aspects – qui sont bien entendu indispensables pour rendre compte complètement de la motricité –, il est clair que le mouvement animal est davantage qu'un cas simplement renforcé ou amplifié du mouvement organique en général. Nous pouvons noter sa différence avec le mouvement végétatif aux points de vue physiques suivants : la vitesse et l'échelle spatiale; le fait qu'il est occasionnel au lieu de continu; variable au lieu de prédéfini; réversible au lieu d'irréversible.

Pour ce qui est de la rapidité et de la portée spatiale du mouvement animal, il ne s'agit pas d'une simple affaire de degré par rapport aux mouvements de la vie du végétal; cela représente un niveau qualitativement neuf d'existence au-dessus du niveau végétatif. Sa circulation extérieure ouvre pour la première fois cet horizon d'un monde qui est latent dans l'auto-transcendance de la vie. L'aptitude à réagir rapidement aux changements et occasions qui se présentent dans l'environnement signifie un immense accroissement des pouvoirs de la vie. Mais le succès à cet égard est une arme à double tranchant : il lance l'organisme dans un mode de vie où il est irrévocablement tributaire de la rapidité. De par son acquisition même, cette faculté, d'un avantage sans ambiguïté, se transforme en une question de vie ou de mort et met ainsi son possesseur privilégié

* En français dans le texte (N.d.T.).

1. Cf. Hans Jonas, « To Move and to Feel », *The Phenomenon of Life : Toward a Philosophical Biology*, New York, Harper & Row, 1966, p. 99 *sq.* [*PhV*, essai IV « Se mouvoir et ressentir : sur l'âme animale », p. 111-118 (N.d.T.)].

dans un état de dépendance critique à son égard. Et ce non pas seulement parce que sa possession engendre une spécialisation dans des habitudes de vie qui rendent son exercice indispensable, mais aussi parce que son adoption généralisée (c'est-à-dire mutuellement stimulée) par l'évolution animale ambiante crée un environnement dans lequel la rapidité prévaut comme ce dont sont dotés à la fois les concurrents, les ennemis et les proies. Cette situation, mettant à l'épreuve la rapidité d'adaptation de tous les participants, impose à la vie une tension qui avait été épargnée aux formes antérieures. Ainsi la vitesse du mouvement animal n'élargit pas seulement le champ externe de la vie : elle modifie la nature du monde lui-même sur lequel ce champ s'étend, créant de l'extérieur un nouveau décor pour la vie en même temps qu'elle modifie son mode de l'intérieur.

L'autre trait qui distingue nettement le mouvement animal du mouvement végétatif est sa variabilité et la nature révocable des changements qu'il accomplit. Dans l'ensemble, un processus de croissance ou de formation suit des pistes prédéterminées, et ses résultats sont là pour rester – peut-être pour qu'il leur soit ajouté quelque chose, mais non pour être annulés. Le mouvement animal, au contraire, consiste dans l'opération de structures dont les actes ne préjugent pas de la condition à venir : durant tout le cours de l'action et à sa fin la condition demeure ce qu'elle était au départ, à savoir celle de la libre motricité. Les mouvements des membres sont réversibles et le changement qu'ils apportent n'est pas un nouvel état de l'animal, mais un nouvel état dans ses relations aux autres choses. C'est un animal inaltéré qui passe de ce mouvement-ci au suivant, et le membre reprend sa fonction propre chaque fois dans des conditions structurelles identiques. En d'autres termes, l'opération d'un membre n'entraîne pas sa propre transformation au cours du processus ni donc celle de l'agent. Cela équivaut à dire qu'un membre est une structure mécanique et que le mouvement animal est un mouvement extérieur qui comme tel ne change que les relations spatiales et n'affecte pas la nature de l'agent.

Tout ceci est profondément différent du mouvement végétatif de quelque genre qu'il soit, et cette différence est d'une importance extrême quant aux genres d'identité dont jouissent respectivement les animaux et les végétaux. C'est absolument le même animal qui, à présent, a l'un de ses membres antérieurs en extension et qui, auparavant, l'avait en flexion : témoin la capacité absolue de revenir à la position antérieure « à volonté ». L'arbre en fleurs n'est pas aussi absolument « le même » que celui qui était dénudé en hiver ou bourgeonnant au printemps : il a vraiment changé dans son être, comme le montre l'impossibilité de faire rentrer les fleurs dans les bourgeons (etc.) ; et il sera à nouveau différent quand ses feuilles jauniront.

La motricité animale, périphérique et variable, admet une identité dans le changement qui est par principe fermée au niveau végétatif. Les implications de ceci quant à la question de l'« individualité » et de la « liberté » sont multiples. Nous nous contentons d'avoir relevé qu'une plus grande *variabilité* s'accompagne de plus d'*identité*. Par son caractère extérieur, le mouvement animal concerne les *relations* de l'organisme avec l'environnement. En chaque occasion, une relation temporaire, héritée d'un mouvement passé, est modifiée par un agent non modifié en réponse à des changements extérieurs ou à des exigences internes; chaque fois le mouvement réalisé est un parmi un certain nombre d'autres possibles; et le résultat en est une nouvelle relation également non définitive et temporaire. Ceci, en conjonction avec ce qui a été dit concernant le taux de mouvement animal, prête à la « situation » animale une fluidité essentielle qui contraste fortement avec la périodicité établie et unidirectionnelle de la vie végétale[1].

1. Le phototropisme chez les végétaux semble brouiller certaines des distinctions qui viennent d'être faites. C'est un mouvement en réponse à des changements extérieurs à court terme; il est relativement rapide et perceptible; et puisqu'il fait, sur une stimulation appropriée, retour à la situation initiale, on peut même le dire réversible. Pourtant la différence de ce mouvement avec le mouvement animal subsiste. La façon dont les feuilles tournent est, quant au fait que cela se produit, quant au taux et quant au rythme, entièrement régie de l'extérieur; et c'est seulement en vertu de la nature cyclique des changements de luminosité impliqués, c'est-à-dire en vertu de l'agent externe, que le mouvement phototropique « s'inverse ». Ce n'est pas le mouvement dans sa progression qui a la capacité de s'inverser; il n'y a qu'une seule direction qui lui soit ouverte à chaque phase donnée. Et son

IX

Le caractère centré de l'organisation animale fait apparaître l'« indivisibilité » que comporte la signification littérale de l'« individu ». Et c'est l'ordre de l'individuation qui marque la différence ontologique entre l'animal et la plante. La différence peut être définie par le phénomène de la *distance* qu'introduit le mode médiat du métabolisme animal dans la relation entre l'organisme et l'environnement, si on le compare à l'immédiateté du métabolisme végétal (une « immédiateté » relative, bien sûr, puisque le métabolisme comme tel est un mode médiat de l'être continu). La médiation interpose une distance entre le sujet et l'objet, le besoin et la satisfaction, l'action et le but, et ces « brèches » ouvertes dans l'existence animale sont franchies par la perception, l'émotion et le mouvement. La brèche spatiale entre le sujet et l'objet, brèche qui est provisoirement franchie par la perception, est en même temps la brèche temporaire entre le besoin et la satisfaction, laquelle est

changement de direction est de nature aussi réactive que le simple fait du mouvement comme tel, et il n'est pas sous le contrôle de l'agent.

La même chose vaut pour les fleurs qui s'ouvrent et se referment et même pour le fonctionnement saisissant de certaines plantes insectivores. Là la similitude extérieure avec le modèle animal est assurément forte. D'abord, bien entendu, l'usage digestif des aliments (à savoir des protéines capturées) comme tel, et dans certains cas aussi la mécanique de la capture. Par exemple, la soudaineté et la promptitude avec lesquelles les demi-feuilles de la Vénus attrape-mouche, à la stimulation de leurs poils sensitifs, se rabattent ensemble sur la proie et emboîtent leurs bords pourvus de dents, ressemble vraiment beaucoup à une action de la motricité animale dirigée vers un but. Pourtant, la « direction » ici n'est pas centrale mais se situe strictement dans une réponse locale à une stimulation locale, sans que soit impliqué un contrôle central. De même le retour à la situation d'origine, lorsque la digestion est finie et les battants réouverts, n'est pas la vraie réversibilité du mouvement musculaire. La différence peut très simplement être mise en lumière si l'on demande : la plante peut-elle fermer et ouvrir ces feuilles ? L'animal peut librement fermer et ouvrir ses mâchoires, quand il en a envie – pour mâcher, bâiller, ou simplement pour exercer cette faculté – et il peut arrêter et inverser chaque mouvement en cours. Les feuilles de l'attrape-mouche se ferment et s'ouvrent selon que les conditions le déterminent, et chaque phase de mouvement est unidirectionnelle quand elle se produit, sans qu'il y ait d'alternative. Bref, ce n'est pas « la plante » qui meut « ses » feuilles comme l'animal meut *ses* membres : ce sont ces feuilles qui selon un mécanisme prédéterminé réagissent à des affections déterminées de leur propre condition.

provisoirement franchie par l'émotion (le désir) et pratiquement comblée par le mouvement. Les trois modes expriment la médiation de l'être animal ou le clivage entre le soi et le monde – un élargissement qualitatif de l'écart ouvert d'abord par le métabolisme et qui est ainsi à la racine de la vie. La moindre intégration de l'animal à son environnement par comparaison avec le végétal, moindre intégration dont ces modes de médiation témoignent, est une mesure de sa plus grande individualité. Être un individu signifie ne-pas-être-intégré au monde, et moins il y a intégration, plus il s'agit d'un individu. L'individualité implique la discontinuité.

S'il y a un plus-ou-moins dans les conditions de l'individualité, comme le suggère ce que nous venons de dire, alors l'individualité elle-même est quelque chose qui peut être présent dans une mesure plus ou moins grande. Puisque, manifestement, des termes comme médiation, brèche, distance admettent un plus-ou-moins, ils ébauchent par leur signification quantitative une échelle le long de laquelle on devrait trouver différents degrés d'individualité. Inutile de dire que les déplacements sur cette échelle représentent des différences qualitatives d'être[1]. Pour un traitement plus complet, je dois renvoyer le lecteur à ce que j'ai dit ailleurs sur le phénomène « médiation et distance » en tant que marque distinctive de l'animalité par rapport à la vie végétale, et à nouveau de l'humanité par rapport à la vie animale[2]. Mais qu'il me soit permis de conclure cet essai par un extrait emprunté à ce texte antérieur.

L'« ipséité » ébauchée dans la condition originelle de l'organisme au niveau unicellulaire a dès le départ sa contrepartie dans l'altérité du monde. L'accentuation ultérieure de cette tension n'est rien

1. La question de savoir si l'« échelle » est à peu près continue ou plutôt articulée par des divisions majeures est affaire de détermination plus concrète. Mais au moins à l'intérieur de la division de l'animalité, l'échelle se poursuit avec des valeurs croissantes, déterminables par les genres de perception, de motricité et de centralisation neurale des différentes formes taxinomiques.

2. *The Phenomenon of Life*, p. 99-107 ; 183-187. [C'est-à-dire, à nouveau, l'essai IV : « Se mouvoir et ressentir : sur l'âme animale », *PhV*, p. 111-118, mais aussi les pages de la « transition » : « De la philosophie de l'organisme à la philosophie de l'homme », *PhV*, p. 191-194 (N.d.T.)].

d'autre que l'accentuation de la vie elle-même. Ici réside l'avantage réel de l'animalité développée : sa médiation de la relation au monde, par le moyen de la perception et de l'action, est un accroissement de la médiation qu'implique comme telle l'existence métabolique. Cette médiation accrue acquiert une portée plus grande, interne et externe, au prix d'un plus grand risque, interne et externe. Un soi plus prononcé est affronté à un monde plus prononcé. La centralisation neurale progressive de l'organisme animal est l'indice de ce « soi » pour lequel l'environnement est devenu un espace ouvert où l'être sensible qui se meut librement a à rencontrer les situations changeantes de la vie. Dans sa plus grande exposition et le degré de conscience qui l'accompagne, la possibilité de son propre anéantissement devient un objet de crainte tout comme ses satisfactions possibles deviennent objets de désir. Sa jouissance a comme revers la souffrance de la frustration ; son isolement est compensé par la communication. Le gain ne se trouve ni sur l'un ni sur l'autre plateau de la balance, mais dans le fait qu'il vont ensemble, c'est-à-dire dans le renforcement de cette ipséité avec laquelle l'« organisme » a originellement défié la nature indifférente. Telle est la signification biologique de l'individualité.

PROVENANCE DES TEXTES

1. *Philosophie de la nature ou écologie ?*

Adaptation des articles suivants : O. Depré, « Philosophie de la nature et écologie. À propos de Hans Jonas », in *Études phénoménologiques*, 19 (1994), p. 85-108 ; *id.*, « Finalité et respect de la nature chez Hans Jonas », in *La nature. Thèmes philosophiques. Thèmes d'actualité.* Actes du XXVe congrès de l'Association des Sociétés de philosophie de langue française (ASPLF). Publiés par la Société romande de philosophie sous la direction de Daniel Schultess (Cahiers de la Revue de théologie et de philosophie, 18), Genève-Lausanne-Neuchâtel, 1996, p. 323-327.

2. *Continuité du vivant et latence de l'éthique*

Version quelque peu augmentée et amendée d'une communication de D. Lories prononcée en mai 2001 lors de la Journée Hans Jonas, organisée à l'Université de Clermont-Ferrand sous le titre : « De la continuité du vivant à l'unicité de l'homme ou le surgissement de l'éthique ».

3. *Figures de Dieu pour une phénoménologie de la vie*

Texte d'une brève conférence de D. Lories intitulée « De trois figures de Dieu dans le *Phenomenon of Life* de Hans Jonas », prononcée lors du colloque international « Les origines théologico-politiques de l'humanisme européen », Bruxelles, 15-18 mars 2000. Au développement plus précis et plus élaboré du texte initial est venu s'adjoindre ici toute la troisième section du chapitre.

4. *Phénoménologie des sens* : Phénomène de la vie, *VI*

Version remaniée et augmentée d'un article de D. Lories, « Jonas : éléments pour une phénoménologie des sens ? », in *Études phénoménologiques*, 33-34 (2001), p. 21-46.

5. *Entre nature et éthique : le concept de valeur*

Adaptation des articles suivants : O. Depré, « "Ce dont la possibilité contient l'exigence de sa réalité". De l'être au devoir-être chez Hans Jonas », in *Études phénoménologiques*, 33-34 (2001), p. 111-129; *id.*, « Analytique du *Dasein* et analytique du corps : de Heidegger à Jonas », in *La métaphysique*. Actes du XXVIIe congrès de l'Association des sociétés de philosophie de langue française (A.S.P.L.F.) (Québec, 18-22 août 1998). Édité par Luc Langlois et Jean-Marc Narbonne, Paris-Québec, Vrin-Presses de l'Université Laval, 2000, p. 812-818 ; *id.*, « Die phänomenologische Ethik im Dienste einer ontologischen Grundlegung der Jonasschen Ethik ? », in *Vernunft und Gefühl. Schelers Phänomenologie des emotionalen Lebens* (hrsg. v. Christian Bermes, Wolfhart Henckmann u. Heinz Leonardy), Würzburg, Königshausen und Neumann, 2003 [à paraître].

Appendice

Hans Jonas, « Les fondements biologiques de l'individualité »

Traduction française par D. Lories de « Biological Foundations of Individuality », in *Philosophical Essays. From Ancient Creed To Technological Man*, Chicago-Londres, University of Chicago Press, 1980, chap. IX, p. 185-205 ; ce texte avait paru une première fois dans *International Philosophical Quarterly*, 8 (juin 1968). La présente traduction française a été publiée d'abord par les *Études phénoménologiques*, 23-24 (1996), p. 99-130. Nous remercions particulièrement Madame Lore Jonas, à qui nous devons l'autorisation de traduire ce texte.

OUVRAGES CITÉS

SUR HANS JONAS

APEL (Karl-Otto), « La crise écologique en tant que problème pour l'éthique du discours », dans *Hans Jonas. Nature et responsabilité,* coordination scientifique : G. Hottois et M.-G. Pinsart, Paris, Vrin, 1993, p. 93-130.

BAERTSCHI (Bernard), « Le pseudo-naturalisme métaéthique de Jonas », dans *Nature et descendance. Hans Jonas et le principe "Responsabilité"*, sous la direction de Denis Müller et René Simon, « Le champ éthique, 25 », Genève, Labor et Fides, 1993, p. 17-29.

BIRNBACHER (Dieter), « Rechte des Menschen oder Rechte der Natur ? Die Stellung der Freiheit in der ökologischen Ethik », in *Studia philosophica*, 49 (1990), p. 61-80.

CHALIER (Catherine), « Dieu sans puissance », dans Hans Jonas, *Le concept de Dieu après Auschwitz. Une voix juive*, traduit par Philippe Ivernel, Paris, Payot & Rivages, 1994, p. 45-69.

FOPPA (Carlo), « L'ontologie de Hans Jonas à la lumière de la théorie de l'évolution », dans *Nature et descendance. Hans Jonas et le principe "Responsabilité"*, sous la direction de Denis Müller et René Simon, « Le champ éthique, 25 », Genève, Labor et Fides, 1993, p. 51-72.

FROGNEUX (Nathalie), *Hans Jonas ou la vie dans le monde*. Préface de Jean Greisch, « Le point philosophique », Bruxelles, De Boeck Université, 2001.

HÖSLE (Vittorio), « Ontologie und Ethik bei Hans Jonas », in *Ethik für die Zukunft. Im Diskurs mit Hans Jonas,* hrsg. D. Böhler, « Ethik im technischen Zeitalter », Munich, Beck, 1994, p. 105-125.

HOTTOIS (Gilbert), « Une analyse critique du néo-finalisme dans la philosophie de H. Jonas », dans *Hans Jonas. Nature et responsabilité,* coordination scientifique : G. Hottois et M.-G. Pinsart, Paris, Vrin, 1993, p. 17-36.

JANICAUD (Dominique), « L'adieu critique aux utopies », dans *Aux fondements d'une éthique contemporaine. H. Jonas et H.T. Engelhardt,* direction scientifique et présentation par Gilbert Hottois, « Problèmes et controverses », Paris, Vrin, 1993, p. 93-105.

LECOURT (Dominique), *Contre la peur. De la science à l'éthique, une aventure infinie*, « Quadrige », Paris, P.U.F., [1990], 1999.

LIEVENS (Thierry), « La peur comme boussole », dans *Lumen Vitae*, XLIX, mars 1994, p. 133-138.

RICŒUR (Paul), « La responsabilité et la fragilité de la vie. Éthique et philosophie de la biologie chez Hans Jonas », dans *Le messager européen*, 5 (1991), p. 203-218.

SEIFERT (Josef), « Der entfesselte Prometheus und eine Ethik der Verantwortung-Gegen den Strom ». Vortrag zum Tod des Philosophen und Religionswissenschaftlers Hans Jonas (1903-1993), *in* Buttiglione (Rocco)-Palou (Radim)-Seifert (Josef), *Die Verantwortung des Menschen in einem globalen Weltzeitalter. Radim Palou' und Hans Jonas' Entwürfe einer Ethik für ein neues Zeitalter*, Heidelberg, Universitätsverlag C. Winter, 1996, p. 29-65.

SPAEMANN (Robert), « Laudatio », in *Friedenspreis des Deutschen Buchhandels. Hans Jonas.* Ansprachen aus Anlaß der Verleihung, Francfort, Verlag der Buchhändler-Vereinigung GmbH, 1987, p. 19-32.

TAMINIAUX (Jacques), « Sur une éthique pour l'âge technologique », in *Le messager européen*, 5 (1991), p. 187-202.

UHLEMANN (Brigitte), « Le Nachlaß de Hans Jonas aux Archives philosophiques de l'Université de Constance», dans *Études phénoménologiques*, n° 33-34 (2001), p. 155-162.

AUTRES OUVRAGES

APEL (Karl-Otto), *Discussion et responsabilité*. 2. *Contribution à une éthique de la responsabilité*, traduit par Christian Bouchindhomme, « Passages », Paris, Cerf, 1998.

ARENDT (Hannah), *La vie de l'esprit* I. *La pensée*, traduit par Lucienne Lotringer, « Philosophies d'aujourd'hui », Paris, P.U.F., 1981.

ARISTOTE, *Métaphysique*, traduit par J. Tricot, Paris, Vrin, 1953.

BAERTSCHI (Bernard), *La valeur de la vie humaine et l'intégrité de la personne*, « Philosophie morale », Paris, P.U.F., 1995.

BARBARAS (Renaud), *De l'être du phénomène. Sur l'ontologie de Merleau-Ponty*, « Krisis », Grenoble, Millon, 1991.

BARBARAS (Renaud), *Le désir et la distance. Introduction à une phénoménologie de la perception*, « Problèmes et controverses », Paris, Vrin, 1999.

DASTUR (Françoise), « Monde, chair, vision », dans *Maurice Merleau-Ponty. Le psychique et le corporel*, Paris, Aubier, 1988, p. 115-144.

DEMARET (Jacques) et BARBIER (Christian), « Le principe anthropique en cosmologie», dans *Revue des questions scientifiques*, 152 (1981), p. 181-222 et 461-509.

DEMARET (Jacques) et LAMBERT (Dominique), *Le principe anthropique. L'homme est-il le centre de l'univers ?*, « Collection S », Paris, Armand Colin, 1994.

DERRIDA (Jacques), *Le toucher. Jean-Luc Nancy*, « Incises », Paris, Galilée, 2000.

FERRY (Luc), *Le nouvel ordre écologique. L'arbre, l'animal et l'homme*, Paris, Grasset, 1992.

HARTMANN (Nicolai), *Ethik*, Berlin, De Gruyter, 1962.

HILDEBRAND (Dietrich von), *Gesammelte Werke* (hrsg. v. der Dietrich von Hildebrand Gesellschaft) II. *Ethik*, Stuttgart, Kohlhammer, 1959.

HUSSERL (Edmund), *Idées directrices pour une phénoménologie* (traduit par Paul Ricœur), « Bibliothèque de philosophie », Paris, Gallimard, 1950.

HUSSERL (Edmund), *Idées directrices pour une phénoménologie et une philosophie phénoménologique pures*. Livre second. *Recherches phénoménologiques pour la constitution*, traduit par Éliane Escoubas, « Epiméthée », Paris, P.U.F., 1982.

HUSSERL (Edmund), *Méditations cartésiennes et les conférences de Paris*, présentation, traduction et notes par Marc de Launay, « Epiméthée », Paris, P.U.F., 1994.

JEANS (James H.), *The Mysterious Universe*, Cambridge, Cambridge University Press, 1933.

LADRIÈRE (Jean), « Temps historique et temps cosmique », dans *Études phénoménologiques*, n° 11 (1990), p. 85-117.

MARX (Karl), *Œuvres* III, *Philosophie*, éd., présentation et notes de Maximilien Rubel, « Pléiade », Paris, Gallimard, 1982.

MERLEAU-PONTY (Maurice), *Résumés de cours. Collège de France 1952-1960*, Paris, Gallimard, 1968.

MORIN (Edgar), KERN (Anne Brigitte), *Terre-patrie*, Paris, Seuil, 1993.

[MORIN (Edgar)], *Edgar Morin, philosophe de l'incertain.* Propos recueillis par François Ewald, in *Magazine littéraire* (juillet-août 1993), n° 312.

New Frontiers in Theology : Discussion among German and American Theologians, J. M. Robinson et J. B. Cobb (ed.), t. I : *The Later Heidegger and Theology*, New York, Harper & Row, 1963.

PLATON, *Phédon*, traduction de Léon Robin, Paris, Belles Lettres, 1952.

PRIGOGINE (Ilya) et STENGERS (Isabelle), *Entre le temps et l'éternité*, Paris, Fayard, 1988.

RICŒUR (Paul), *Lectures* 1. *Autour du politique*, « L'ordre philosophique », Paris, Seuil, 1991.

RICŒUR (Paul), *Temps et récit* III. *Le temps raconté*, « L'ordre philosophique », Paris, Seuil, 1985.

RICŒUR (Paul), *Soi-même comme un autre*, « L'ordre philosophique », Paris, Seuil, 1990.

SCHELER (Max), *Le formalisme en éthique et l'éthique matériale des valeurs*, traduit par Maurice de Gandillac, « Bibliothèque de philosophie », Paris, Gallimard, 1955, 2e éd.

SERRES (Michel), *Éclaircissements*. Cinq entretiens avec Bruno Latour, Paris, François Bourin, 1992.

SERRES (Michel), *Le contrat naturel*, Paris, François Bourin, 1990.

SICHÈRE Bernard, *Merleau-Ponty ou le corps de la philosophie* « Figures », Paris, Grasset, 1982.

SINGER (Peter), *Questions d'éthique pratique*, traduit par Max Marcuzzi, « Philosophie », Paris, Bayard, 1997.

SPAEMANN (Robert), *Bonheur et bienveillance. Essai sur l'éthique*, traduit par Stéphane Robillard, « Philosophie morale », Paris, P.U.F., 1997.

SPAEMANN (Robert), « Daseinsrelativität der Werte », in *Person und Wert*, hrsg. von Christian Bermes, Wolfhart Henckmann u. Heinz Leonardy, Fribourg-Munich, Alber, 2000, p. 29-46.

TAMINIAUX (Jacques), *Sillages phénoménologiques. Auditeurs et lecteurs de Heidegger*, Bruxelles, Ousia, 2002.

VOLPI (Franco), « Wittgenstein et Heidegger : le “dépassement” de la métaphysique entre philosophie analytique et philosophie continentale », dans *La métaphysique. Son histoire, sa critique, ses enjeux*, sous la direction de Jean-Marc Narbonne, Luc Langlois, « Zêtêsis » Paris, Vrin ; Québec, PUL, 1999, p. 61-89.

ZARADER (Marlène), *La dette impensée. Heidegger et l'héritage hébraïque* « L'ordre philosophique », Paris, Seuil, 1990.

INDEX NOMINUM

TABLE DES MATIÈRES

ACHEVÉ D'IMPRIMER
EN MAI 2003
PAR L'IMPRIMERIE
DE LA MANUTENTION
A MAYENNE
FRANCE
N° 150-03

Dépôt légal : 2e trimestre 2003